中文社会科学引文索引（CSSCI）来源集刊
中国学术期刊综合评价数据库来源期刊（中国知网，CNKI）
超星学术期刊「域出版」来源期刊

美德伦理的重新定位

倫理學術

邓安庆　主编

2021年秋季号
总第011卷

上海教育出版社

本书获评

"复旦大学哲学学院源恺优秀著作奖"

由上海易顺公益基金会资助出版

《伦理学术》*Acadēmia Ethica*

主编

邓安庆：复旦大学哲学学院教授

Editor-in-chief：Deng Anqing，Professor of Philosophy，Fudan University

学术委员会（按照姓氏汉语拼音字母顺序排列）

Academic Board

陈家琪：同济大学哲学系教授

Chen Jiaqi：Professor of Philosophy，Tongji University

陈卫平：华东师范大学哲学系教授

Chen Weiping：Professor of Philosophy，East China Normal University

菲威格：德国耶拿大学教授

Vieweg Klaus：Professor of Philosophy，Friedrich-Schiller-Universität Jena

佛斯特：德国法兰克福大学政治学、哲学教授

Forst Rainer：Professor of Political Theory and Philosophy，Goethe-Universität Frankfurt am Main

郭齐勇：武汉大学哲学学院教授

Guo Qiyong：Professor of Wuhan University

郝兆宽：复旦大学哲学学院教授

Hao Zaokuan：Professor of Philosophy，Fudan University

何艾克：美国犹他大学哲学系副教授、研究生主任

Eric L. Hutton：Associate Professor of Philosophy，University of Utah

黄勇：香港中文大学哲学系教授

Huang Yong：Professor of Philosophy，The Chinese University of Hong Kong

黄裕生：清华大学哲学系教授

Huang Yusheng：Professor of Philosophy，Tsinghua University

姜新艳：美国雷德兰兹大学哲学系教授

Jiang Xinyan：Professor of Philosophy，University of Redlands

克勒梅:德国哈勒大学教授

Klemme Heiner F.：Professor of Martin-Luther-Universität Halle-Wittenberg

理查德·伯克:剑桥大学历史系与政治系教授,英国国家学术院院士,剑桥大学政治思想史研究中心负责人

Richard Bourke：Professor of the History of Political Thought，Fellow of King's College

李文潮:德国柏林勃兰登堡科学院波茨坦《莱布尼茨全集》编辑部主任

Li Weichao：Chief Editor of *Leibnitz Edition Set* by Berlin-Brandenburgische Akademy by Potsdam

廖申白:北京师范大学哲学系教授

Liao Shenbai：Professor of Philosophy，Beijing Normal University

林远泽:台湾政治大学哲学系教授

Lin Yuanze：Professor of Philosophy，National Chengchi University

刘芳:上海教育出版社副社长

Liu Fang：Vice President of Shanghai Educational Publishing House

罗哲海:德国波鸿大学中国历史与哲学研究部主任、德国汉学协会主席

Heiner Roetz：Dean of Sektion Geschichte & Philosophie Chinas，Ruhr-Universität Bochum，President of The German Association of Chinese Studies

孙向晨:复旦大学哲学学院教授

Sun Xiangchen：Professor of Philosophy，Fudan University

孙小玲:复旦大学哲学学院教授

Sun Xiaoling：Professor of Philosophy，Fudan University

万俊人:清华大学哲学系教授

Wan Junren：Professor of Philosophy，Tsinghua University

王国豫:复旦大学哲学学院教授

Wang Guoyu：Professor of Philosophy，Fudan University

杨国荣:华东师范大学哲学系教授

Yang Guorong：Professor of Philosophy，East China Normal University

约耳·罗宾斯:剑桥大学社会人类学系特聘教授,剑桥马克斯·普朗克伦理、经济与社会变迁研究中心主任,三一学院院士

Joel Robbins：Sigrid Rausing Professor of Social Anthropology；Director of Max Planck Cambridge Centre for Ethics，Economy and Social Change；Fellow of Trinity College

让中国伦理学术话语融入现代世界文明进程

邓安庆

当今世界最严重的危机是世界秩序的日渐瓦解。美国作为西方世界领头羊的地位岌岌可危,而之前把欧盟作为世界平衡力量之崛起的希冀也随着欧盟的自身难保而几近落空。中国作为新兴大国的崛起,却又因其缺乏可以引领世界精神的哲学,非但自身难以被世界接纳,反而世界感受着来自中国的不安和焦虑。因此,今日之世界,说其危机四伏似乎并非危言耸听,文明进步的步履日渐艰难,野蛮化的趋向却显而易见。

所以,当今世界最为迫切的事情莫过于伦理学术,因为伦理学担负的第一使命,是以其爱智的哲思寻求人类的共生之道。哲学曾经许诺其思想即是对存在家园的守护,然而,当它把存在的意义问题当作最高的形而上学问题来把握和理解的时候,却活生生地把存在论与伦理学分离开来了,伦理学作为道德哲学,变成了对道德词语的概念分析和道德行为规范性理由的论证,从而使得伦理学最终遗忘了其"存在之家"。哪怕像海德格尔那样致力于存在之思的哲人,却又因不想或不愿涉及作为人生指南意义上的伦理学,而放任了存在论与伦理学的分离。但是,当代世界的危机,却不仅是在呼唤存在论意义上的哲学,而且更为紧迫的是呼唤"存在如何为自己的正当性辩护",即呼唤着"关于存在之正义的伦理学"。"伦理学"于是真正成为被呼唤的"第一哲学"。

不仅欧美与伊斯兰世界的矛盾正在呼唤着对存在之正当性的辩护,中国在世界上作为新兴大国的崛起,中国民众对于现代政治伦理的合理诉求,都在呼唤着一种为其存在的正当性作出辩护的伦理学！

然而，当今的伦理学却无力回应这一强烈的世界性呼声。西方伦理学之无能，是因为在近一个世纪的反形而上学声浪中，伦理学早已遗忘和远离了存在本身，它或者变成了对道德词语的语义分析和逻辑论证，或者变成了对道德规范的价值奠基以明了该做什么的义务，或者变成了对该成为什么样的人的美德的阐明，总而言之，被分门别类地碎片化为语言、行为和品德的互不相关的分类说明，岂能担负得起为存在的正当性辩护的第一哲学之使命？！

中国伦理学之无力担负这一使命，不仅仅表现在我们的伦理学较为缺乏哲学的学术性，更表现在我们的伦理学背负过于强烈的教化功能，在一定程度上损伤了学术的批判品格和原创性动力。但是，为存在的正当性辩护而重构有意义的生活世界之伦理秩序，发自中国的呼声甚至比世界上任何地方都更为强烈地表达出来了。

如果当今的伦理学不能回应这一呼声，那么哲学就不仅只是甘于自身的"终结"，而且也只能听凭科学家对其"已经死亡"的嘲笑。

我们的《伦理学术》正是为了回应时代的这一呼声而诞生！我们期望通过搭建这一世界性的哲学平台，不仅为中国伦理学术融入世界而作准备，而且也为世上的"仁心仁闻"纳入中国伦理话语之中而不懈努力。

正如为了呼应这一呼声，德国法兰克福大学为来自不同学术领域的科学家联盟成立了国际性的"规范秩序研究中心"一样，我们也期待着《伦理学术》为世界各地的学者探究当今世界的伦理秩序之重建而提供一个自由对话和学术切磋的公共空间。中国古代先哲独立地创立了轴心时代的世界性伦理思想，随着我们一百多年来对西学的引进和吸纳，当今的中国伦理学也应该通过思想上的会通与创新，而为未来的"天下"贡献中国文明应有的智慧。

所以，现在有意义的哲学探讨，绝非要在意气上分出东西之高下，古今之文野，而是在于知己知彼，心意上相互理解，思想上相互激荡，以他山之石，攻乎异端，融通出"执两用中"的人类新型文明的伦理大道。唯如此，我们主张返本开新，通古今之巨变、融中西之道义，把适时性、特殊性的道德扎根于人类文明一以贯之的伦常大德之中，中国伦理学的学术话语才能真正融入世界历史潮流之中，生生不息。中国文化也只有超越其地方性的个殊特色，通过自身的世界化，方能"在—世界—中"实现其本有的"天下关怀"之大任。

Let the Academic Expressions of Chinese Ethics Be Integrated
into the On-Going Process of the World Civilizations

By the Chief-In-Editor Prof. Deng Anqing

To us the most serious crisis in the present world is the gradually collapse of the world order. The position of America as the leading sheep of the western world is in great peril, meanwhile the hope that the rising European Union can act as the balancing power of the world is almost foiled by the fact that EU is busy enough with its own affairs. It is true that China is a rising power, but due to the lack of a philosophy to lead the world spirit, it is not only difficult for the world to embrace her, but also makes the world feel uneasy and anxious instead.

Thus, the most urgent matter of the present world is nothing more than ethical academic (acadēmia ethica), since the prime mission taken on by ethics is to seek the way of coexistence of the human beings through wisdom-loving philosophication. Philosophy once promised that its thought was to guard the home of existence, but when it took the meaning of existence as the highest metaphysical issue to be grasped and comprehended, ontology and ethics were separated abruptly from each other, resulting in such a fact that ethics as moral philosophy has being becoming a conceptual analysis of moral terms and an argument for the normal rationale of moral acts, thus making ethics finally forget its "home of existence". Even in the case of the philosopher Martin Heidegger who devoted himself to the philosophical thinking of existence, because of his indisposition or unwillingness to touch on ethics in the sense as a life guide, he allowed for the separation of ontology from ethics. However, the crisis of the present world is not merely a call for a philosophy in the sense of ontology, but a more urgent call for "a self-justification of existence", that is, call for "an ethics concerning the justification of existence." Consequently "ethics" truly becomes the called-for "prime philosophy".

Not only does the conflict between Europe and America on one part and Islamic World on the other call for the justification of their existence, but also China as a new rising great power, whose people cherishing a rational appeal to a modern political ethic, calls for a kind of ethics which can justify her existence.

Alas! The present ethics is unable to respond to the groundswell of such a call voice of the world. The reason of western ethics' inability in this regard is because ethics has already forgotten and distanced itself from existence itself with the clamor of anti-metaphysics in the past nearly a century, thus having become a kind of semantic analysis and logic argumentation, or a kind of foundation-laying of moral norms in order to clarify the duty of what should be done, even or a kind of enunciation of virtues with which one should become a man; in a word, ethics is fragmented under categories with classification of language, act and character which are not connected with each other; as such, how can it successfully take on the mission of the prime philosophy to justify existence?!

The disability of Chinese ethics to take on this mission not only show in the lack of philosophical academic in a sense, but also in our ethics has on its shoulder comparatively too much stronger functions of cultivation, thus injuring the critical character of academic and the dynamics of originality. However, it is much stronger the call sounded by China than that sound by the world to justify existence in order to reconstruct the ethical order of the meaning world.

If the present ethics fails to respond to such a calling voice, then philosophy not only allows herself to be close to "the end" happily, but also let scientists to laugh at her "already-dead" willingly.

Our *Acadēmia Ethica* is just born in time to respond to such a call of the times. Through building such a worldwide platform, we are wishfully to prepare for the Chinese ethical academic to be integrated into that of the world, and try unremittingly to incorporate the "mercy mind and kind exemplar" in the world into Chinese ethical terminology and expression.

To responded to such a call, just as Frankfurt University of Germany has established an international Center for Studies of Norm and Order for the federation of scientists and scholars from all kinds of academic fields, we hope the brand new *Acadēmia Ethica* to facilitate a common room for those scholars who investigate the issue of reconstructing the ethical order of the present world to dialogue freely and exchange academically.

Ancient Chinese sages originated independently a kind of world ethical system in the Axial Age; with the introduction and absorption of the western academic in the past more than a hundred years, the present Chinese ethics should play a role in contributing the wisdom of Chinese civilization to the future "world under the heaven" by thoughtful accommodation and innovation.

Thus, at present time the meaningful philosophical investigations are definitely not to act on impulse to decide whether the west or the east is the winner, whether the ancient time or the present time is civilized or barbarous, but to know oneself and know each other, understand each other in mind, inspire each other in thought, with each other's advice to overcome heretic ideas, thus making an accommodation of a great ethical way of new human civilization, "impartially listening to both sides and following the middle course". Only out of this, we advocate that the root should be returned to and thus starting anew, the great changes of ancient and modern times should be comprehended, the moral principles of west and east should be integrated into each other, any temporary and particular moral should be based on great permanent ethical virtues of human civilizations, so and so making the academic expressions of Chinese ethics with an everlasting life integrated into historical trends of world history. Only through overcoming the provincial particulars of Chinese culture by her own universalization can she "in the world" undertake her great responsibility ——"concern for the world under heaven".

目　　录

Contents

警惕"美德伦理学"的僭妄

邓安庆[①]

"僭妄"(Anmaßung)是康德为哲学贡献的一个概念,指超出自身能力之外、对自身能力过高却达不到的要求,它是"思辨理性"尤其是"知性"常常犯的一个"错误"。"知性"本来只能认识作为"本体"表现给我们的"现象",却进一步要求自身去"扩展知识",认识现象背后的"物自体",这就是"僭妄"。"本体"本质上是什么,这是一个超越知性能力之外,知性根本无法胜任的事情。若将与知性认识相对应的"普通逻辑"作为"工具论"来看待,也就会表现出"僭妄",因为它本来不过就是告诉我们与知性相一致的"形式条件",却要求自身超出"形式条件"之外而运用在"对象"上,就会出现"幻相逻辑",即既说它是"这个"也说它是"那个",把所有明确的知性规定都说成是"辩证的",就没有任何"知识"的规定了:"强求把它(指普通逻辑——引者)作为一个工具(工具论)来使用,以便至少根据那种假定来扩展和扩大他们的知识,这种僭妄必然导致的结果无非是徒逞辩才,即借助于一些幻相去主张人们所想要的一切,要么就随意地斥之为无效。"[②]所以,康德殚精竭虑地展开对"旧形而上学"的批判,实质就是揭示"知性"的幻相逻辑,即"知性"的"僭妄"。

在对现代规范伦理学的不满和批判过程中出现的美德伦理复兴,也像"知性"一样,出现了这种"僭妄"。本来"德性论"是伦理学自古以来的核心之一,西方伦理学就诞生于

---

① 主编简介:邓安庆,复旦大学哲学系教授,博士生导师,主要研究领域为德国哲学、西方伦理学通史和应用伦理学。
② [德]康德:《纯粹理性批判》,邓晓芒译,杨祖陶校,北京:人民出版社,2004 年,第 58 页。

苏格拉底与智者派关于"美德是否可教"的争论。苏格拉底明确意识到,如果按照智者派的相对主义,关于德性是什么的许多错误的认识,都成为正确的了,那么在德性问题上就不存在知识和真理,这是对伦理的最大危害。德性作为人的品质固然要通过教化来培养,但关于德性是什么的知识,最为重要的就是自知,所以苏格拉底在哲学上提出的最为重要的命题就是"认识你自己"。一个有德性的人必定是自知的人,知道什么是善的和对的,从而知道自己最想要的在什么意义上是善本身,从而也就知道自己如何才能做一个善人。因此,关于德性是否可教,涉及的就是关于人自身的善的知识是否可教的问题。苏格拉底认为这需要通过学习和练习,这一点在柏拉图和亚里士多德那里逐渐被明晰地表达出来。因而在整个柏拉图和亚里士多德的伦理学中,德性就不是一个阐释善知识和善人的最基础的概念,关于什么是一个人的好品质(美德),不能从这是一个具有美德的品质来说明,因为关于美德是什么,需要更为基础的关于善是什么的知识。正如我们所看到的,在整个古希腊的哲学中,德性都不可能是一个说明善是什么的基础概念,而是一个"功能概念"。"功能"本是表达事物最佳品性的概念,如胃的功能是消化,刀的功能是锋利,马的功能是奔跑,因而任何事物之"功能"的最佳实现就是"德性"。胃的德性就是消化品性上的最优,因而可以把消化力最强的胃称之为好胃;马的德性是奔跑能力上的最优,于是可以把飞奔的骏马称之为一匹好马。但人的"功能"是什么呢?亚里士多德说,是人的理性本质的最优实现。因此,德国亚里士多德专家们一般都把关于人的品质的"功能论证"称之为"道行论证"(Ergon-Argument)或"使命论证"(Aufgabe-Argument),意味着人的"功能"或"德性"就是实现人之为人的道义或使命。在此意义上我们就可以说,一个功能的实现,意味着物成其为最优之物,人成其为人品之最优者,万事万物都"是其所是"地成为最好之"所是"。但德性作为品性之"最优",不是天生的,而是"实现""完善""造就"出来的,这都是"行为",需要理念与规范。骏马之"德性"也需要"训练",刀的锋利德性也不出自钢铁的天性之善,还需要有好工匠的"锻造"之功。人的德性也是如此,没有谁是天生的好人,根本不可能通过一个天生的好品质来说明。在此意义上,德性根本不可能是基础性的元概念,它是"立本"之"功能",而不是"本"自身。

之所以说当代"美德伦理学复兴"表现出了"美德的僭妄",原因就在于当代美德伦理学家中的一些代表人物为了把"美德伦理"阐释为与功利主义后果论和康德主义道义论相对立的唯一合理的伦理学类型,为自己提出了根本无法完成的一个任务,即将"美德"(virtue)阐释为伦理学的元概念,不从一个人的行为及其行动原则出发,不以规范性概念为媒介,而仅仅注目于德性本身,将其作为一个基础性的、非衍生性的概念,来阐明什么是善,什么是一个善的行为,什么是一个好人。在论述"真正的美德伦理学进路的特征"时,斯洛特(Michael Slote)说:"在这种伦理学中,美德起着基础性作用,而非次要的或衍生性的作用;他们通常聚焦于两个特征,这两个特征或许能将一门整体性的美德伦理学与康德主义、功利主义和常识直觉主义等那些更为人熟知的理论区别开来。他们说,这样一门伦理学将更加关注有美德的个体的有美德的品格,而非这些个体的行为;他们还说,美德伦理学将奠基于善好和卓越(及其对立面)的德性论(aretaic)概念,而非诸如'应当''正当''错误'和'必须'等道义论(deontic)概念。"①斯洛特话音未落,他自己立刻也意识到了"这两个标准的前一个标准存在棘手而有趣的歧义性",但他认为自己随后可以"予以处理"。他真的"处理"了这一"棘手而有趣的歧义性"吗?

所谓"处理"了一个问题,就是"解决了"这里存在的"歧义性"。我们先来看看斯洛特的"处理"吧。

他的处理依然是像他所批评的其他呼吁美德伦理进路的哲学家一样,借助于批评当下显眼的几种主要伦理学进路的重大缺陷来捍卫自己的立场。而所谓的重大缺陷,说来说去无非就是没有聚焦于"美德论"概念,而是用诸如道义论的概念来阐述伦理学问题,不是注目于行为人的品质特征,而是注目于人的行为规范。因此,斯洛特认为他比所有仅仅呼吁美德伦理的人更进一步抓住了美德伦理的最基本问题来建构伦理学理论,即从美德概念来说明美德。斯洛特对康德的批评,在笔者看来,基本上无需回应,根本不是与康德在同一个层面上讨论伦理学问题。他所认为的美德伦理学的优点,在康德那里无一不存在,而且康德比他论证得更系统、深入,更哲学;他所指出的康德理论的重大缺陷,如果在康德哲学的层面上讨论的话,根本就不存在。在这里,笔者只需把斯洛特对亚里士多德德性论的评价拿出来供大家参考,就能看出他是否真的处理了以美德论美德的"歧义性":

> 对亚里士多德来说,一个行为是高贵的,仅当它是一个高贵的或有美德的个体所实施的,而且亚里士多德认为若不引入好人或有美德的人的概念,则我们很难说清什么行动或感受是最佳的……有美德的个体做了高贵或有美德的事,是因为做这件事是高贵的(如英勇),而非反过来:一件高贵的事(如英勇的)之所以具有高贵的地位是因为有美德的人选择了或将会选择这样去做。②

① [美]迈克尔·斯洛特:《从道德到美德》,周亮译,南京:译林出版社,2017年,第3页。
② 同上书,第107-108页。

大家看看,这是不是努斯鲍姆所批评的"混乱的故事"? 由于斯洛特没有注明任何引文,我们不知道亚里士多德怎会如他所说的这样,如果我们引用亚里士多德的原话来反驳他,显得我们很迂腐,我们只需去看看《尼各马可伦理学》,到处都能找到对亚里士多德德性论的这种阐释与亚里士多德根本没有关系的证据。在此,随便举些我们生活中的例子,足可说明,以美德为基础完全只能是一个"混乱的标准"。

雷锋做了那么多好人好事,所以我们一直提倡要学雷锋。如果让一个康德主义者来评价雷锋所做的事为什么是"好事",会说雷锋具有善良意志,以助人为乐作为他为人处世的原则,他是依据他的这个行动原则随时帮助需要帮助的人。于是,人们根据雷锋善良意志所体现的这个助人为乐的行动原则,才赞赏他是个有美德的"好人",做了"好事"。而按照斯洛特的美德伦理进路,他会说这种理论错了,因为它没有聚焦于美德,没有把"美德"作为基础概念来评价。他按照美德作为基础概念来评价,就会这样评价:雷锋所做的"好事"之所以是好事,是因为雷锋品质高贵,是一个有美德的人所做的事。这种解释令人信服吗? 在这里,人们必然要问,我们根据什么来说雷锋的品质是高贵的呢? 可以不借助于为人处世的原则,得到无歧义的说明吗? 还有一个相反的问题,难道一个品质不高贵的人,就不可能做高贵的事吗?

又如汶川大地震时王石"被逼"捐款的事。王石一开始对万科的职工说,每人以捐 10 元为限,这一点受到了网民们"激烈的批判"。迫于舆论的压力,王石个人后来实际上捐了好几百万元,但也只是平息了"舆论",并没有因此有人说王石就是一个"好人"。而有一个乞丐,把他乞讨来的 10 元钱全部拿出来捐了,感动了无数人,大家都认为这个乞丐才是一个真"好人"。如果按照美德伦理来评价这两个人物,难道我们因此能得出结论说,那个乞丐比王石更有美德,品质更高贵吗?

一个品质高贵的人就能保障他们所做的事都是高贵的吗? 我们随便翻看一下古今中外的历史书籍,品质高贵者为非作歹、道德沦丧的事还少吗?

西方伦理学史之所以一般不用一个模糊的"好人"来论美德,就是因为"好人""美德""品质高贵"不可能是道德的元概念。因为品质的高贵不是天生的,不是现成拥有的,它是在一种伦理文化中被教化、习得、训练和磨砺的结果。因此,在这一文明教化的进程中,怎样的行为是对的,是受赞赏和受人敬重的,只有通过一种传承习得并经哲学批判重构的价值秩序来规范人的个性养成与美德的造就,这才是可能的。试图不聚焦于行动及其原则,不借助于规范性概念,而仅从美德说明美德,只能是个必败的尝试。因为美德不可能脱离一个个体所处的现实伦理生活而被抽象地阐明。黑格尔说:"一个父亲询问,要在伦理上教育他的儿子,用什么方式最好,一个毕达哥拉斯派的人［其他人（指苏格拉底——引者）也会把此挂在嘴上］做出的回答是:'使他成为一个具有良善法律之国家的公民.'"①如果我们从一个"好公民"出发来谈论美德,才能说清楚,一个人的高贵品质究竟是什么,这才是现实的个人的美德。这也就是西方伦理学史一般不谈"好人"而谈"好公民"的缘由。

当然,也会有人说,你这是对"美德伦理"的外部批评,是不作数的。但实际上,对美德伦理学的内部批评一直都存在,而且比笔者的批评更激烈,更具否定性,只是我们热衷于倾听"美德伦理"的呼声,而对这些批评充耳不闻罢了。我们上一期《伦理学术》发表的努斯鲍姆的《美德伦理:一个令人误入歧途的范畴?》②就是一个鲜明的例子。

努斯鲍姆之所以根本不承认自己是一个美德伦理学家,是因为"美德伦理"的呼声就是一个"混乱的故事",各种呼声之间相互矛盾,相互否定,无法证成一个如斯洛特试图做的,从美德出发阐发一个关于美德伦理的基础理论。努斯鲍姆发出了"取消美德伦理学"这一石破天惊的呼声,原因就在于,"美德伦理""这一阐明过于粗糙以至于无法捕捉每个思想家立场的诸多精微之处","如果我们需要有一些范畴,让我们谈论新休谟主义者与新亚里士多德主义者,反功利主义者与反康德主义者",这就与我们的立场是一致的,即实事求是地承认传统伦理学中的"德性论",而对这些"德性论"在面对当代伦理困境时所表现出来的不足和理论难题予以批判的改造,但它依然是伦理学体系中的一个相对独立的进路,价值论（善恶论）、道义论和德性论各有不同的问题意识,哪一个部分都不可能取代其他部分而获得一个基础性的优势,这个基础在于第一哲学,而不可能是它们三者中的任何一种。因此,"取消美德伦理学"实质上是让美德伦理回到传统"德性论"在伦理学体系中本有的合理位置,而防止它取代其他进路而谋求基础性地位的"僭妄"。

为了更充分地讨论德性论伦理进路的当代困境,我们这一期刊登了更多对德性论深入研究的文章,文章作者们也都是当代伦理学研究中的核心人物。相信通过他们的文章,我们能对德性论有更为全面和深入的了解,以推动我们的德性论讨论。

---

① ［德］黑格尔:《法哲学原理》,第153节"附释",邓安庆译,北京:人民出版社,2016年,第294页。
② ［美］玛莎·C.努斯鲍姆:《美德伦理:一个令人误入歧途的范畴?》,陈晓曦译,邓安庆主编:《存在就是力量:急剧变化世界中的政治与伦理·伦理学术10》,上海:上海教育出版社,2021年,第8—41页。

论良知^①

[德]伊曼努尔·康德(著)

舒远招^②(译)

【摘要】 良知是按照道德法则自我审判的本能或天性,是一种自然的推动力。良知的审判是一种具有法律效力的判断,是依据行动的非法性和合法性所做的惩罚或赦免。一个人依据精明规则对自己因行动不精明而导致不幸后果的责备,切不可与人依据道德法则对自己行动本身的非道德性(恶)的责备相混淆,前者只是良知的类似物,只有后者才是良知。良知是人的内在法庭,法则和偏好在其中分别充当原告和被告,而法官代表良知作出公正无私的判决。良知可以表象神的法庭,但其实只是一种自然的良知。如果人们依据错误的实证法则对行动进行审判,就可能出现"错误的良知"。良知还可以分为行为之前、行为之中和行为之后的良知,它在行为之后的作用最为明显。对细琐小事加以谴责的"微观逻辑的良知"没有多大意义。

【关键词】 良知,自我审判的本能,良知的类似物,内在法庭,自然的良知

良知是一种按照道德法则对自己本身进行审判的本能(Instinkt);它并非单纯的能力,而是一种本能,不是对自己的判断,而是对自己的审判。我们有按照道德法则来评判我们自己的能力,我们也能够按照喜好来运用这种能力。但良知有一种推动着的威力,由于我们行动的合法性或非法性而将我们推到针对我们意志的审判席面前,它因而是一种本能,一种自然的推动力,而且不仅仅是一种评判的能力。但良知是一种作出审判而非判断的本能。法

---

① 本文译自维尔纳·施达克主编的《伊曼努尔·康德道德哲学讲义》,见 Immanuel Kant: *Vorlesung zur Moralphilosophie*, Herausgegeben von Werner Stark, Walter de Gruyter·Berlin·New York, 2004, S.188 - 197。本译文为 2019 年湖南省学位与研究生教育改革研究项目"岳麓书院'康德道德哲学课程'教学改革探索"阶段性研究成果。

② 译者简介:舒远招,哲学博士,湖南大学岳麓书院哲学系教授,博士生导师,主要研究德国古典哲学。

官和仅仅作判断的人的区别在于:法官能够作出有效的判断,而且能够按照法则现实地执行这一判断,他的判断是有法律效力的,并且是一种判决;一位法官必须不只是判断,而且还要惩罚或者赦免。假如良知是一种作出判断的天性(Trieb),那么,它就像其他能力一样,如把自己与其他人加以比较、自我谄媚的天性,是一种认识能力。这些天性不是作出审判的天性,但是,良知是作出审判的天性。每个人都有一种按照精明(Klugheit)规则对自己好的行动给予赞赏的天性,相反,也会对自己作出责备:他的行动竟然如此不精明。于是,每个人都有一种按照精明规则自我谄媚和自我责备(Reprochiren)的天性,但是,这种东西还不是良知,而是良知的一种类似物,人据此对自己给予赞赏或者责备。人们经常习惯于把良知的这种类似物与良知混淆。一个行将就木的罪犯恼恨自己,对自己作出最痛切的责备,并让自己心怀不安。但是,这通常是针对他在行动中竟如此大意、如此不精明,以至于在行动时被人逮住。他把对自己所作的这种不安和责备,与良知针对道德性(Moralität)所作的责备混淆了;倘若他是毫发无损地蒙混过关,那他就不会对自己加以责备了。但是,如果他有一个良知的话,那自我责备就一定会接着发生。因此,必须把依照精明规则所作的判断,同良知的判断很好地区别开来。许多人只有良知的一种类似物,他们把这种类似物当作良知本身,而且,经常出现于病榻上的懊悔,也不是他们的行为出于道德性的懊悔,而是他们的行动如此不精明,以至于他们现在——当他们应该出现在法官面前时——将不会过关。恶行的后果在任何时候都是惩罚,而那些惩罚却使人认识到惩罚正义。凡是厌恶自己犯下此类恶行的人,并不知道自己是否由于这些惩罚或惩罚到期而厌恶自身的恶行。凡是没有道德的情感,即没有对道德之恶的直接憎恶,对道德上的善也不青睐的人,也就没有良知。凡是由于某种恶行而使自己害怕受到控告的人,也不是由于对行动心怀憎恨,而仅仅是由于他由此给自己招致的恶果才自我责备,这样一个人并没有良知,而只有良知的一种类似物。但是,谁要是对行动感到憎恶,而不管其后果如何,他也就有了良知。这两件事绝不可以混淆。由于不精明的后果而受到的责备,一定不能被当作由于道德性而受到的责备。对此,例如在生活中可以由一位牧师很好地看出,人是否出于对行动的真正憎恶之情而为之感到懊悔,或者他之所以对自己作出此类责备,仅仅是因为现在应该面对一位法官的审判,由于自己的行动而无法过关。如果懊悔是在死亡之床上才应验的,那可能就没有什么道德性了,这种懊悔仅仅是因为人们快要死亡才出现的,如果这一点并未接踵而至,那人们也就不想由于对行动的憎恨而自我责备了。但如果死亡的时刻临近,则人们就会因自己不精明的行动而对自己作出责备:确实未曾做到能使自己过关。这就像是一个输光的赌徒,一个对自己恼羞成怒的人(der wütendste),他因行动如此愚蠢而对自己感到气愤,并且垂头丧气;病榻上的懊悔也是如此,人们并不是憎恶恶行,而是憎恶现在面对由此而来的后果。借助良知的这一类似物来为这类人求得安慰,这是人们必须小心提防的。精明对我们作出责备,而良知却在控告我们。如果人们曾经违背精明而行动,或者一种不幸业已发生,而且人们并不长久地伴随精明的责备而自我折磨,仅仅是在这一点有必要加以教导时才停留于此,那么,这一点本身就是一项精明规则,而且当它泄露出一个强大的灵魂时,它还给一个人带来荣誉;唯有良知的控告才不可抗拒,而且也不应该受到抗拒,在这里,良知并不建立在我们的意志上;在对良知的控告和撕咬的抗拒中,人们并不能找到灵魂的强大,相反地,这是邪恶,或者在神学的理解中,就是冥顽不灵(Verstokkung)。谁要是在他想要的时候就能拒绝良知的控告,他就是一位叛逆者,就像这样一个人,他能够抗拒他的法官的控告,而法官对他却没有威力。良知是一种按照道德法则作出有法律效力的判断的本能,它作出一种判决和一种司法的宣判,就像一位法官只能惩罚或赦免,而不能奖赏那样,这样,良知的判断因而要么是赦免,要么是宣布罪当受罚。如果良知被感受到且被实施的话,它的裁决是有法律效力的,由此出现了两个后果:道德的懊悔,这是判决和有法律效力的司法宣判的第一个作用;第二个作用——无此作用则判决没有效果——行动依司法宣判而发生。如果良知不能使人去追求实施那为了让道德法则满意(Satisfaction)所要求的东西的话,则它就是懈怠的。而且,如果人们不提供按照道德法则而有责任提供的那些东西的话,那么,哪怕人们表达了再多的懊悔也无济于事,因为即使在人的法庭(in foro humano)中,债务就已经不是通过懊悔,而是通过偿付得到满足了。所以,病榻前的牧师务必坚持:人们虽因那些践踏不再可以弥补,而懊悔自己践踏了对于自己本身的义务,但如果他们对另一个人行了非法之事,如果他们伤害了某个人,对某人做了某种排挤或者剥夺或者伤害或者太多的事情,他们也要力图现实地加以弥补,因为即使他们对此万般乞求,或者哀嚎和懊悔,也都根本无济于事,这就像在神的法庭(in foro divino)中很少过关一样,在人的法庭中也无法过关。不过,人们确实还没有获悉和体会到:人类在其死亡之床上做到了这类东西,据说向他们的敌人请求原谅,缴纳他们的债务,很好地做到和弥补了他们的诸多不义(ihre Ungerechtigkeiten)——他们不可能由于这些不义而受到追究;由此可以看出,这里还有一个本质性的部分被忽略了。

我们可以把良知的内在法庭与外在的法庭加以比较;因而在我们心中发现一个原告,但如果原告不是一个法则的话,就不能成为原告,而法则并不属于良知①,而是存在于理

---

① "法则并不属于良知"一句中的"良知"(Gewissen),在保尔·门策尔编辑的《康德伦理学讲义》中,是"情感"(Gefühl),因而该句说的是"法则并不属于情感",见:*Eine Vorlesung Kants über Ethik*, Herausgegeben von Paul Menzer, Pan Verlag Rolf Heise/Berlin, 1924, S.164。——译注

性中,我们根本就不可能败坏这个法则,也不可能否定它的正确性和纯粹性。首先,这个道德法则作为神圣而不可侵犯的法则构成人的基础。其次,在人心中也同时有一个律师(Advocat),这就是人的自爱(Eigenliebe)。这位律师自我辩解,并针对控告提出许多反驳,对此,原告又会重新提出反对意见,并试图对律师表达自己的责备。最后,我们在自己心中发现一位法官,他对人要么赦免,要么裁决,这位法官根本就不会受到蒙蔽,更有可能的反倒是:人并不从事于良知研究,但如果他已经做了这件事,那么法官就会作出毫无偏袒的审判,他的宣判也正式落在真理一边,除非他具有错误的道德性原则。人们毋宁更为重视律师,这是真的,但在死亡之床上,则更加重视原告。属于一种好的良知的首先是:法则的纯粹性;因为原告必须在我们的行动中保持清醒;我们必须在对行动的评判中具有正确性;并且最终就依法所做判断的执行(Execution)而言,具有良知的权威和力量(Starke)。良知应该具有活动(Thätigkeit)的原则,并且不单纯是思辨的,因而它也具有实施其判断的威望和力量。哪位法官会仅仅满足于给出训诫,并且对其司法宣判听之任之? 良知必须为司法宣判提供满足。

错误的良知和正确的良知的区别就建立在这上面:良知的错误可能是双重的,即事实错误(Error facti)和法律错误(Error legis)。一个按错误良知行动的人,在按照他的良知行动,但如果他这样做了,那么其行动虽然包含错误,但行动并不能算作是他在犯罪。存在着可归咎的和不可归咎的(culpabiles et inculpabiles)错误;鉴于自然的责任,则没有任何人可能犯错,因为自然的道德法则不可能不为一个人所知,因为它们寓于每个人的理性之中。因而此时(da)没有人在这类错误中是无辜的;但鉴于某个实定法,就会有不可归咎的错误(errores inculpabiles),在这种情况下,人们就有可能无辜地按照一种错误的良知(conscientia erronea)行动。而鉴于自然的法则,却并不存在不可归咎的错误(errores inculpabiles)。但现在,如果一个实定法则同自然法则相对立,就像在一些宗教中那样,就有可能对不是来自同一宗教的人们发出怒吼并施加暴力。人们应该按照哪种法则行动?假设一个人在其中获悉,例如在耶稣会会士那里,人们有可能通过骗人的把戏施行善举,那么这样一个人就不是按照他的良知行动,因为他不应该毫无目的地施行不义,这一自然法是为他所知的;在这里,由于自然的良知宣判是与获悉的良知宣判对立的,所以,他必须倾听自然良知的宣判。实定法不能包含任何同自然法相抵触的东西,因为自然法是一切实定法的条件。因而教会或实定法并没有使他得到宽恕,因为自然法告诉他的是相反的东西。凭借错误的良知为自己求得宽恕,此乃一件恶事,它有可能把许多事情都赖在账上,只是人们也必须对那些犯错者进行追究。

作者①把良知叫作自然的良知,他也许是要把它同被启示的良知区别开来。所有的良知都是自然良知。但是,一种超自然的或被启示的法则,能够构成这种自然法则的基础。良知表象了我们心中的神的法庭,这首先是因为它依照法则的神圣性和纯粹性来评判我们的意念和行动;其次是因为我们不可能欺骗它;而且最终是因为我们无法逃避它,因为它就像神的全在那样同我们照面。于是良知是我们心中神的审判的代表,所以,良知必须根本不受损害。人们可以把人为良知(Artificialem)与自然良知(Conscientiae naturali)相对立。于是有许多人主张,良知是艺术和教育的产物,并且依照习惯来授权和赦免。只是如果情况是这样,那么未经这类良知教育和训练的人,就有可能摆脱那个并不存在的良知撕咬了,但并不存在这样的情况。艺术和训导当然必须把我们为此从自然中就已拥有某种禀赋的那种东西变成熟巧,所以,我们当然必须事先就有了对于善和恶的认识,如果良知应该审判的话,只是如果我们的知性受到培养的话,那良知就不可以受到培养了。因此,良知仅仅只是一种自然的良知。

良知可以分为行为之前、行为之中和行为之后的良知。良知虽然在行为之前还有(noch)力量将人从行为中引开,不过,它在行为之中更加强大,并且在行为之后最为强大;良知在行为之前还不能如此强大,因为行为尚未发生,人也就没有感到自己如此不可饶恕,而且因为那些偏好尚未得到满足,因而还足够强大,能够同良知抗衡;良知在行为之中的作用更加强大;但是在行为之后,人越发感到自己不可饶恕,而且因为偏好毕竟已经得到满足,所以要抵抗良知已经太弱和太懒,因而良知在此时确实是最强的了。在最强烈的、由激情派生而来的偏好得到满足之后,人甚至在行动之后陷入了一种厌倦,因为一旦一种更强烈的冲动得到满足,它也就完全沉睡了,而且不可能形成抵抗,于是良知就是最强的了。但因为懊悔出现了,所以仅仅停留于此的良知还并不完整,它必须使法则得到满足。

行为中的良知(Conscientia concomitans),或者伴随着的良知,通过习惯和训练而变得虚弱,而且人们最后如此习惯于恶习,就像习惯于抽烟一样。良知最终失去了所有的权威性,而且原告也确乎平息了,因为一旦在法庭上不再得到决断和实行,那么原告也就成为多余的了。

对良知而言,如果人们在无关紧要的事情上(adiaphoris)作出许多小的责备,那么,这就是一种微观逻辑的良知(ein Micrologisches Gewissen),而且向这样一种良知提出的问题

---

① 这里的"作者"是指鲍姆加登(Alexander Gottlieb Baumgarten,1714—1762年),德国哲学家、美学家、教育学家。康德的伦理学讲义主要参照的就是鲍姆加登的教材。——译注

都是诡辩(Casuistic)。例如,人们是否应该出于玩笑,以便把某人——可以这样说——赶进四月而当着他的面撒谎?① 人们是否应该在某些风俗习惯中做出诸如此类的举动? 在此类小事中,良知越是微观逻辑的和精细的,它在实践事务中也就越是糟糕。尤其是,这些人习惯于在思辨的法则中进行思辨,而且在其他的部分也为思辨敞开了大门。而当人能够谴责自己的缺陷时,一种活生生的良知就出现了。不过,也存在一种消沉的良知,在那儿,人们在自己的行动中试图表象出某种恶的东西,而实际上却并无这方面的根据。但是,这样一种良知是没有必要的。我们心中的良知不应该是暴君,离开了良知的伤害,我们在自己的行动中有可能总是更加欢快。在此时具有一种煎熬良知的这类人,过后会在所有方面完全疲乏,并且最终会给良知放假。

Conscience

Immanuel Kant

【**Abstract**】 Conscience is an instinct or nature to judge oneself according to moral laws, and it is a natural driving force.The judgement of conscience has the force of law ,which is a punishment or acquittal based on the illegality and legality of actions. A person's reproaches for the unfortunate consequences caused by his imprudence according to rules of prudence must not be confused with the blame for the immorality (evil) of his actions according to moral laws.Only the latter is conscience,and the former is an analogue of it .Conscience is the inner court , in which laws and inclinations act as the prosecutor and the accused respectively , and the judge makes impartial judgments on behalf of conscience.Conscience can represent the court of god, but it is really only a natural conscience.If people judge actions according to a errant positive law, "errant conscience" may occur. Conscience can also be divided into before, during and after the act , and its function is most obvious after the act. There is no point in "micrological conscience" to condemn trivial matters.

【**Keywords**】 Conscience, an Instinct of Judging Ourself, an Analogue of Conscience, Inner Court, Natural Conscience

---

① 这里可能是指每年阳历4月1日的愚人节玩笑。——译注

依赖与治权：
笛卡尔与康德之间的沃尔夫
《中国人实践哲学演讲》(1721 年)①

［德］H.F.克勒梅②（著）

李　鹃③（译）

【摘要】 本文试图从沃尔夫副校长卸任演讲的哲学背景出发，去理解沃尔夫关于依赖和独立的设想所具有的特点。本文从笛卡尔开始，首先从"依赖"概念出发指出笛卡尔和沃尔夫之间的区别。就像沃尔夫在其以数学方法的精神搭建的实践哲学框架中所做的那样，笛卡尔本来也完全可以在自己的（在 1637 年《谈谈方法》中发展出来的）"一套临时的道德"的框架下诉诸孔子。本文还简短讨论了康德对启示信仰所做批判的一个特殊面向，并回顾 20 世纪马堡神学家鲁道夫·布尔特曼的去神秘计划。与沃尔夫截然不同，布尔特曼将我们在信仰中经验到的依赖解释为克服我们的畏惧的那把钥匙。

【关键词】 沃尔夫，笛卡尔，康德，布尔特曼，启蒙运动

前言

1721 年 7 月 12 日，时任哈勒大学副校长的克里斯蒂安·沃尔夫（Christian Wolff）做

---

① 本演讲属于德国研究协会（DFG）研究项目"历史和体系视野下的康德的'（不）成熟'概念"的一部分（项目编号：388570675）。演讲发表于 2021 年 7 月 12 日为纪念沃尔夫副校长演说 300 周年而在哈勒城市博物馆举办的"沃尔夫的中国人"工作坊。工作坊由"启蒙运动哲学-沃尔夫学会"、哈勒大学哲学讨论课/康德论坛、"欧洲启蒙运动跨学科研究中心"（IZEA）以及哈勒沃尔夫故居/城市博物馆主办。工作坊的学术负责人是克勒梅和格鲁纳特（Frank Grunert）。
　标题中的"Herrschaft"译为"治权"，以与正文中出现的"Selbstherrschaft"（自治权）、"politische Herrschaft"（政治治权）保持统一。——译注
② 作者简介:H.F.克勒梅（Heiner F. Klemme），德国哈勒大学哲学教授，研究领域主要为德国和英国的启蒙运动哲学，是德国当代重要的康德研究者。
③ 译者简介:李鹃，上海交通大学人文学院哲学系副教授。

了一场题为"论中国人的实践哲学"的拉丁语演说。① 演说的地点是大学大礼堂,该建筑曾于二战期间受损,后来还一度作为仪检大楼使用。演说的外部起因是副校长职务交接,继任者是神学家朗格(Joachim Lange)。此次演说对于朗格和大学的整个神学系来说都是一种冒犯。因为沃尔夫在其中表达了这样一种立场:古代中国人尽管不知道基督教的上帝概念,但是他们早已能够在伦理的意义上行善。沃尔夫非常自信地向公众指出,自己是第一个按照数学方法给出"普遍实践哲学"②,并对其各种基本概念予以明确解释的人。卸任演说之后,沃尔夫和虔敬派神学家(以及普鲁士国王)之间的冲突不断升级。1723 年11 月 8 日,国王威廉·弗里德里希一世最终下令沃尔夫在 48 小时之内离开普鲁士王国,否则处以绞刑。国王认为,沃尔夫不信神,是个决定论者和宿命论者。沃尔夫连夜逃往马堡,并在黑森-卡塞尔卡尔公爵的庇护下任教于马堡大学,直至 1740 年。对沃尔夫的驱逐事件引发了整个欧洲的关注,被认为是启蒙运动时期旧帝国之下的决定性事件之一。1740 年 12 月 6 日,威廉·弗里德里希一世死后,沃尔夫返回哈勒。

导论

理性人的行动出自对善的洞见,非理性人的行动则出自"对主人的畏惧"③。克里斯蒂安·沃尔夫确信:理性是"自由之理由"④,独立与自治权(Selbstherrschaft)是自由之本

---

① 大学校长由在任君主兼任。以下所引用的演说出自阿尔布莱希特(Micheal Albrecht)的拉丁语-德语对照版(Hamburg:Felix Meiner Verlag,1985),其中的拉丁语文本为 1726 年版。可参考[德]沃尔夫:《中国人实践哲学演讲》,李鹏译,上海:华东师范大学出版社,2016 年。中译本有信息丰富的导言和文本批判的注释。有关演说的历史背景,还可参见 Andreas Pečar, Holger Zaunstöck und Thomas Müller-Bahlke (Hrsg.), *Die Causa Christian Wolff. Ein epochemachender Skandal und seine Hintergründe*, Halle, 2015,以及现代第一部沃尔夫传记:Hans-Joachim Kertscher, *"Er brachte Licht und Ordnung in die Welt"*. *Christian Wolff-eine Biographie*. Herausgegeben von der Christian-Wolff-Gesellschaft für die Philosophie der Aufklärung, Halle, 2018。

② 参见沃尔夫的教职论文《普遍实践哲学,以数学方法写成》(*Philosophia practica universalis, mathematica methodo conscripta*) (Leipzig, 1703),以及 1720 年《德语伦理学》(*Deutschen Ethik*) 的第一部分:*Vernünfftige Gedancken von der Menschen Thun und Lassen, zu Beförderung ihrer Glückseeligkeit. Den Liebhabern der Wahrheit mitgetheilet. Vernünfftige Gedancken von der Menschen Thun und Lassen, zu Beförderung ihrer Glückseeligkeit. Den Liebhabern der Wahrheit mitgetheilet*。还可参见:Heiner F. Klemme, „ „ daß mich Gott der Universität gewiedmet hätte'. Christian Wolff und die Erfindung der allgemeinen praktischen Philosophie ", in: *Innovationsuniversität Halle? Neuheit und Innovation als historische und als historiographische Kategorien* (= *Hallesche Beiträge zur Europäischen Aufklärung 63*), hrsg. von Andreas Pecar und Daniel Fulda, Berlin, Boston, 2020, S.261 - 274,中译文参见:海纳·克勒梅,王大封:《"上帝将我指派给大学"——克里斯蒂安·沃尔夫和普遍实践哲学的发现》,《清华西方哲学研究》,2019 年第 5 期。

③ Christian Wolff, *Oratio de Sinarum philosophia practica / Rede über die praktische Philosophie der Chinesen*, übersetzt, eingeleitet und herausgegeben von Michael Albrecht, lat./deutsch, Hamburg 1985 (=*Rede*), S.37.

④ Wolff, *Vernünfftige Gedancken von Gott, Der Welt und der Seele des Menschen, Auch allen Dingen überhaupt. Den Liebhabern der Wahrheit mitgetheilet* (= *Deutsche Metaphysik*, 1720), Neue Auflage hin und wieder vermehret. Halle 1751, § 520.

质特征;这一点虽由他——沃尔夫,才第一次被明确表达出来,但早已被古代中国人预见到。"若一个人行善乃出自对善的明确知识,避恶乃出自对恶的明确知识,那么他的行善避恶就出自完全的自由。"①在我的报告中,我想从沃尔夫副校长卸任演讲的哲学背景出发来研究它,我想试着理解,沃尔夫关于依赖和独立的设想具有哪些独特性。我将从笛卡尔开始,首先从"依赖"概念出发,指出笛卡尔和沃尔夫之间的区别。我的观点是,就像沃尔夫在其以数学方法的精神搭建的实践哲学框架中所做的那样,笛卡尔本来也完全可以在自己的(在 1637 年《谈谈方法》中发展出来的)"一套临时的道德"(une morale par provision)②的框架下诉诸孔子。然后,我将简短讨论一下康德对启示信仰所做批判的一个特殊面向。最后,我将跳到 20 世纪,回顾一下马堡神学家鲁道夫 • 布尔特曼(Rudolf Bultmann)的去神秘计划(Entmythologisierungsprojekt)。与沃尔夫截然不同,布尔特曼将我们在信仰中经验到的依赖解释为克服我们的畏惧的那把钥匙。

笛卡尔的"一套临时的道德"

在《谈谈方法》中,笛卡尔对他用以检查自己的先见(Vorurteile)和发现新真理的基本原则做了解释。这套基本原则的意义对于笛卡尔而言毋庸置疑。如果他的思维成功地遵循了方法的秩序,那么他就会明确洞见到真假之别,他不仅会获得确定性,而且还将成为自己的主人。他解释说:"我的目标从来没变过,那就是努力重塑我自己的思维,将其建筑在一个完全属于我的地基之上。"③如果一个人想要真正地把握一个事物,并将它变为自己所有,那么他就必须"自己发现了它"④。在他关于我们知识之基础的思考中,"真的方法"⑤表明自身就是克服我们的先见和促进科学前进的钥匙。然而,在道德哲学领域,笛卡尔的程序式的理性主义却遭遇了界限。理性让我们具有尽可能幸福地生活的义务。但是,我们如何能够达到这一目的呢?笛卡尔在《谈谈方法》中完全没有对成功达到这一目的所基于的无可怀疑的基本原则进行讨论。相反,他只是满足于一种"临时的道德",即

---

① Wolff. Wolff, Christian (1720), *Vernünftige Gedancken von der Menschen Thun und Lassen, zu Beförderung ihrer Glückseeligkeit. Den Liebhabern der Wahrheit mitgetheilet* (= *Deutsche Ethik*, 1720). Die vierdte Auflage hin und wieder vermehret. Frankfurt u. Leipzig 1733. [ND; Hildesheim u.a. 1976 (= Gesammelte Werke, Abt. I., Bd. 4)], § 375.

② René Descartes, *Discours de la Méthode / Bericht über die Methode*, frz./deutsch. Übersetzt und herausgegeben von Holger Ostwald, Stuttgart 2001(= *Discours*), S.46 - 47.

③ Descartes, *Discours*, S.32 - 33.

④ Descartes, *Discours*, S.128 - 129.

⑤ Descartes, *Discours*, S.36 - 37.

一套仅由"三四个基本原则"①组成的临时道德。

这些基本原则来自何处？一定不是笛卡尔发明的,因为它们早就有了。它们是在我们对头脑清楚的(besonnener)人们的实践进行观察时所认识到的。如果我们自己遵循这些基本原则,那么我们就在以我们能够做到的方式理性地行动。笛卡尔正是在这一意义上决定"服从我的祖国的伦理和习常,坚持神在其中向我展示了恩典的、令我从小学习的宗教,并且在其他所有方面都遵循由那些(在我会与之共同生活的人们当中)头脑最清楚的人们日常践行的、最适度的、最不过分的意见"。② 笛卡尔愿意坚持那些由最温和的同伴们所保留的规则,这是理性的;要宁愿"改变自己的希望,而不是改变世界的秩序"③,要愉悦地坚持自己的基本原则,在不可能有确定性的情况下遵循其中或然性最高的规则,还要"投入自己的整个生命"来"培养理性"④,这也是理性的。

我们可以这样总结笛卡尔的立场,道德规则的发现方法是普遍适用的。而规则自身对于遵循这些规则的道德共同体来说则总是相对有效的。理性的人们在法国遵循的规则,与在波斯或者中国遵循的规则是不同的。笛卡尔写道:"……既然此刻起,我已经开始把自己的意见放到最低的位置——因为我想对它们进行全面的检查——那么我非常确定的是,我所能够做到的最好的事情,就是跟从那些最理性的人(den Vernünftigsten)。而如果在波斯人或者中国人那里也可能有和我们这里一样头脑清楚的人的话,那么我觉得最有利的做法,还是跟从我一开始与之共同生活的那些人,而且为了对他们的真实观点有切身经验,我必须关注他们做过什么,而不是说过什么。"⑤然而在波斯和中国的人是按照何种规则、准则或者规范行动的,即便笛卡尔本来想知道,对他而言也是不可能确定地认识到的。因为没有哪本书能告诉他这些。要想作为中立的观察者获知这些信息,他应该做的是去这些国度旅行。

用一个公式来表达:笛卡尔的伦理学是形式上普遍主义和质料上相对主义的。说它是形式上普遍主义的,因为获得关于道德规范的知识的方法是普遍有效的。说它是质料上相对主义的,因为理性地行动又意味着要以人们生活所在地通行的规则和规范为准绳。头脑清醒不唯独是法国人的长处,中国人也能够以他们的方式做到头脑清醒。

---

① Descartes, *Discours*, S.46－47.
② Descartes, *Discours*, S.46－47.
③ Descartes, *Discours*, S.50－51.
④ Descartes, *Discours*, S.54－55.
⑤ Descartes, *Discours*, S.46－47.

沃尔夫的实践哲学与笛卡尔

要列举出笛卡尔的"临时的道德"与沃尔夫的实践哲学的差异,并不需要太多想象力。后者同时也是沃尔夫对中国人的实践哲学进行解释的基础。沃尔夫的实践哲学不仅在方法上和形式上是普遍主义的,而且从质料上看也如此。笛卡尔建议以经过扩展了的同伴群体(peer-group)的惯例(Üblichkeiten)为行动标准。要找一个对这一建议的最大批评者,恐怕非沃尔夫莫属。按照沃尔夫的看法,要获得关于我们道德义务的知识,并不一定要借助对一个特殊社会共同体的既定实践的知识。毋宁说,正因为我们的理性,我们直接就洞见到自然法则和道德法则。我们的理性拒绝外部权威,从而也拒绝对我们的各种责任采取一种多元视角,就像人们在对理性和神恩、理性和启示进行区分时所表现出的那种视角一样。如果我认识自然,那么我就从自己的洞见认识到什么是理性的。因为自然本身就是理性的。自然是一个目的,通过一个贯穿始终的合目的性表现出来,它约束着世界上的所有人。如果沃尔夫在中国人的经典文本中找到了意志具有理性特征的证据,那么这就证实了,理性无需一般意义上的上帝概念和特殊意义上的启示神学就能自主地(autark)认识自然法则。那一边,笛卡尔通过亲身参与观察来认识"临时的道德"的基本原则;这一边,沃尔夫则通过阅读中国人的书来认识中国人的伦理。最终,按照沃尔夫的观点,我们的意志总是跟从我们的知性洞见。只要我知道一个人在对自然法则的知识上达到的明确性程度,我就知道他是如何行动的。

沃尔夫通过中国人具有的概念来认识他们的实践理性。尽管他们的概念是"非常模糊"的①,但这并未改变沃尔夫对他们,尤其是对孔子的根本赞赏。这种赞赏的依据是什么?"中国人努力先让理性得到正确的培养,因为为了不因畏威怀利而追求德性,人们必须获得关于善恶的明确知识。"②他们认识到了,我们对善恶的知识以对"事物的性质和理由"③的探索为基础。沃尔夫认为,中国人明确地看到,"自由行动的人"若没有"对善恶的完满知识"便不能够好好、恶恶。④ 理性使得无信仰的中国人和有信仰的普鲁士人同等的自由和无畏。正如沃尔夫在《德语伦理学》中所说的,"自然法则同时就是神法"⑤,因为上

---

① Wolff, *Rede*, S.57.

② Wolff, *Rede*, S.45.

③ Wolff, *Rede*, S.45. „Sittlichkeit zu bewirken, das hängt von uns selbst ab", heißt es in den *Gesprächen* des Konfuzius (*Lunyü*, Buch 12.1), aber die Sittlichkeit selbst, hängt nicht von den Menschen ab. Ihre Gesetze sind den Menschen objektiv vorgegeben.

④ Wolff, Rede, S.45.

⑤ Wolff, *Deutsche Ethik*, § 30.

帝自己在创世之时就在自然、法则、运动理由(动机)和我们自身的幸福之间创建了一种联系。但这并不意味着,我们对这一法则之联系的洞见要以我们对上帝的知识为前提,或者说为了变得有德性,我们必须先畏惧上帝。既然人"通过自己的理性"而自己"对自己是法则"①,那么,对这一法则的理性知识就展现了一个人履行其义务的充足理由。一个人如果自己"对自己是法则",那么他就是独立的,是自己的主人。一个人如果是自由的,那么他就按照事物所是的那样认识事物。沃尔夫在其《德语逻辑学》的"前言"第一句话中写道:"人从上帝那里获得的最优越的东西就是他的知性。"②我们本应当为我们的知性之故感谢上帝,但是,人即便不拥有任何自然神学,也仍然能够理性地行为。

我们在这里并不需要处理沃尔夫的普遍实践哲学和伦理学的细节。因为沃尔夫的关键思想已经明确:如果我们想要成为理性的人,我们就必须正确地使用我们的理性。理性让所有人变得自由和幸福。尽管笛卡尔也要求我们使用自己的知性,但是他为这种使用设置了条件,那就是其时代的习俗和惯例。但是这样一来,笛卡尔不仅过分限制了我们对理性的使用,而且还反过来助长了对理性的误用。因为对于笛卡尔而言,我们无法再追问,这样一种实践本身是否还是理性的。哪怕一伙强盗,甚至一个食人部落,都会对清醒的、懦弱的和胆大的行为作出区分。

沃尔夫指出自然是我们对自然法则的知识的来源,这也可以通过他与笛卡尔的另一个区别加以说明。笛卡尔认为上帝出于自己的完满性而规定了什么是善、什么恶,而沃尔夫则将人的理性与上帝的理性等同起来。如果笛卡尔的这种神学—伦理学的意志主义是恰当的,那么对上帝的知识就会是所有知识的前提。而笛卡尔自己恰恰就试图将此作为其真理标准来加以展示。只有当我已经认识了上帝是一个善神之后,我才能相信,我的清楚、明确的知识是真的知识。没有上帝,就没有任何确定性,也没有事物和知性的相即(adaequatio rei et intellectus)。而沃尔夫则凭借"人的理性直接给出对自然和对自然法则以及道德法则之本质的洞见"这一立场,与神学家的启示神学和神恩神学保持了距离。不仅如此,他还与像笛卡尔这样的理性哲学家保持了距离,后者试图依赖上帝概念来澄清有效性问题和真理问题。

---

① Wolff, *Deutsche Ethik*, § 24.
② Christian Wolff: Vernünfftige Gedancken Von den Kräfften des menschlichen Verstandes Und ihrem Richtigen Gebrauche In Erkäntniß der Wahrheit (1712). 3. Auflage. Halle 1727 (= Deutsche Logik) (= *Gesammelte Werke*, I. Abt., Bd. 1).

依赖和独立

人独立于权威和伦常（Sitte），人能够出于对世界之合法则性的洞见而行动——沃尔夫的这些思想都深植于他的形而上学。这里，我们同样可以通过与笛卡尔的对比来更好地了解沃尔夫这一立场的特点。

笛卡尔在其《第一哲学沉思》第三沉思中主张要对"我依赖某一个与我不同的本质"①进行完全清楚地认识。我依赖这样一个本质，因为我的此在必须得到维持。为什么是这样呢？按照笛卡尔的看法，我们可以这样来解释"我必须（muss）维持自己的此在"：在时刻 t_1，我的此在并不包含我在时刻 t_2 仍然存在的理由。如果这时我在自身之中知觉到一种力（"vis"），并且我能够通过这种力进行自我维持，那么我就必须还要意识到这种力。然而，按照笛卡尔的看法，我自己并没有意识到这样一种力。② 但是，是否因为我自己并没有意识到，在我自身之中可能就没有这样一种力呢？如果在我自身中确实有某个我没有意识到的东西，这又该如何呢？这对于笛卡尔哲学来说会是决定性的问题。他的本质是否在思维之中，对于这一点，他很可能并不确定。③ 他可能并不知道，一个思维着的实体是否是一个质料性的实体。他可能并不知道，他自己也许并不能维持自己的此在，因为他并不能知道，他自己按其本质究竟是什么。如果在我自身中确实有某个我没有意识到的东西，那么"我依赖上帝"这样的推断就是不可能的。

让我们回到沃尔夫。他的《德语形而上学》是以这样一个断言开头的："我们意识到自己和其他存在者，对此，任何人，只要他没有完全失去他的心智，都无法怀疑。"④对我们自己和外在于我们的各种存在者的意识，这对于沃尔夫而言是一个事实。我们无需（像笛卡尔认为的那样）先确保上帝的存在，就能够在一门经验科学（经验心理学）的框架中对这一事实进行描述。尽管上帝与我们相反是一个自在的本质（selbstständiges Wesen），因为他必然存在，无始无终。但是，按照沃尔夫的看法，这并不意味着，由上帝创造的各种本

---

① René Descartes, *Oeuvres de Descartes*, hrsg. von Charles Adam und Paul Tannery. 13. Bde, Paris 1897—1913, Nachdruck 1957—1958, Neuausgabe 1964—1976, 1996(= *Oeuvres*, AT), VII, 49.

② „Da ich nämlich nichts anderes bin, als ein denkendes Wesen oder da ich wenigstens für jetzt genau nur über den Teil von mir rede, der ein denkendes Wesen ist, so müsste ich, wenn eine solche Kraft in mir wäre, mir ihrer zweifellos bewusst sein [conscius essem]. Indessen erfahre ich, dass es keine solche Kraft gibt, und eben daraus erkenne ich ganz klar, dass ich von irgendeinem von mir verschiedenen Wesen abhänge." (Descartes, *Oeuvres*, AT VII, 49).

③ 霍布斯在其对笛卡尔《沉思》的反驳中就得到了这个推论。

④ Wolff, *Deutsche Metaphysik*, § 1.

质就是各种需要上帝的主动干预来得到维持的实体。① 沃尔夫立场的一个关键点,就是他对"ens a se"(自在是者)和"subsistere"(持存)之区分的(在他自己看来是创新性的)解释。尽管灵魂不是"自在是者",但灵魂作为实体"持存"。② 这里便体现了灵魂与上帝的一个本质性区别:既然上帝作为一个"自在的本质"完全出乎自己的力,那么"即便除了上帝之外再没有任何其他东西,上帝也是可能有的"。③ 上帝"完全地独立于(independent)所有东西。因为我们说,某物依赖(dependent)另一物,仅当某物之中的东西之所以在某物中的理由包含在另一物中。那么,当某物之本质和现实性的理由包含在另一物中时,某物就完全依赖另一物"。④ 由于"进行表象的力(灵魂的本质和自然就在于该力中)"取决于"一个物体在世界中的状态以及由此在感觉末端发生的诸变化",人的灵魂也就"依赖"世界⑤。这种依赖的质料性体现就是"我们的身体(Leib)"⑥。没有世界,就没有身体;没有身体,就没有(自我)意识;没有(自我)意识,就没有对世界的知识。因而,在沃尔夫看来,上帝是世界的创世者和第一起因,这对于理解我们(在意识的认识论意义上)对世界的依赖性是完全无关的。

这里,我们可以给关于笛卡尔和沃尔夫的论述做个小结。我们已经看到,沃尔夫对"依赖"概念做出的解释与笛卡尔不同。笛卡尔在其"临时的道德"的框架中预设了我们对传统和活生生的伦理生活(Sittlichkeit)的依赖,就像他在其形而上学中预设了我们对上帝的依赖一样。既然上帝是一切确定性的理由,并且上帝出于自己的完满性而确定了什么是好坏,那么,笛卡尔所声称的这种依赖恐怕就是我们能设想的自己对上帝的最大的、持续的、直接的依赖。无论如何,这是我们作为理性动物,通过自己的思考能够认识到的一种依赖。这同时也是笛卡尔与启示神学(即神恩神学)的根本区别所在。笛卡尔的上帝是一位彻彻底底地具有善意的、全能的哲学家—造物者,这位上帝愿意在法国的人们到教堂去,愿意在中国的人们到孔庙去。相反,沃尔夫则坚持人类理性的普适性,它就是一种神性的理性。既然连上帝的意志都服从某个理性的诸种必然性,那么我们人在使用自己的理性时也独立于启示和神恩。哪怕在形而上学的层面上,也不存在对上帝的任何依

---

① Vgl. Wolff, *Deutsche Metaphysik*, §929, 939.
② Wolff, Christian (1733), *Ausführliche Nachricht von seinen eigenen Schriften*, Frankfurt (= *Gesammelte Werke*, I. Abt., Bd. 9), §24.
③ Wolff, *Deutsche Metaphysik*, §938.
④ Wolff, *Deutsche Metaphysik*, §938.
⑤ Wolff, *Deutsche Metaphysik*, §941, 比较笛卡尔对阿尔诺德(Antoine Arnauld)的回应(AT VII, 222)。
⑥ Wolff, *Deutsche Metaphysik*, §760.

赖。笛卡尔主张的是,上帝时时刻刻都在直接维持着我们的此在;而沃尔夫则指出我们对世界的依赖。只要我们意识到我们之外的东西,我们就意识到我们自己。如果没有任何外部的东西,我们就无法意识到我们自己和外部的东西。不过,沃尔夫所说的对世界和对自己身体的"依赖"不同于笛卡尔所说的对上帝的"依赖"。因为沃尔夫的对世界的"依赖"与我们的自治权(Selbstherrschaft)是相容的。只要我们是理性的,我们就不仅在实践的层面是自主的,而且在所有的层面都如此。因为对世界的依赖的意思恰恰不是指对一种陌生的力量和权威的依赖。它反而意味着,只要我们通过自己的经验和探索去认识所有东西的理性秩序,那么我们就只可能是理性的。一句话来说,按照沃尔夫的看法,那种容纳在我们的自我意识的结构之中的对世界的依赖使得我们独立于上帝。同时,这种依赖也使得我们作为行动者独立于权威和传统,它向我们敞开一条路,让我们在一个根本上无限度的过程中去熟悉世界,让我们以理性的方式与所有人达成共识。而我们所需要做的,就是这样去意愿。

笛卡尔、沃尔夫和古代中国人

沃尔夫将古代中国人,尤其是孔子引为其"关于一切可能者的理性思考"之完善计划的同路人,这一做法是否恰当? 对此,我们当然可以批判性地质疑。换做笛卡尔这么做,恐怕他的理由会更充分些。而且,连沃尔夫自己也引用了孔子所说的"述而不作,信而好古"[①],这个倒可以理解为是对一种自足的"临时的道德"的引介。孔子在《论语》中的最后一段话[按照卫礼贤(Richard Wilhelm)的翻译]是:"老师说:谁不知道上帝(天),谁就不可能是个高尚的人。谁不知道伦常的各种形式,谁就不可能是稳固的。谁不知道言(理),谁就不可能知道人。"[②](不知命,无以为君子也。不知礼,无以立也。不知言,无以知人也。)无论我们如何翻译"天"和"理",这段话听起来都更接近笛卡尔那里的出自一种经过反思的清醒精神的保守主义,而不是沃尔夫那里的出自一种数学方法精神的实践哲学。

康德和理性的裁判官角色

无论从事实上还是从哲学上看,沃尔夫想要通过应用数学方法来解决神学争论的计

---

① Lunyü 7.1. 德语译文引自 Hubert Schleichert u. Heiner Roertz, *Klassische chinesische Philosophie. Eine Einführung*, 4. Auflage, Frankfurt am Main 2021, S.24.

② Konfuzius, *Lunyü*, 20.3.

划,都彻彻底底地失败了。对此,我们很难再做争辩。不过即便如此,也没有关系。真正有关系的,其实是沃尔夫的思考所采取的那种态度。这是一种对世界的理性认知所具有的态度。并且这种态度也在数年之后由康德在《对"什么是启蒙"这一问题的回答》一文中作为启蒙的口号提出来:"Sapere aude"(敢于有智识)。你们知道,这个曾在1740年"真理之友协会"(Societas Alethophilorum)纪念章上被引用的口号,今天也是"启蒙运动哲学—沃尔夫学会"的标志。"敢于有智识",不多不少就意味着以一种自我思考、独立和成熟的姿态来促进启蒙的计划。康德和沃尔夫的不同,仅在于他们各自采用的手段和依赖的条件不同。当然,要想在几分钟之内讲清楚康德在多个向度上对依赖和治权(Herrschaft)的理解,并且还要与笛卡尔和沃尔夫的演讲做一比较,是不太可能的。我只想很快地提一点,这与沃尔夫的副校长演说以及两年后从哈勒被驱逐着有直接的联系。

康德在其《纯然理性界限内的宗教》(1793年)中提出了这样一个问题:某种"对历史和显象的信仰"(Geschichts- und Erscheinungsglauben)是否在道德抑或律法上具有对人们加以裁决的权威? 他的回答再清楚不过:"毫无疑问,一个人出于他的宗教信念去选择生活,这是不恰当的:除非(极端情况下)有一个更神圣的、他所知道的超常意志向他下达不同的命令。但是,说上帝曾经展示过这般令人敬畏的意志,其依据实则是历史文献,是永远无法得到完全确证的。启示,只是通过人,才说是上帝的;启示,也是人来解释的,只不过显得是从上帝那里获得的(正如亚伯拉罕所接收到的命令是像杀牲畜一样杀死自己的儿子)。因此,其中若是存在什么错误,至少也是有可能的。"[1]因此,即便康德(如果我没错的话)从未在其作品中提到过沃尔夫驱逐事件,但这件事对于康德也是具有意义的。理性"裁判"(richtet)自身,它独立抉择某物是否恰当。某种"对历史和显象的信仰"是否可接受,以及在多大程度上是可接受的,这由理性来抉择。谁若声称具有对我们以及我们的生活的权威,他就必须论证这一点。谁若借助某种"超自然的—经过启示的神圣意志"[2]而妄称具有对我们的治权,他就是一个"异端裁判官"(Ketzerrichter)[3]。异端就是由裁判官塑造的,因为这个裁判官轻视理性的法则,从而逾越了他自己的界限。

康德对理性与启示信仰之关系问题做了如下精确表述:信仰能够具有多大的权威将"人的自由"[4]限制在理性法则之下? 信仰能够为政治治权提供奠基吗? 康德坚持认为,

---

[1] Immanuel Kant, *Gesammelte Schriften*. hrsg. von der Preußischen Akademie der Wissenschaften u. a., Berlin (1900 ff.) (Sigel AA), AA VI 186－187.

[2] Kant, *Schriften*, AA VI 186.

[3] Kant, *Schriften*, AA VI 186.

[4] Kant, *Schriften*, AA VI 190.

神恩王国和实践理性王国是不相容的。如果有谁的看法和康德不一样,那么他有各种不同的策略可用。他可以尝试重新定义理性,比如过程性的、多元的,或者推理的理性。或者,他可以把理性名声搞臭,解构理性,或者对理性进行非殖民化。在这些情况下,我们也无可奈何。如果我们剥夺理性"作为真理的最终试金石"的特权,那么,正如康德在其1786 年的《何谓在思想中定向》一文中所说的,我们不是在促进"思想中的自由"①,而是在毁灭自由,将地盘留给任意抉择(Willkür)和随兴所至。

20 世纪的理性、信仰和依赖:以鲁道夫·布尔特曼为例

和沃尔夫的相似之处在于,理性对于康德也是"世间的最高善"②。如果这两个人在根本上是正确的,如果理性与独立、理想与自由之关系正如他们所主张的那样,那么问题便是:理性与信仰、理性与神恩之间的关系在今天还可能得到怎样的规定? 在一个科学技术理性的时代,宗教信仰如何回应启蒙神学和启蒙神学批判? 进一步,如果有了这样的回应,启蒙神学批评者又会如何面对这种回应? 在讲座的剩下几分钟,请大家允许我回顾一下鲁道夫·布尔特曼(Rudolf Bultmann)对逻格斯和神话所做的和解工作。布尔特曼对于我们的主题很重要,因为他在对耶稣学说的去神秘化框架中所选择的努力方向,正好与沃尔夫和康德这样的近代启蒙哲学家相反。布尔特曼认为,人只有通过对上帝的信仰、在他个人所感受到的对上帝的依赖之中才可能找寻到保证,才可能远离畏惧。布尔特曼写道,"真的自由"不是"主体的任意抉择",而是在对神法的"顺从中的自由"③。

布尔特曼的去神秘化计划完全不是要在逻格斯的裁判庭前为上帝之言进行辩护。他想的并不是搭乘启蒙神学的末班车。他想的是如何进一步理解信仰的深刻意义。这一意义(海德格尔④也在这里起到了作用)就在于,上帝呼唤我们,上帝之言乃与我们的"个人存在"⑤有关。布尔特曼说,"信仰所感兴趣的那个秘密,并不是上帝本身是什么,而是上帝如何与人交涉。这样一种秘密针对的不是理论思维,而是人的自然希望和欲求"⑥。从

---

① Kant, *Schriften*, AA VI 146.

② Kant, *Schriften*, AA VIII 146.

③ Rudolf Bultmann, *Jesus Christus und die Mythologie. Das Neue Testament im Lichte der Bibelkritik*, aus dem Amerikanischen übertragen von U. W. Richter, (1. Auflage 1964; amerikanische Originalausgabe 1958), Gütersloh 1984 (= *Mythologie*), S.45.

④ 关于后期海德格尔,参见:H. F. Klemme, „Unmündigkeit als Programm. Ein Versuch über Heidegger und seine Kritik der Moderne", in: *Merkur. Deutsche Zeitschrift für europäisches Denken*, 70. Jahrgang, Heft 800, 2016, S.5 – 23.

⑤ Bultmann, *Mythologie*, S.47.

⑥ Bultmann, *Mythologie*, S.47 – 48.

逻格斯的角度来看,信仰和科学理性之间无法调和。但是,信仰,即去神秘化的神话,强调的却是其独特的价值,是其对于每一个人的存在意义。因此,布尔特曼在由其1951年于耶鲁大学开设的夏费系列讲座整理而成的《耶稣基督与神话学:圣经批判视野下的新约》(*Jesus Christus und die Mythologie. Das Neue Testament im Lichte der Bibelkritik*)一书中做出如下建议:我们本应如此生活,就像不曾有过科学理性那样。只有当上帝之言不是被解释为对科学技术理性之可能性的攻击,而是彻底地以存在论—个体的方式得到解读时,这样的生活才是可行的。"上帝之言是说给处在其个人存在之中的人听的,并由此赋予人脱离世界、脱离畏和怕的自由,一旦人忘记了彼岸,畏和怕就会占据上风。"①信仰不造就任何政治权威,而是返回到私人存在的层次。信仰造就希望,不造就对事物之理性秩序的洞见。如此一来,若是按照布尔特曼的看法,我们就必须将沃尔夫和他的古代中国人视为忘记上帝从而充满畏和怕的人。由于他们失去了上帝,他们就像当代的人,因为后者想"借助自然科学……占有世界"②,并以此依赖世界。

沃尔夫演说的现实性

那么,是谁(或者是什么)让我们变得自由和独立?是我们的理性,还是我们的信仰?是我们对世界的依赖,还是我们对上帝的依赖?女士们、先生们,沃尔夫的副校长演说虽然是一场在特定时间点、针对特定听众的演说,但其中包含的哲学内容则超出了特定场合的限制。就沃尔夫所表达的思想来看,这是2021年和1721年所共有的。诚然,我们可以通过强化历史背景因素来弱化和约束这一演说,但如果对这些历史事件的一种唯名论立场的表达在其哲学层面上是有问题的,那么这种做法就是不恰当的。在怀疑主义的矛头指向各种庞大理论和对历史的哲学思考时,沃尔夫则在用那些我们并不陌生的概念伏案工作,我们正是借助这些概念才有了出发的起点,我们也本就应该就这些概念来表达观点。沃尔夫在寻求这些问题的解答,这些问题总是要通过独立思考和视野交换来不断地得到新的描述和澄清。这些问题当然也会改换、变形,愈发彻底。只消想一想我们这个脆弱支离的后理论式现代中的多元化,无论是理性概念的多元化还是信仰概念的多元化,在这个时代,甚至连以寻求共识为目标的学术讨论都必须彼此为敌。《中国人实践哲学演讲》是超越时代的,同时也是对一个有着具体的哲学—神学和政治背景的时代的记录。

---

① Bultmann, *Mythologie*, S.43.
② Bultmann, *Mythologie*, S.43.

Dependence and Governance:
Christian Wolff's Speech on the Practical Philosophy of the
Chinese (1721) between Descartes and Kant

Heiner F. Klemme

【Abstract】 In this speech, the author tries to understand the features of Christian Wolff's conception of dependence and independence from the perspective of the philosophical context of his Chinese speech. Firstly, he will point out the difference between Descartes and Wolff concerning their understanding of "dependence". The author claims that Descartes could equally well have had referred to Confucius in the frame of his famous "morale par provision", just like Wolff did in the frame of his practical philosophy based on the spirit of the mathematical method. Secondly, he will go quickly into a special side of Kant's criticism of the belief of revelation. Lastly, the author will remind us of the project of demythologization of the Marburg theologian Rudolf Bultmann, who, in contrast to Wolff, interprets our dependence upon God, which we feel in the belief, as the key to overcome our fear.

【Keywords】 Christian Wolff, Descartes, Kant, Rudolf Bultmann, Enlightenment

霍布斯的义务观①

[美]托马斯·内格尔②(著)

齐维强　陶　林③(译)

【摘要】有学者认为,在霍布斯的义务体系中存在真正的道德义务,并且这种义务来源于上帝的命令。但实际上,霍布斯道德义务的来源完全是基于自利的考虑。我们为什么要遵守自然法,并不是由于上帝命令我们这样做,而是人们的明智考量决定要如此行动。因为遵守自然法是对个人以及人类整体的保存最有利的方式。这样一种考量当然是出于自利的考虑。如果说上帝的命令是遵守自然法的依据,那也仅仅是因为上帝是全能的。他的力量足以使一切人类服从于他,无论他命令什么,我们都只有服从。但是这种服从也就意味着自然法绝非永恒不变的法则,因为命令是可以变化的,这与霍布斯的观点完全矛盾。并且,这样一种服从于一人的权威绝不可能是真正的道德。在霍布斯这里根本没有真正的道德义务,任何对霍布斯义务体系的道德解释都注定是失败的。

【关键词】道德义务,上帝的命令,自利

沃伦特(Howard Warrender)的新书《霍布斯的政治哲学》是一部严谨的学术著作,有着精到的注释和清晰的陈述,也是一部对我们理解霍布斯思想有着重要贡献的著作。一直以来,对霍布斯的解释充满了分歧和混淆。沃伦特先生对霍布斯义务体系的彻底考察使得该领域得以真正清晰起来,他澄清了许多传统的困难,并为进一步讨论霍布斯的政治理论建立了一个连贯的框架。沃伦特为霍布斯所描述的各种义务类型的性质和关系提供了新的见解。他表明,根据霍布斯的说法,我们有遵守自然法的基本义务,所有的其他义

---

① 本文译自 Thomas Nagel, Hobbes' concept of obligation, *The Philosophical Review*, Vol. 68, No. 1(Jan., 1959), pp.68 – 83。本文主要涉及两本著作,即 Howard Warrender, *The Political Philosophy of Hobbes*(《霍布斯的政治哲学》), Oxford, 1957; William Molesworth ed., *The English Works of Thomas Hobbes*, London, 1839—1845。本文系国家社科基金项目"霍布斯政治哲学著作的翻译与研究"(项目编号:18BZX090)的阶段性成果。

② 作者简介:托马斯·内格尔(Thomas Nagel),美国哲学家,研究领域为政治哲学、伦理学、认识论、心灵哲学。曾任教于柏克莱大学、普林斯顿大学,1980 年进入纽约大学任教至今。同时亦为美国人文与科学学院院士及英国国家学术院院士,代表作有《利他主义的可能性》《人的问题》《理性的权威》等。

③ 译者简介:齐维强,西南大学外国哲学专业博士研究生,主要研究方向为政治哲学,尤其是霍布斯的政治哲学。陶林,西南大学国家治理学院哲学系教授、博导,研究方向为政治哲学、法哲学。

务都可以由此推断出来,社会中还没有出现任何新的义务不存在于自然法中(in nature)①。然而,在完成了对义务体系的考察之后,还有另一个问题必须解决,以此来完成对霍布斯思想的分析。我要讨论的就是这个问题,这是由沃伦特自己所陈述的:

> 然而,要超越这一点就要反复追问,为什么个人应当遵守自然法,这是一个新的出发点,对这个问题的处理是对主要论点进行补充,而不是延续,这些主要论点已在本著作的前两部分中进行概述了。以上所考察的是服从自然法义务的子结构,即由此产生的后果模式;而对这一义务的基础研究只与其上层建筑有关。尽管我们接受霍布斯理论中"义务"之根基的不同解决方案,赋予其权利(rights)和责任(duties)模式以不同意义,但这本身并不改变此类模式,也不损害按照它所呈现的方式对其所做出的解释。②

沃伦特声称,尽管他将冒险对这个问题发表一些评论,但他对这些评论感到缺乏信心,比他对霍布斯义务体系的看法还要觉得没有把握。不过他肯定地表示,在不分析核心概念及其依据的情况下,也可以成功地研究该体系。尽管我会不同意他所说的关于霍布斯义务观的一些东西,但我不认为这是对本书的基本批判,因为这一议题完全有别于那些沃伦特本人主要关注的,并且处理得让人心服口服的问题。我的理由是我将频繁地以沃伦特所提出的批判形式对霍布斯的义务观发表评论,他非常清晰地阐述了这些问题,并提出了我所见过的最详尽和最令人信服的论点以支持我反对的观点。

我将试图证明,在《利维坦》中根本没有真正的道德义务,霍布斯所说的道德义务完全是基于对理性自利(self-interest)的考虑。许多人并不认同霍布斯仅仅诉诸自利,并试图将这一明显存在的主题与霍布斯义务观的道德解释调和起来。我将努力论证这些尝试是如何失败的,并提出一种在我看来会使他的观点一致起来的解释。

人们不能忽视《利维坦》一书中基于自利的论证,一种利己主义的动机理论贯穿整本书。我将不会尝试详细地去探究它,因为这种论证无处可藏,它们在阐述自然法时就特别清晰地出现了,这种论证描述了我们的基本义务,其他所有义务都是从中派生出来的。霍布斯将自然法定义为"由理性发现的戒律或一般法则,这种戒律或一般法则要求禁止人们

---

① 作者这里使用的是 in nature(在自然中),但按照上下文的意思,特别是上文强调我们有遵守自然法(the laws of nature)的基本义务,作者这里想表达的应该是在自然法中。——译注

② Howard Warrender, *The Political Philosophy of Hobbes*, London: Oxford University Press, 1957, p.278.

做那些损毁他生命的事或剥夺保全他生命的手段,或者禁止人们不去做他认为最有利于生命保全的事"。① 然后,他接着得出了十九条这样的法则,每一项法则的证成(justification)都是基于这样一种论点,即违反这些法则会导致人们进入战争状态,这对每个人来说都是一个可怕的景象。

利己主义的动机理论在霍布斯对为什么某些权利是不可剥夺的解释中得到了明确的表达。"在每个人的自愿行为中,其目的都是为了对他自己有一些好处。因此,不论凭借任何言辞或其他迹象,都不能解释他已经放弃或转移一些权利。首先,如果有人以武力攻击一个人,要夺取他的生命,他就不能放弃抵抗的权利,因为这样就不能理解他的目的是为了他自己的任何好处。"②关于规定一个人可以或不可以制定什么样的契约,什么时候契约变成无效的,什么时候有义务履行或不履行,我认为,可以被看作一种契约实践的建构,在这种建构中,人们可能在一点也没有违背自己利益的情况下参与进来,也因此是人们可能采纳的。我认为这种感觉是错误的,即由于自卫的权利对义务设置了限定,这意味着这样一种理解存在一些必须被限定的真正的道德义务。它可以被认为仅仅是霍布斯自利的义务观的一个逻辑结果。在霍布斯的表述中,一个人的道德义务是遵循理性的要求,以实现自我保存和长寿。某些行为,例如自我损毁,永远不能作为自我保存的手段。因此,自杀或不保护自己免受伤害永远不会是道德义务。

沃伦特认为,霍布斯这里有两个独立的体系,一个是动机理论,一个是义务理论。前者以自我保存为最高原则,其依据是所有人都会把死亡当作自己最大的罪恶,而后者则基于遵守被视为上帝旨意的自然法的义务。他以必须与动机理论相一致的方式解释了义务理论的利己主义特征,但他主张自我保存是义务的"有效条件(validating condition)",而不是义务的依据。他将这种条件定义为在义务的依据起作用时必须满足的条件。③ 有效条件的通常例子是理智和成熟,虽然这些东西当然不构成义务的依据,但必须先存在于个人身上,然后他才能负有义务。

沃伦特在陈述中表达了他的目的:"如果个人必须遵守的基本原则是寻求和平而不是自我保存,那么他的责任就会被赋予一种更多社会化和更少关注自身的特征。"④他认为,

①　William Molesworth ed.,*The English Works of Thomas Hobbes*,London,1839－1845,III,116－117. 所有提到霍布斯的内容都来自这个版本。——原注
　　本文作者所有引用霍布斯的文本都来自《利维坦》,中译本可参见霍布斯:《利维坦》,黎思复,黎廷弼译,北京:商务印书馆,2019 年。——译注
②　Ibid.,p.120.
③　Howard Warrender,*The Political Philosophy of Hobbes*,London:Oxford University Press,1957,p.14.
④　Ibid.,p.218.

这可以表明,霍布斯并不认为我们首先有义务确保我们的自我保存。

为了支持这一点,他首先认为,根据霍布斯的说法我们有权进行自我保存。但是权利和义务在同一件事上是不相同的。因为权利是做的或不做的自由,不存在义务问题。因此我们没有进行自我保存的责任。① 但我坚持认为,霍布斯的立场并没有像沃伦特所说的那样清晰明了;这实际上似乎是自相矛盾的。因为在第十四章的开篇,霍布斯做出了如下的一系列断言:第一,自然权利是每个人保全自己生命的自由;第二,自然法是这样一种戒律,通过这种戒律禁止人们做损毁其生命的事,或者禁止人们不去做自己认为能够保全生命的事;第三,既然权利是做或不做的自由,然而自然法约束你做某些特定的事,自然法和权利的区别就像义务和自由一样,二者在同一事物中是不相一致的。② 我承认我不知道沃伦特这样做的目的是什么,但我不认为在这个基础上可以表明霍布斯觉得我们没有义务保存自己。

沃伦特还认为,"如果将自我保存视为每个人的主要责任,人们会期望霍布斯将我们应该保存自己的戒律视为一项法则而不是一项权利,并且我们应该在无法获得和平的地方利用战争的优势。然而,正如他所说,基本自然法不是'自我保存',而是'寻求和平',并且其他自然法也来自'寻求和平'"。③ 基于关注一般意义上的社会或群体的保全,沃伦特希望将自然法解释为持续地保存多数人的原则,而不是解释为保存个人的准则。这使他对相反的充足证据不屑一顾。例如,他意识到,在罗列出自然法之后,霍布斯说还有其他一些损毁个人的事也是被自然法禁止的。他说,它们在这里无关,因为这里的论述是关于公民社会的。这表明,自然法的基本戒律是自我保存而不是社会保存,但是沃伦特声称,诸如破坏理性能力这类自我损毁的行为可以被认为是有害于社会的。我不否认它们可以被这样考虑,但我不认为霍布斯仅仅因为这个原因就认为它们违反了自然法。

沃伦特也承认,霍布斯有时将自然法描述为一个人不得做任何破坏他生命的事的戒律。但他说,这并不是对霍布斯立场的准确陈述,而当他将它们称之为和平条款时会更为准确。这当然不能根据这两种描述的相对频率来决定。他认为,霍布斯列为人类基本义务的自然法直接影响着社会和一般福利。这是一个严格的法律体系,而不仅仅是一个随机建议的集合。我不想否认这一点,但在我看来,霍布斯是从对个人自利的考虑中谨慎地推导出来的。事实上,自然法表面上是典型的道德戒律,这使沃伦特倾向于否认它们是每

① Howard Warrender, *The Political Philosophy of Hobbes*, London: Oxford University Press, 1957, pp.214 - 215.

② William Molesworth ed., *The English Works of Thomas Hobbes*, London, 1839 - 1845, III, p.116.

③ Howard Warrender, *The Political Philosophy of Hobbes*, London: Oxford University Press, 1957, p.216.

个人都应该为自己的缘故而遵守的明智(prudential)准则。

他对自利在霍布斯那里的作用给出了如下解释：

> 要求个人寻求和平、遵守契约等自然法从一方面看是自我保存的理性准则,也是对公民为什么应该遵守市民法(civil law)这个问题的一个答案,即遵从是实现自我保存的最佳手段……然而,就自我保存而言,这个答案涉及的是动机,而不是义务……这种考虑不能确保它们的义务性特征。仅当其作为上帝的命令出现,它们才成为法律并能赋予义务。因此,我之所以履行我的义务的原因是我能够……将其视为自我保存的手段;但我之所以"应当"履行我的义务是基于它是上帝的命令。①

按照沃伦特对霍布斯的解释,霍布斯主张有一系列行为可以明智地被激发,这些行为的一类倾向于自我保存,另一类倾向于和平而不仅仅是个人的自我保存。后者可以被认为是上帝的命令,因此是义务性的,因为我们事先有义务服从它们,而不是因为它们有助于自利。我将首先讨论沃伦特对霍布斯自利的看法,暂时搁置他的义务的基础在于上帝的命令的论点。

沃伦特在霍布斯的道德学说中插入了某些义务的验证条件,他说这些条件是霍布斯利己主义意志理论的必要条件,感觉像泰勒(A. E. Taylor)一样,如果对义务和意志这两种理论作出区分,那么霍布斯的义务就可以保留一种道德意义。他认为,根据霍布斯的说法,一个人不能被赋予采取某项行为的义务源于对何为被赋予的义务本身的理解。任何强制性的法律都必须满足义务的有效条件,这些条件"可以概括为:凡逻辑上行不通,则个人不担义务"②。其中包含法律必须可知,法律制定者必须明确,并且若某人有生死之危,则其为自救而触犯法律可被谅解。我当然会同意沃伦特到目前为止所说的一切,但我不同意他关于这些验证条件来源的说法。他说,最后一个条件来自这样一个逻辑事实,即一个人必须有足够的动机去遵守法律(他声称这涉及应该蕴含能够这样一个概念),加上经验事实,由于人们只做那些他们认为符合自己的最大利益的行为,所以只有在非常罕见的情况下,任何人才能有充分的动机来促成自己的损毁或不反抗他人对他的生命的企图。所有义务行为必须至少能够被有关个人视为符合其最佳利益;因此,自毁之类的事情从来

---

① Howard Warrender, *The Political Philosophy of Hobbes*, London：Oxford University Press, 1957, p.212.这个划分也是由泰勒在"The Ethical Doctrine of Hobbes"中提出的,Philosophy, XIII (1938), p.408。

② Howard Warrender, *The Political Philosophy of Hobbes*, London：Oxford University Press, 1957, p.94.

都不是义务的。这是沃伦特的说法，即自利是霍布斯义务的基础。

但是，真的如沃伦特所说，这种情况是应该蕴含能够的信念的逻辑延伸吗？也许可以承认，如果某人不能有足够的动机去做某件事，那么就可以说他做不到，甚至可能出于这个原因，我们应该免除他这样做的义务。如果当另一个人溺水时，一个对水有病态恐惧的人袖手旁观，我们对他的严厉程度可能不如对正常人应有的严厉，尽管我不认为他不能采取其他行动的意义与"应该蕴含能够"中的内容相同。当我们说"他做不到，因此他没有义务"时，我们通常的意思是指出，即使他想这样做，他也不会成功。他的失败是可以原谅的，因为他的失败并不表明他的意愿。

但是，一个非常怕水以致没有任何动因能促使他进入水中的人，从另一个角度看，他在道德上也许是很正常的，并服从于所有通常类型的义务。另外，想想霍布斯意义上的人的情况吧。只有如果他认为符合自己的最佳利益，他才能自愿做一些事情。某些自毁行为不能被视为符合他的最佳利益，因此他不可能将其视为自愿行为。沃伦特认为，如果某人确实如此，那么他就不能被赋予如此行动的义务。

我觉得这种情况与憎水者的情况有所不同。如果我们只考虑那些霍布斯意义上的人永远没有充分动机的行为，这种差异就变得模糊了。对于某些特定的行为来说，它似乎与恐惧症非常相似。但是，他永远无法自愿做的少数几个行为只是霍布斯意义上的人的弊病的一小部分。除非他认为这符合他自己的最佳利益，否则他永远不能采取任何行动。不像憎水者，他的道德行为有一点小瑕疵，其余的是相当正常的。霍布斯意义上的人不仅是在一些特定的行为上丧失了行为能力。

我们可以通过观察憎水者在普通情况下的行为来理解道德义务。如果他准备在某种程度上牺牲自己的利益来履行承诺，帮助陷入困境的人等（只要履行职责不涉及要他进入水中），那么我们就知道他有一种道德意识。但是，我们没有这样的方式来对一个从不违背自己利益的人作出类似的判断。他的情况不是一个无法进行一些孤立行动的正常人。事实上，利己主义者完全没有在一些特定事项上的行动能力，这只是他在整个行为方式上无能为力的一种表现。他容易只受到自私动机的影响，因此无法采取任何可以明确标记为道德的行为。事实上，他最好被描述为一个没有道德意识的人。

沃伦特和泰勒赞同霍布斯的想法，即没有人可以在不以自己的个人利益为目的的情况下自愿行动，这破坏了对霍布斯的义务观进行真正道德建构的任何尝试。它在某种程度上排除了任何讨论道德义务的意义。它剥夺了它的任何可操作的空间。道德义务是在深思熟虑中发挥作用的东西，它会在这样的情况下影响一个人，即如果只考虑到自己的利益,他可能会不采取行动,而考虑到道德义务则不然,例如帮助他人,无论如何他都会这样做。在原则上从不与自利相冲突的东西不能称为一种道德义务。但根据沃伦特归因于霍布斯的动机理论,我认为这是正确的,即对霍布斯来说,人们唯一的动机就是对自身利益的考虑。所以,一种真正的道德义务感永远不能在他们的深思熟虑中发挥作用。如果霍布斯承认任何他称之为道德义务的东西都是人类动机的一个因素,那么这一定是对自利的考虑。

沃伦特的观点是,我们遵守自然法的义务来源于遵从上帝命令的责任。这既是对义务的最终依据的解释,也是对霍布斯的义务基于自利立场的驳斥。① 霍布斯对自然法作出的如下解释,遵循了他对自然法意义的进一步引申:

> 这些理性的命令,人们习惯于以法律之名称之,但这并不恰当,因为它们不过是结论,或是关于什么有助于自我保存的原则;而法律更恰当的表述是有权支配他人。但是,如果我们考虑在上帝的话语中传达了同样的原则,即有权支配一切,那么它们被称为法律也是恰当的。②

这是基于霍布斯对法律的定义:法律是发给一个事先就有义务服从于命令者的人的命令。因此,如果我们将自然法称为法律,它们必须是我们事先就有义务服从的某个人的命令,而这除了上帝还能是谁?

沃伦特解释了这一点(我想明确指出,这只是一种解释),即只有作为上帝的命令,才能称为具有自然法义务的法律。③ 他说,对于无神论者来说,自然状态下以及社会中的自然法是明智的准则,指导着他的自我保存,但是他不能将它们视为法律,因为它们不是他承认有义务服从的人的命令,因此不能说它们是无神论者的义务。沃伦特指责那些认为霍布斯的整个道德和政治理论几乎是基于这种无神论观点的评论家,他们忽略了自然法是源自上帝的法律。但是他错了。霍布斯从来没有说过只有权威的命令才能是义务。他只是说,只有权威的命令才能成为法律。这就是沃伦特引用来支持他观点的任何段落中所坚持的全部内容,而我也没能在霍布斯的著作中找到任何更多的东西。否认它们获得

---

① 这可以在泰勒的观点中看到,而一些相关的论证是奥克肖特(Michael Oakeshott)在 Hobbes's Leviathan (Oxford, 1946)中所做的。

② William Molesworth ed., *The English Works of Thomas Hobbes*, London, 1839-1845, III, p.147.这种观点在霍布斯著作中的几个地方都被表述过,参见 *Leviathan*, III, 25I; De cive, II, 49-50; De corpore politico, IV, I09。

③ Howard Warrender, *The Political Philosophy of Hobbes*, London:Oxford University Press, 1957, pp.97-98。

法律的地位是因为来自上帝,与否认它们获得义务的地位是因为来自上帝,这两者之间是有区别的。我希望否认后者并且坚持沃伦特在霍布斯那里并没有理由用来证实它。我认为,将自然法视为上帝的命令和上帝之法与霍布斯的体系是非常一致的,但我并不认为说他们具有这种义务会与认为霍布斯主要基于明智而产生义务的见解产生矛盾。我相信,甚至他认为我们服从上帝的义务也是明智的。关于这一点我后面再解释。但无论如何,这并不是说霍布斯是一个无神论者,也不是说他认为没有义务来源于上帝的命令。

霍布斯在相关的段落中对作为明智行为准则的自然法和作为上帝命令的自然法进行了某种区分,但它可能无非是基于法律定义的微不足道的区别,只有作为权威者的命令才能被恰当地称为法律(这是霍布斯自己的话)。我们有义务在几个方面服从它们:基本上是出于明智的理由,但也是上帝和主权者的命令。尽管我相信这些也会沦为明智的基础。我的解释是,在沃伦特发展了自然法以后,他对自然法的运用发表了评论,他说他称这些戒律为"法律"是非常不正确的,因为只有权威的命令才能被恰当地称为法律。

沃伦特发现了这样一种区别,即作为明智的准则,它们并不是义务性的,一旦成为法律则具有义务性。我能想象的唯一可能被解释为有利于霍布斯考虑到这一点的观点,是在《利维坦》第 25 章中对建议和命令的区分,霍布斯在其中说一个人有义务服从命令只是为了命令者的利益而言的,"但他没有义务按照他被建议的那样去做,因为不采纳这些建议伤害的是他自己"。① 整本书中没有其他与这段话类似的内容,也没有什么东西表明霍布斯相信义务不能来源于自利。但是这一段话似乎暗示了义务的基础不能是自利,而必须是命令者的权威。事实上,这似乎就意味着人们没有义务遵守任何不服从则伤害自己的戒律。这将意味着人们没有义务遵守自然法,因此对这段话的解释会陷入一种非常极端的后果,这是不能被轻易地接受的。然而,我认为如果我们更加仔细地考虑这一段话,就会看到为什么这一限制不需要适用于自然法。

霍布斯写道:"一个人可能有义务做他被命令的事,就像当他承诺服从时一样。"并且他说,如果一个人承诺服从建议,"那么建议就变成了命令的性质"。② 霍布斯描述的是两种命令性话语之间的区别(本章涉及建议和建议者的地位)。他说,如果我们服从一个人的建议是因为我们想这样去做,而如果我们有义务服从他,那么我们这样做就不是因为我们碰巧认为他的每一条命令都符合自己的利益,而是因为我们有义务服从他,所以它不再是建议而是命令。他依据我们服从两种命令的不同理由来分析建议和命令的概念。一种

① William Molesworth ed., *The English Works of Thomas Hobbes*, London, 1839 - 1845, III, p.241.

② Ibid.

情况下,我们服从的理由是个人的戒律,似乎是为了自己的利益;另一种情况下,我们服从的理由是我们通常有义务服从那个特定个人的戒律。但这并不排除这样的可能性,即服从我们所承诺要服从的人的一般义务最终是基于自利的。我认为,所有这些意味着从逻辑上排除我们应该有义务做别人告知我们的任何事情,同时它应该被称为建议。这既适用于上帝的命令,也适用于公民主权者的命令。但是,除了某种类型的个人发出的命令之外,它与任何事情的义务状况没有任何关系。霍布斯并没有声称,正如沃伦特所认为的那样,做某事的义务唯一可能的来源是权威之人的命令。他只是对一些有限的范围进行温和的语法观察。

我们可以把自然法看作是命令和建议之外的其他东西。沃伦特认为把它们称为明智的准则就是把它们归类为建议,从而使得它们在霍布斯的体系中必然地不具备义务性。但是当霍布斯谈到建议时,他指的是一些特定的人的建议。我认为霍布斯不会否认一套像自然法这样的准则,虽然不是由任何人对任何人的命令,但仍然是具有义务的。事实上我认为,他是主张我们的基本义务不是对权威的义务,而是对一系列原则、自然法的义务,而我们对权威的义务也来源于这些原则。

然而,如果我否认上帝是义务的基础,对于上帝在霍布斯关于自然法和人类义务的理论中的地位,我能说什么呢? 我相信他扮演了好几个角色。

一个是天生的上帝之国的全能统治者,霍布斯在《利维坦》第 31 章中谈到了他。他在这个国度里的臣民是那些相信他存在和统治的人,对服从和不服从都有奖惩。他通过自然理性、启示和先知的命令来颁布他的律法。霍布斯声称,他的统治权和我们服从于他的义务与他创造了我们以及我们因此对他的感激无关,而完全源于他不可抗拒的权力。他说,就好像一个人在自然状态下有能力独自征服所有其他人。由于处于自然状态的每一个人对一切事物都享有权利,因此这个人本就可以接管这些权利。事实上,唯一阻止这种情况发生的是没有人如此强大,因此主权者的建立需要所有人放弃他们对一切事物的权利。"然而,如果有任何绝对权力的人,他没有理由不通过这种权力进行统治,并根据自己的判断为他自己和他的权力辩护。因此,对于那些拥有绝对权力的人来说,对所有人的统治都自然地依靠他们权力的优势来实现;因此,正是由于这种权力,统治人类王国,以及随心所欲地折磨人类的权利,自然地属于全能的上帝;不是作为创造者,也不是仁慈的;而是全能的。"[1]还有什么可能比这更清楚? 我们必须服从,否则后果自负。人们甚至可以

---

① William Molesworth ed., *The English Works of Thomas Hobbes*, London, 1839 - 1845, III, p.346.

认为上帝自己也是处于自然状态的。但是他在所有人对所有人的战争中没有危险，因此他不需要遵循那些作为原则而起草的自然法，通过这些自然法，弱者可以维持和延长他们的生命。霍布斯说，我们有责任敬奉上帝，"根据那些敬拜的原则，理性要求弱者对更强的人如此去做，希望得到好处，害怕受到伤害，或者感恩已经从他们那里得到的好处"。①

沃伦特承认这种解释非常符合人类动机理论，但声称它没有恰当地接受霍布斯真正的道德基调。霍布斯是否具有如沃伦特和泰勒所坚持的真正的道德基调，我认为这是一个值得商榷的观点。但无论它可能包含什么真理，它都不能改变义务观念在霍布斯的体系中所具有的严格的明智含义。

上帝所扮演的另一个角色是万物的原因。人的一切欲望、激情和嗜好，归根结底都是由上帝的意志所引发，因此，人的行为实际上受必然性所支配。在这个意义上，"当我们把意志归于上帝时，我们不能把它理解为人的理性欲望的意志；而是作为他支配一切的权力"。② 通过控制我们个人的欲望，他控制了我们的集体行为。在第 17 章中，霍布斯描述了这是如何作用于像蜜蜂这样的社会性动物。只要遵循自己的个人意愿，他们就可以为了共同利益而一起行动。但是对人而言，人是骄傲的和批判性的存在，必须设计公民政府的原则，才能以这种方式生存。然而，即使是这些理性的要求，以及由此产生的基本欲望，也都是以上帝的意志存在于人类之中的。由于霍布斯认为，我们行动的理由仅仅是因为我们所做的都是为了我们的利益，并且我们所有的行为都是上帝的意志所决定的，我们只能在牵强的意义上可以被说成有义务服从，在此之上，石头也可以被说成是有义务滚下山。这在任何意义上都不是一种道德义务。或者如果我们忘记了理论的确定性，我们可能会说，人们有义务以上帝设计的某些方式来追寻他们自己的利益（通过遵循自然法和建立公民社会），这是基于理性的最好方式，因此也是人们自私地为公众利益行事的方式。但这也不是一种道德义务。个人选择服从自然法的原因仍然完全出于自私。

无论如何，我想否认沃伦特和泰勒所声称的，上帝在霍布斯的义务理论中所扮演的角色是道德义务的基础。在我看来，服从上帝的义务并没有像沃伦特所认为的那样在霍布斯这里占据了核心地位。沃伦特认为，所有的道德义务都是基于自然法的，而法律只有作为上帝的命令才能够成为义务，所以我们对上帝有前在义务。他认为，这个问题最后演变为这样一种争锋，即我们的义务在终极的、无可置疑的意义上是诉诸某人的权威，还是某种规则的权威？即使不考虑它根本不是一个道德义务体系的争论，在我看来，它显然更多

---

① William Molesworth ed., *The English Works of Thomas Hobbes*, London, 1839 – 1845, III, p.350.

② Ibid., p.352.

的是基于法律,而不是命令。自然法本身就是义务的。它们也可能是上帝的命令,并且可以从中产生一些义务。但是霍布斯并不是说:"我们有义务做上帝命令的事;他颁布了那些法律;因此是我们的基本义务。"他说自然法是不变的、永恒的,因为战争将永远毁灭生命而和平则将永远保护它,不是因为上帝将永远不会改变他的指示。① 说上帝是霍布斯的终极诉求是错误的,因为如果是这样的话,那么他所命令的一切都会有同等的义务,当他改变他的命令时,我们的义务也会改变。霍布斯体系的本质主要是关于人类社会自我保存的一系列原则,如果这些原则改变了,它就不会是同一个体系了。

我还感觉到,虽然有一些不确定性,但一种以个人权威而不是以原则为主的义务体系不能恰当地称为道德体系。我希望提到这一点(尽管我将不会全面讨论),因为沃伦特认为,在为霍布斯的义务观建立这种基础时,他是在表明这是道德义务。当它是一个正在考察的法律体系时,以法律还是个人为主的问题肯定是存在的。我们通过观察法律体系中人们的最终诉求来解决这个问题。但如果这是一种道德体系,而最终的权威却是一个人的话,我倾向于说这根本就不是真正的道德。这不是因为我觉得这种诉求必须基于自利或恐惧。当一个父亲说一个孩子应该做什么:"仅仅因为我这么说!"他不需要依赖任何附加在他的命令上的身体制裁,而是依靠其简单的、不言自明的个人权威即可。就像沃伦特指出的,许多人觉得这是唯一的义务依据,他们采取行动的方式非常类似于我当作义务依据而采取行动的方式。感觉的强度在这种情况下并不亚于另一种情况,而内疚、责备和赞扬在这两种话语中都发挥着同样积极的作用。我想否认另一种被恰当地称为道德的东西,部分原因是在决定什么是对什么是错的时候,理性的考虑和人类的感觉起不到任何作用,也因为这样的信念可能会导致人们接受一套与我接受的道德法则完全不同的戒律作为道德法则,因为他感到有义务服从的存在可能会命令任何东西,这将是道德法则。如果我们将其称为道德体系,则某些戒律必须包含在规则系统中,并且是道德概念的一部分。必须有关于善良和公平对待他人的戒律,禁止施加不必要的痛苦的戒律等。承认这些戒律可能不在我们的义务之中,则没有什么可以称作一种道德基础。

我想我已经表明了,在《利维坦》所建立起来的义务体系中,霍布斯所说的道德义务完全是基于自利的。在《利维坦》中,他并没有呼吁把关心他人作为动机,而总是从自利出发。然而,他显然对人类的福祉是感兴趣的。这本书是针对社会问题的。人们甚至可能想说,这些是他的道德感受,它们在某种意义上表达于他的作品之中。但我认为,人们

---

① William Molesworth ed., *The English Works of Thomas Hobbes*, London, 1839－1845, III, p.145.

必须把霍布斯的情感的道德方面，看作是与他所提出的体系完全不同的东西。根据他的动机理论，人们只是出于自私的理由而行动，这使他无法撰写一部诉诸利他主义动机的劝诫性著作。所以，《利维坦》告诉人们，他们是如何为了自己的最大利益而行事的，这样，如果他们所有人都以同样的方式行事，他们将会一起受益。如果霍布斯证明了某些制度和实践促进了普遍福利，然后说每个人都有义务为他们的体制工作，而不管它们是否碰巧符合他自己的特定利益，那么所涉及的义务观念就可以称为道德。但是这种话从没被说过。鉴于霍布斯的动机理论，人们不能指望在他试图说服人们做某些事情的书中找到真正的道德义务的参考。我相信，这就是沃伦特的尝试注定要失败的原因。这种尝试的诱惑来自这样一种想法，即霍布斯在写这样一本书时一定对此事有道德感，这很可能是一个合理的结论。但是不能将霍布感受的问题与他的文本意义的问题混淆。

沃伦特认为，霍布斯需要摆脱将他的政治义务的论点建立在自利之上的污名。我自己并未感觉到关于建立一个基于自利考虑的政治理论体系，以及通过霍布斯的方式为各种政治制度和实践作出辩护有什么奇怪的。我同意像霍布斯一样将其称为道德义务体系是错误的。作为一次分析道德概念的尝试，《利维坦》失败了。但是，如果人们想要建立一个所有人都能发现并采纳的社会和政治行为的体系，那么主张霍布斯的体系是基于有远见的、理性的自利似乎是很自然的。并且区分这种自利的主张和另外一种形式的主张非常重要。当霍布斯说自然法是"由理性发现的戒律或一般法则，这种戒律或一般法则要求禁止人们做那些损毁他生命的事或剥夺保全他生命的手段，或者禁止人们不去做他认为最有利于生命保全的事"①，人们可能会觉得有权认为自然法等同于一个命令——"保存你自己"。这很自然地成为一个非常奇怪的建立社会体系的普遍原则。正如我们通常理解的"保存你自己"这个简单的原则，如果每个人都遵循它，结果本质上将会是霍布斯所说的所有人对所有人的战争，所有人都只为自己的眼前利益而努力，从而对人类造成普遍的损害。人们可以拿起枪，向任何妨碍自己利益的人开枪。但是意识到这一点，最重要的是意识到他必须与之合作的最强大的人类动机是自利，霍布斯试图发现人们可以用这种动机做什么，通过将他们从所有人对所有人的战争中拉扯出来从而改善这种状况。他的自然法是一些考虑到人类在自然状态下只为个人利益而努力的戒律，与蜜蜂不同，在人类安全和生存方面不会产生非常良好的状态。自然法并不要求人们放弃寻求他们自己的眼前利益的基本动机，而是敦促建立使人们出于同样的动机而行动的结果将不同于战争

---

① William Molesworth ed., *The English Works of Thomas Hobbes*, London, 1839 – 1845, III, pp.116 – 117.

的普遍条件。并且自然法包含了确保遵守它们在任何情况下都不会违背特定个人的自身利益的条件。也就是说,不仅仅是如果所有人都遵守这些规则,结果将有利于普遍利益,而且如果只有一个人遵守这些规则,即使其他人都没有遵守,也不会危及他自己的福利。因此遵守规则对每个人都有利,事实上它们是为了自己的利益而采取行动的最佳和最理性的方式。所以在某种意义上可以说,它们相当于"保存你自己"的戒律,但这也非常有误导性。"寻求和平,以保存更多的人"作为一系列规则的基础,它与仅针对个人的同一禁令完全不同。这里至少有两种诉诸自利的方式来证成对一系列行为规则的采纳。一种比另一种精致得多,并且在政治制度的建设中有着重要的应用。

Hobbes' Concept of Obligation

Thomas Nagel

【**Abstract**】 Some scholars believe that there is a real moral obligation in Hobbes' obligation system, and this obligation comes from God's command. But in fact, the source of Hobbes' moral obligation is entirely based on self-interest. Why we should obey the laws of nature is not because God commands us to do so, but because people's prudential consideration decides to act like this. Because observing the laws of nature is the most beneficial way for the preservation of individuals and the entire human race. Such a consideration is of course self-interested. If God's command is the basis for observing the laws of nature, it is only because God is omnipotent. His power is sufficient to make all human beings obey him, no matter what he commands, we can only obey, but this kind of obedience also means that the laws of nature is by no means an eternal law, because commands can be changed. This is completely contradictory to Hobbes' view. Moreover, such an authority that obeys one person can never be true morality. There is no real moral obligation here at Hobbes, and any moral interpretation of the Hobbes' obligation system is doomed to fail.

【**Keywords**】 Moral Obligation, God's Command, Self-Interest

尼采·谱系学·历史①

[美]米歇尔·福柯②(著)

朱梦成③(译)

【摘要】 在福柯看来,所谓"传统史学"试图将历史作为一个形而上学实体来把握,将历史看作一段有固定目的的发展历程,认为历史有一个静态的、有待我们发掘的本源(Ursprung)。但福柯主张历史并非如此。借助尼采的谱系学,福柯试图说明真正的历史不存在前述意义上的本源。历史实际上是一个斗争发生的场所。它的发展并非线性,其中有断层,有缝隙,有异质性。真正的历史中实际发生的事件并不符合我们加在上面的,试图解释之的一套逻辑。福柯希望借助这一番方法论层面的深刻辨析,来驱逐知识生产过程中形成的系统性偏见,并还真理以本来面目。

【关键词】 尼采,谱系学,历史学,真理

一

谱系学是灰色的。它事无巨细,在文献方面也很有耐心。它研究的是错综复杂的,被涂改的,被屡次重写的羊皮纸。

---

① 本文根据法语版译出,Michel Foucault, "Nietzsche, la généalogie, l'histoire", *Hommage à Jean Hyppolite*, Suzanne Bachelard et al., Presses Universitaires de France, Paris, 1971, pp.145 – 172;同时参考了中译,米歇尔·福柯:《尼采·谱系学·历史学》,朱苏力译,《社会理论论坛》,1998 年第 5 期;英译,Michel Foucault, "Nietzsche, Genealogy, History", *The Foucault Reader*, Paul Rabinow ed., Pantheon House, New York, 1984, pp.76 – 100。

② 作者简介:米歇尔·福柯(Michel Foucault, 1926—1984 年),法国哲学家和思想史学家、社会理论家、语言学家、文学评论家。他对文学评论及其理论、哲学(尤其在法语国家中)、批判理论、历史学、科学史(尤其是医学史)和知识社会学有深刻的影响。

③ 译者简介:朱梦成,巴黎高等社会科学研究学校(EHESS)在读博士生,研究领域为近现代契约论、传统政治哲学。

和英国人一样，保罗·李①也错了。他错在刻画了线性的诞生历程，譬如他只依赖"有用性"来为整个道德学的历史排序，仿佛语词一直保持着它们的意义，欲求一直保持着它们的趋向，观念一直保持着它们的逻辑；仿佛这个被言说和被欲求的物的世界没有经历过各种入侵、斗争、劫掠、乔装打扮和诡计。而谱系学则有一种不可或缺的谨慎：它在单调的目的论之外辨别出各个事件的独特性；在我们最不指望这些事件出现的地方，在被认为绝无历史的地方——情感、爱、良知、本能——窥伺着这些事件；并抓住它们的重现，这并非要勾勒出事件演进的和缓曲线，而是要重新找出事件扮演不同角色的不同场景；谱系学甚至要界定事件的缺漏之处，即没有发生这些事件的时刻（在叙拉古的柏拉图没有变成穆罕默德……）。

因此，谱系学要求知识的精细性，大量堆砌的材料以及耐心。谱系学的"独眼巨人建筑群（monuments cyclopéens）"②不应该凭"令人欣喜的大谬误"来建造，而是应该凭"以一种严谨的方法确立的，不起眼的细小真理"③——概言之，就是指运思过程中的一种孜孜以求。谱系学与历史的对立并不像哲学家那高傲而深奥的观点与学者那鼹鼠般的眼光之间的那种对立；相反，谱系学反对的是对于各种理想意义以及无尽的目的论作元历史展开。它反对寻求"本源"（origine）。

二

在尼采那里，我们能找到对于 Ursprung（本源）一词的两种用法。其一不加强调：我们可以看到这种用法和其他词交替出现，比如 Entstehung（出现）、Herkunft（来源）、Abkunft（出身）、Geburt（诞生）。比如《道德的谱系》中就讨论了义务与负罪感的出现（Entstehung）或本源（Ursprung）④；在《快乐的科学》中谈及逻辑和认识的本源，尼采选用的词要么是 Ursprung，要么是 Entstehung，要么是 Herkunft。⑤

尼采强调的是这个词的另一种用法。尼采将这一种用法同另一个术语对立起来：在《人性的，太人性的》第一段中，尼采将形而上学要寻找的奇迹般的本源（origine miraculeuse／Wunder-ursprung）和历史哲学的分析相对立。后者提出了关于来源与开端

---

① 保罗·李（Paul Ree, 1849—1901 年）是一位德国医生和经验主义哲学家，是尼采的友人。——译注
② 《快乐的科学》，第 7 节。其对应的德语原文是 Zyklopen-Bauten。它是一种由巨石直接堆砌而成的建筑群，被认为是由独眼巨人库克罗普斯（Cyclopes）建造的。这类建筑样式最典型的代表位于迈锡尼和梯林斯。——译注
③ 《人性的，太人性的》，第 3 节。
④ 《道德的谱系》，第 II 部分，第 6,8 节。
⑤ 《快乐的知识》，第 100,111,300 节。

的问题(über Herkunft und Anfang)。他也时不时地以一种讽刺性或者欺骗性的手法来用本源(Ursprung)这个词。比如,我们在柏拉图之后就找寻的道德的本源性(originaire／Ursprung)奠基由什么组成?"由糟糕的小结论组成。多么可耻的本源(Pudenda origo)"①。亦有:我们应从何处寻找宗教的本源(Ursprung)(叔本华认为宗教源自对"彼岸"的某种形而上学情感)?或者只是在一个杜撰(Erfindung)之中,在一个敏捷的欺骗性手法②之中,在一个戏法(Kunststück)之中,在一个秘方之中,在一个黑魔法的手法之中,在黑巫师(Schwarzkünstler)的工作中③。

对于所有这些词语的用法以及本源(Ursprung)一词的用法变化而言,最重要的文本就是《道德的谱系》的前言。在这个文本开头,研究对象就被确定为道德偏见的本源。这时使用的术语是来源(Herkunft)。后文中,尼采回溯了自己的人生历程。他回忆起自己"临摹"哲学的时期,追问自己是否应该把恶的本源归于神的时期。现在这样的问题让他微笑,他恰当地称之为对本源(Ursprung)的寻求(recherche)④。此后不久,这个词同样也被用来形容保罗·李的作品⑤。之后是从《人性的,太人性的》就开始的典型的尼采式分析。在这里,他谈到了来源假说(Herkunfthypothesen)。而这里用来源(Herkunft)这个词很可能不是任意的,而是指涉《人性的,太人性的》中几段关于道德、禁欲、正义以及惩罚之本源的文本。然而,在对这些文本的展开中,被选用的词无一不是本源(Ursprung)⑥。仿佛在《道德的谱系》时期,在文本的这个位置,尼采曾有意凸显来源(Herkunft)和本源(Ursprung)之间的对立。而在大约十年前,尼采没有这么做。但尼采刚刚对这两个术语做了特别的使用之后,他就在前言的最后几个段落中回到了一种对二者的中立且等价的用法⑦。

为何作为谱系学家的尼采,至少在某些时候,拒绝了对本源(origine／Ursprung)的寻求(recherche)?首先因为人们努力将事物的确切本质、事物的最纯粹的可能性,精心加诸自身之上的同一性、其不变的形式和先在于一切外在的,偶然的和后继的东西的形式归入

---

① 《朝霞》,第 102 节。

② 魔术术语,指以手的熟练且敏捷的动作完成的障眼法,对应的英文为 sleight of hand。——译注

③ 《快乐的科学》,第 151,353 节。亦见于《朝霞》,第 62 节;《道德的谱系》,第 I 部分,第 14 节,《偶像的黄昏》,"伟大的错误"章节,第 7 节。

④ 法语词 recherche 有"寻求"和"研究"两种意思。——译注

⑤ 保罗·李的作品叫作《道德情感的本源》(*Ursprung der moralischen Empfindungen*)。

⑥ 在《人性的,太人性的》中,第 92 则警句的题目就是"公正的本源(Ursprung)"。

⑦ 同样在《道德的谱系》的文本中,本源(Ursprung)和来源(Herkunft)有几次都是以几乎等价的方式被使用(第 I 部分,第 2 节;第 II 部分,第 8,11,12,16,17 节)。

这本源中。要寻求如此这般的本源，就是尝试着寻找"已然存在的东西"（ce qui était déjà），那一个和自身的图像完全匹配的"同一个这"（cela même），就是把一切已发生的横生枝节，一切诡计和乔装打扮当作偶发的，就是去揭开一切面具，来最终为第一个同一性揭开面纱。而如果谱系学家用心倾听历史，而不是信奉形而上学，他能学到什么呢？他能学到的是在物（les choses）背后，有着"完全不同的物"（tout autre chose）①。后者并不是指它们本质的、无时间的秘密，而秘密恰恰在于物是没有本质的，或者说它们的本质是被外在于它们的形象一件一件地建构起来的。那理性呢？理性是以一种全然"可理喻的"方式诞生的，即从偶然②中诞生的。那对于真理和科学方法严格性的执着呢？它是从学者们激情中，从他们之间的彼此憎恨中，从他们狂热而一直重复的讨论中，从他们想占上风的需求中产生的——这些都是在个人斗争中慢慢锻造出的武器。③那自由，就人的根源而言，难道不是它把人与存在、人与真理联系在一起的吗？事实上，自由不过是"统治阶级的杜撰"④。在物的历史开端处所发现的不是本源的、保存完好的同一性，而是其他事物之间的不和，是一种不协调。

历史也教会我们如何嘲笑本源的庄重性。高贵的本源，就是"形而上学的后发的新芽体现在下述想法中——最宝贵、最本质的东西存在于万物的开端处"⑤：我们喜欢相信物在起点上是处于完美状态的。自造物主的手中出来就熠熠生辉，或者沐浴在第一个早晨没有阴影的光明之中。本源总是在堕落⑥之前的，在身体、世界和时间之前。本源是在神那一边的，本源的故事总是如同神的谱系那样被广为传颂。但历史的开端是低贱的。所谓低贱，不是指像鸽子的步伐一样谦逊、谨慎，而是微不足道，令人啼笑皆非，它恰恰要使人丧失自傲："人们试图通过表现人的神圣的诞生去唤醒人的至高无上感；如今，这条路被禁止通行了，因为在入口处有猴子。"⑦人启程时，他将成为的那个东西会对他做鬼脸。查拉图斯特拉他自己也会有一只猴子，跳到他身后，扯着他衣服的下摆。

---

① 福柯在这里玩了一个文字游戏。tout autre chose 在日常语境中的意思是"完全不同的物"，这里对 tout autre chose 特意加上引号后也可以依照其字面意思直译为"所有其他的物"。——译注
② 《朝霞》，第 123 节。
③ 《人性的，太人性的》，第 34 节。
④ 《漫游者和他的影子》，第 9 节。"漫游者和他的影子"是《人性的，太人性的》下卷的第二篇的标题。法语译本习惯将《人性的，太人性的》第二部分单独出版，并以"漫游者和他的影子"为书名。但其中实际包含了整个第二部分（包括第一篇"杂乱无章的观点和箴言"与第二篇"漫游者和他的影子"）。故福柯如此引用。当福柯不特意标注"杂乱无章的观点和箴言"，意味着它引用的节次位于第二篇"漫游者和他的影子"。——译注
⑤ 同上书，第 3 节。
⑥ 此处"堕落"对应的原文是"la chute"，指《圣经》意义上的失乐园。而后文中也会提到"堕落"，对应的原文是"dégénération"，多用于形容生理状态的退化或时代氛围的堕落。——译注
⑦ 《朝霞》，第 49 节。

关于本源的最后一条公设和前两条公设相关：本源是真理所在的地方。它是极度遥远的那个点，先于一切实证的知识。正是本源让知识成为可能，但知识覆盖了本源，并在喋喋不休中再也无法正确地认识本源。本源在这个关节处无可避免地销声匿迹，而物的真理和话语的真理联系了起来，后者使得本源模糊不清，销声匿迹。历史的新的残酷性就在于迫使我们把这种关系颠倒回来，迫使我们放弃"青春期般的"求索：在面貌常新、精简而有分寸的真理背后，是千百年来错误的增殖。让我们不要再相信"当我们揭开真理的面纱时，真理就在真理之中。我们的生活经历已经足以让我们被说服了"。① 真理，作为某种无法被反驳的错误，可能因为历史的长时间焙烧让它变得不可改变了。② 而且，真理这个问题本身，它自己给自己赋予的驳斥谬误或反对表象的权利，它渐渐被学者掌握，之后专属于虔诚的人，再之后它被藏匿于一个无法企及的世界里，并在那里扮演安慰和命令的角色，最终被当作无用、多余、无处不自相矛盾的观念而被抛弃。这些难道不是一段历史，一个名叫真理的错误的历史？真理及其本源的统治在历史中有自己的历史。当光仿佛不再从天空中或是在凌晨射下，我们在"影子最短的那个时刻"勉强从这样的历史中跃出。③

为价值、道德、禁欲和知识建立谱系学，就永远不会从追寻他们的"本源"出发，永远不会同时把历史的种种插曲当作无法理解的东西而忽略掉。相反，建立谱系学是要执着于各种开端的烦琐性和偶然性；要一丝不苟地留意他们的小奸小恶；要等到他们终于摘下面具出现，露出了他者的面目；不因为去他们所在的地方寻找而感到羞怯，去"底层中挖掘"；给他们时间，让他们爬出没有真理把守的迷宫。谱系学需要用历史来驱除本源的幻象，这就像好的哲学家需要医生来驱除灵魂的阴影。谱系学家必须能够辨认历史的诸多事件，它的跌宕和意外、摇摇欲坠的胜利、未被坦然接受的失利，说明开端、返祖和遗传。这就好比为了判断什么是哲学的话语，他还要能够诊断身体的疾病、强弱状态、裂痕和抵抗力。历史就是不断生成的机体本身，时而强壮，时而虚弱，时而隐隐躁动，时而昏厥般地焦躁骚动。而只有形而上学家才会从本源那缥缈的理念性中去找寻历史的灵魂。

三

与本源（Ursprung）相比，出现（Entstehung）或者来源（Herkunft）这样的词能更好地标记谱系学自身的对象。人们通常将这些词都翻译为"本源"（origine），但务必要尝试重新

---

① 《尼采反对瓦格纳》，第 99 页。
② 《快乐的知识》，第 265，110 节。
③ 《偶像的黄昏》，"'真实的世界'如何最终成了寓言"章节。

确定它们每个词恰当的用法。

Herkunft:是渊源,是来源(provenance);是归属于某个团体,靠血缘维系的团体,靠传统维系的团体,或是同样高贵或同样低贱的人们构成的团体。分析来源(Herkunft)通常要涉及种族①或社会类型②。但是,它不那么要求从一个个体,或一种情感或一个观念中辨识出类属特征,也不那么要求能够说,这是希腊人的,这是英国人的;而是要求辨别出一切微妙的,独特的,个体之下的标记。这些标记可能在内部彼此纵横交错并形成一个难以解开的网络。远不是一个相似性的范畴,这样的本源,出于将这些不同标记分门别类的需要,能将它们整理清楚:德国人幻想通过说他们有双重的灵魂,这样就能够深入这些标记的复杂性。他们上了某种吉利数字的当,或者说他们试图驾驭种族上的混杂,而他们自己就是从这种混杂中建立起来的③。正是从灵魂假装统一起来,或大写的自我为自己杜撰了一种同一性或融贯性的地方出发,谱系学家开始研究开端,无数的开端,稍用历史的眼光,就可以很容易看到它带颜色的残迹和几乎要被抹除的印记;对来源的分析使得大写的自我分解,并在这个空洞的综合之处,让现在已经遗落的千百个事件繁衍滋生。

对来源的分析还准许根据某个特征或概念的独特面貌发现事件的增殖,通过这些事件,也多亏这些事件,并且以这些事件为背景,特征或概念才得以形成。谱系学不会企图在时光中回溯,以求建立一种在被遗忘者之后的宏大的连续性。它的任务不是展示过去在现在之中积极地发挥作用,继续秘密地赋予现在以活力,也不是给昔日的所有兴衰成败强加了一种在开端处就勾勒好的形式。没有什么与一个族群的进化类似,没有什么和一个民族的命运类似。追溯来源的复杂历程,就是相反地,保留住过去发生在它自己身上那些零星四散的东西:即辨别出意外,微不足道的偏差——或者相反,完整的反转——错误,鉴赏的失误,错误的估计,这些催生了现在对我们而言重要的东西。它要发现,真理或存在并不位于我们所知和我们所是的根源,而是位于诸多偶然事件的外部④。这就是为什么当道德的全部本源不再受人敬奉[而来源(Herkunft)从未受人敬奉]之时,它就又成为一种批判的价值⑤。

这样的来源传给我们的是一份危险的遗产。尼采几次把来源(Herkunft)和遗产(Erbschaft)这两个术语关联起来。但我们不要在这里弄错了。这笔遗产不是一次获取,

---

① 例如,《快乐的科学》,第135节;《善恶的彼岸》,第200,242,244节;《道德的谱系》,第 I 部分,第5节。
② 《快乐的科学》,第348,349节;《善恶的彼岸》,第260节。
③ 《善恶的彼岸》,第244节。
④ 《道德的谱系》,第 III 部分,第17节,抑郁情感的来源(Abkunft)。
⑤ 《偶像的黄昏》,"哲学中的'理性'"章节。

不断积累和固化的一种占有,毋宁说它是断层,缝隙,异质性的层的集合。这些异质性的层使得这笔遗产不稳定,并从内部和下面威胁那个脆弱的继承者:"某些人心术不正、心神不宁,他们无条理亦无分寸,这正是数不清的逻辑不确定性,缺乏深度,仓促结论的最终后果。而他们的祖先是这些问题的罪魁祸首。"①对来源的研究正相反,它不是要奠定基础:这种研究动摇了我们先前认为静止不动的东西,使我们认为统一的东西分崩离析。它在我们认为和自身保持一致的东西中展现了一种异质性。还有什么信念能够经得起这样的研究?或者更甚,什么样的知识能经得起这种研究?让我们对学者进行若干谱系学分析,即分析那些收集事实并一丝不苟地记录,或者那些从事证明或反驳活动的学者。在他们表面上看起来无利害的关怀和他们对客观性的"纯粹"忠诚里,他们的来源(Herkunft)很快泄露——书记员的废旧文件或律师们的辩护词,这些人正是他们的父辈②。

最后,来源与身体紧密相关③。它嵌在神经系统、体液和消化器官中。因为祖先犯错而导致的呼吸不畅,进食困难和一副羸弱的身体。父辈们倒果为因,相信了彼岸的现实性或永恒有价值,而受这些苦的是孩子的身体。错误的结果就是怯懦和虚伪。不是在苏格拉底意义上,不是因为弄错了才变坏,也并不是因为我们偏离了原初的真理,而是因为身体,无论它是死是活,无论它有力或虚弱,都要承载一切真理或一切错误的后果。反过来,身体也承载着作为来源的本源。为什么人发明了沉思的生活?为什么人给这种存在模式赋予至高的价值?为什么人把绝对真理赋予了他们在沉思的生活中形成的想象?"在野蛮的时代……如果个体的精力衰退了,如果他感受到疲惫或得病,感到忧郁或厌倦。短期内他没有欲望也没有胃口,因而就成了一个相对更好的人,也就是说,更不危险的人。他悲观的观念只形诸话语或反思。在这种精神状态下,他会成为思想者或者预言者,或者说他的想象会让他的迷信滋长。"④身体,和一切对身体而言重要的东西,如食物、气候以及土地,都属于来源(Herkunft):在身体上,我们能发现过去事件的烙印,并且从身体中也诞生出欲望、衰退与错误。在身体中,它们彼此结合且突然表现出来,也同样是在身体中,它们彼此分离、斗争、互相抵消并继续着那难以遏制的冲突。

身体是记载着事件的表面(而语言标记了事件,观念消解了事件),是大写的自我解

---

① 《朝霞》,第 247 节。

② 《快乐的知识》,第 348,349 节。

③ 同上书:"在分化时代的人……身上继承的遗产来源不一,五花八门。"("Der Mensch aus einem Auflösungszeitalters… der die Erbschaft einer vielfältigere Herkunft im Leibe hat")(第 200 节)。——原注

　　福柯错引。这段引文并非出自"同上书"(《快乐的知识》),而是出自《善恶的彼岸》的第 200 节。——译注

④ 《朝霞》,第 42 节。

体的地方（人们常常把一种实质的统一性的幻象寄托于大写的自我），是不断被风化的容器。谱系学作为对来源（provenance）的分析，于是就是身体与历史的衔接处。它应该揭示已被历史打满烙印的身体和正毁坏着身体的历史。

㈣

Entstehung 特指出现（l'émergence）、涌现（surgissement）的时刻。它是现身（apparition）的原则和独特法则。由于人们往往倾向于在一个没有中断的连续性中寻找来源（provenance），我们若用最后的术语来解释出现就错了。仿佛从时间的最深处开始，眼睛就是为了沉思，仿佛惩罚一直以来就是为了树立典型。这些目的表面上看是最晚近的，但实际上只不过是一系列奴役手段的当下插曲：眼睛最初是被用于狩猎和战争，而惩罚是一步步被归入报复的需要，把侵犯者从受害者那里隔绝出去的需要以及吓阻他人的需要。把当下放到本源处，形而上学让人相信暗中有一个目的从最初的时刻就想要浮现出来。谱系学重新建立了不同的奴役系统，不是意义的预见性力量，而是统治的偶然性游戏。

出现总是在有诸多力量的某种状态中产生的。对于出现（Entstehung）的分析必须展示这些力量的游戏，各种力量互相争斗的方式，或者它们面对不利环境时的斗争，或是这些力量通过自身的分裂避免退化并从自己的衰弱中重获活力的尝试。比如一个物种（无论动物还是人）的出现并站稳脚跟，靠的是"与几乎持续不断的不利处境的漫长斗争"。确实，"一个物种若要作为一个物种和相邻物种，反叛的被压迫者的永恒斗争中树立威望并长久存在，就需要自身的坚韧性、统一性和形式上的简洁性"。相反，个体的一些变种产生于诸多力量构成的另一个状态——当一个物种胜利后，当外在危险不再能威胁它，当"各种自我中心主义爆炸一般迅速膨胀，相互之间针锋相对，拼命争夺太阳和光"①的斗争开展之时。还有些时候，力量也会和自身斗争：这样的斗争不仅发生在力量处于过度迷醉（这种迷醉使它自己发生分裂）的状态，而且包括当力量衰弱之时。力量抗拒自己的疲倦，也从这不断增长的疲倦中获取力量，并且回向这种疲倦，进一步打击它，给它以限制、酷刑和责罚，给它穿上高级道德价值的怪异服装。力量通过这种方式重新恢复活力。正是在这样的过程中，在"为了存在而斗争的退行性的生命的本能"②之中，禁欲的理想产生了；宗教改革也正是经由这样的过程诞生的，它恰恰发生在教会最不腐败的地方③。在 16

---

① 《善恶的彼岸》，第 262 节。
② 《道德的谱系》，第 III 部分，第 13 节。
③ 《快乐的科学》，第 148 节。也应把佛教和基督教的出现（Entstehung）归于意志的贫乏，第 347 节。

世纪的德国,天主教还有足够的力量能够反击自身,责罚自己的身体和历史,让自己精神化为一种良知的纯粹宗教。

因此,出现就是诸多力量的出场,是它们的突然闯入,它们从剧院的幕后跳出来,每种力量都充满青春活力。这就是尼采所谓善概念的原初出现之处(Entstehungsherd)①,这恰恰不是强者的能量,也不是弱者的反作用,而是它们正面对抗或相互叠加的一个分布状态。这个空间中,它们被铺展开,并且彼此侵入,它们在彼此之间的空地上互相威胁和彼此言语。来源(provenance)指的是一种本能的品质或强弱,以及本能给身体留下的标记;而出现(émergence)指的就是一个对抗的场所。我们与其固守着把它想象为斗争发生的一片封闭场地,或者将它想象为一个平面,平面上各个对手们处于平等地位,毋宁说它是一个"非场所"(non-lieu)。善恶的例证都能证成这一点。它是一段纯粹的距离,它是对手们不同属一个空间这一事实。因此,没有人对一种出现负责,没有人能够从中获得荣誉,出现总是在空隙中产生的。

从某种意义上说,在这个没有场所的舞台上演的总是只有一出戏:即主宰者和被主宰者无穷重复②的戏码。一些人主宰另一些人,于是价值的分化就诞生了。③ 一些阶级主宰了另一些阶级,于是自由的理念就诞生了。④ 人们攫取他们生存所必需的物,他们给这些物附加了它们原本没有的持续不变的特性,并用强力将物同化,这就是逻辑学的诞生⑤。这种主宰关系并不是一个"关系",就像主宰发生的场所不能说是一个场所一样。正是因为这一点,在历史的每一个时刻,主宰都在仪式中固定下来,它规定了义务和权利,制定了细致的程序。它给物乃至身体设立了标记并刻下了记忆。它是债务的会计。规则的宇宙并不是为了缓和暴力,相反是为了满足暴力。如果依照传统的图式,人们就会错误地以为:普遍战争是在它自身的矛盾中消耗殆尽,并以放弃暴力并接受使公民和平的法律而告终。规则是一种残酷计算的愉悦,一种预计的流血。规则让主宰的游戏不断推进下去,它把精心排演的暴力搬上舞台。对和平的渴望,妥协带来的安宁,对法律的默认,这些远非伟大的道德皈依或者让规则得以诞生的实用计算,而是支配的结果,而且事实上是支配的倒错:"罪欠、良知、义务,它们的出现之源是债务法权的领域,且它们的萌芽和这大地上一

---

① 《道德的谱系》,第 I 部分,第 2 节。
② 这里选用的法语词"répéter"有"重复"和"排练"两种意思。——译注
③ 《善恶的彼岸》,第 260 节。另见《道德的谱系》,第 II 部分,第 12 节。
④ 《漫游者和他的影子》,第 9 节。
⑤ 《快乐的科学》,第 111 节。

切伟大事物一样,是用血浇灌的。"①人类不是在一场场战斗中慢慢进步直到达到普世的互惠,即规则最终取代了战争。人类是把每一场的暴力都安置在一个规则系统中,像这样从主宰走向主宰。

正是规则使暴力可以对抗暴力,使现在的主宰者屈从于另一种主宰。规则本身是空洞的、暴力的、没有终极目的的。它们被制造出来是为了服务于这样那样的目的,应用于这般那般的意愿。历史的大游戏属于攫取了这些规则的人,属于那些有地位利用规则的人,属于会乔装打扮把规则败坏,反转规则的含义并利用规则反对那些当初强加规则的人;这些人进入了这个复杂机制,使这种机制运作起来,使主宰者被自己的规则所主宰。我们能甄别的不同"出现"不是一个同一意义相继涌现的形象。而是取代、替换、移位、被乔装打扮的征服和全盘翻转的结果。如此解读,就是慢慢地阐明在本源那里被埋藏起来的意涵,只有形而上学才能解读人性的生成。但是如此解读,就是用暴力和欺瞒来攫取一个自身中没有本质意涵的规则体系,并给它强加一个方向,使之服从一个新的意志,强迫它参与另一个游戏并使之服从于第二级规则,那么,人性的生成就是一系列的解读。而谱系学应该成为这些解读的历史:道德,理念,形而上学概念的历史,自由之概念或禁欲生活的历史,谱系学应该将它们看作不同解读的"出现"。这就需要使这些历史作为发生在各种进程的舞台上的事件呈现出来。

五

我们将谱系学定义为对于来源(Herkunft)和出现(Entstehung)的研究,这与人们通常所说的历史学有什么关系呢?我们知道尼采对历史学的著名驳斥,我们也会马上谈到这一点。但是,有时谱系学被尼采称为"真正的历史"(wirkliche Historie),尼采几次指出,谱系学的特征就在于其"历史精神"或"历史感"②。事实上,尼采从《不合时宜的沉思》的第二部分开始就不断批评的,正是那种重新引入(并始终预设)一种超历史视野的历史学:这种历史的作用是把多样性最终还原为时间,从而组合成一个完全自我封闭的总体。这种历史让我们在任何地方都能认出我们自己,并且赋予过去的动荡以一种和解的形式。这部历史带着世界终结的眼光来看待过去的一切。历史学家们的这部历史的支撑点是在时间之外的。它妄图以一种末世的客观性来审视一切,这是因为这样的历史预设了永恒

---

① 《道德的谱系》,第II部分,第6节。
② 《道德的谱系》,前言,第7节以及第I部分,第2节。《善恶的彼岸》,第224节。

真理、灵魂不朽,以及一个始终与自身一致的意识。如果历史感任由这种超历史的视野支配,就会被形而上学所利用,并且形而上学通过把历史感纳入客观科学的一类,也就可以把自己的"埃及主义①"强加给历史感。相反,如果历史感不认为这些绝对项是确定无疑的,它就规避了这种形而上学,进而成为谱系学独享的工具。历史感不过就是这种分辨、分离和分散事物的敏锐眼光;这种眼光能够让我们看到分歧之处和处于边缘的东西,这种分解性的眼光能够分开自身,能够抹去人的存在统一性(人们以往假定可以通过这种存在的统一性,将人彻底地延伸到他的过去)。

正是在这一点上,可以说是历史感书写了"真正的历史"。后者将人们曾相信的在人身上不朽的东西都放入变化之中。我们相信情感的永恒性,不是吗?但一切都有历史,特别是那些对我们而言最高贵和最超然的情感也有历史。我们相信本能是单调不变的,而且我们想象着它们无论在何处,无论现在还是过去,都一如既往地发挥作用。但是,历史知识不会觉得将本能撕得粉碎有何不妥,不会觉得展示各种本能的化身,鉴别它们的强弱,辨认出它们轮替着的统治,理解它们缓慢的转化和它们反对自身的过程有何不妥,本能可能热衷于毁灭自身②。我们认为至少身体除了它的生理学规律外,没有别的规律,身体不受历史的影响。这又错了。身体受制于塑造它的一系列体系。它习惯于劳作、休息和节庆的节奏。食物或价值,饮食习惯或道德法则统统都毒化了身体。它也形成了一些抵抗力③。"真正的"历史和历史学家的历史是有区别的,区别在于前者不依赖任何恒常性:人,哪怕是身体,也没有任何恒定不变的东西,能够作为自我认识或理解他人的基础。传统历史在面向过去时,是从它的总体性中把握过去,这使得我们在回溯过去时把它看作一个被动的连续运动——我们要做的就是系统性地把这些观点全部击碎。我们必须摒弃那些使得这种旨在认定一致性,安慰人的游戏成为可能的东西。知识,即使是打着历史的旗号,也不意味着"重新发现",尤其不是指"对我们自身的重新发现"。历史只有在为我们的存在本身引入一种非连贯性时才成为"真正的"历史。它会分化我们的情感,它会戏剧化我们的本能,它会让我们的身体变得多维度并让身体反对身体。它从自我那里剥夺了生命和自然的令人安心的稳定性。真正的历史不会允许自己被任何无声的顽固力量裹

---

① 所谓"埃及主义"(égyptianisme/Ägyptizismus),影射埃及,尤其是在金字塔时代(古王国时期,即第三至第六王朝,前 2780—前 2260 年)的僵化、等级制、造型艺术中的散点透视法,正如他在死亡和木乃伊习俗中展现的那样:在(成为木乃伊的)亡者的"永恒之城"里,实存该被彻底地从对于时间、生成和消亡的俯就中排除。此译者注参考了尼采:《偶像的黄昏》,卫茂平译,上海:华东师范大学出版社,2007 年,第 54 页,注释 2。——译注
② 《快乐的科学》,第 7 节。
③ 同上书。

挟到一个千年王国的终点。它会掏空人们喜欢给它设立的基础,也会竭力打断人们妄称的连续性。这是因为知识产生出来不是为了去理解,而是为了去裁断。

就此而言,我们能够把握尼采所理解的历史感的自身特征,那种与传统历史相对立的"真正的历史"的历史感。"真正的历史"颠倒了事件的爆发与连续的必然性之间的、通常确立的联系。有一整套历史的传统(神学的或理性主义的)倾向于把独特的事件消解于一个理想的连续性中(目的论的运动或自然的序列)。"真正的"历史让事件凸显出来,展现其独特与尖锐。这里不应把事件理解为一项决定、一部条约、一段统治或一场战役,而是一种力量关系的逆转,它也是被篡夺的权力,是一套被强占的词汇(这套词汇反对曾经的词汇使用者),是一种使自身衰弱、松懈并自我毒害的主宰,是一位蒙着面出场的他者。历史中关键的力量既不遵循一个既定的目标,也不遵循一种机械力学,而是遵循斗争的偶然性。① 这些力量没有呈现为一个原初意图的一连串形式,它们没有"结果"的形态。它们总是呈现为事件的独特随机性。和基督教世界(完全被神圣的蜘蛛织就)正相反,也和希腊世界(分为意志的王国和宇宙的巨大无价值王国)不同,真正的历史的世界只有一个王国,这其中既没有神意也没有目的因,而只有"摇动偶然性的骰子盒的必然性的铁手"②。另外,不应把这种偶然性理解为随机抽签,而是每一次尝试以权力意志驾驭偶然性时,提高了赌注,也增加了更大偶然性的风险③。以至于我们所认识的世界概括说来不是一个简单形象,不是说为了让本质特征、最终意义、最初和最终的价值能逐渐凸显,就把其中的一切事件都抹去。正相反,世界由不可胜数的、彼此纠缠的事件构成。如今,它给我们呈现的面貌是"色彩斑斓,饱含深意",正因为"许多错误和幻象"使世界得以诞生并仍在暗中使之充盈。④ 我们相信,我们的现在有赖于深远的意图和稳定的必然性,我们也期望历史学家这样说服我们。但是,真正的历史感会承认,我们活在不可胜数的、已流逝的事件中,没有路标,也没有原初坐标。

真正的历史还有一种能力,即颠倒传统史学(它忠实服从形而上学)建立的远近关系。传统史学确实喜欢将目光投向远处和高处,即最高贵的时代、最高级的形式、最抽象的观点、最纯粹的个体性。并且为了这么做,传统史学尽可能贴近它们,把自己置于这些高峰的脚下,不惜冒险采用著名的青蛙视角。相反,真正的历史将目光投向最近处,投向

---

① 《道德的谱系》,第Ⅱ部分,第12节。
② 《朝霞》,第130节。
③ 《道德的谱系》,第Ⅱ部分,第12节。
④ 《人性的,太人性的》,第16节。

身体、神经系统、食物和消化、能量。它挖掘那些衰落的时代。如果它面对最高贵的那些时代,它也是带着怀疑的(并非带着积怨,而是欢愉地)——怀疑那些时代不过是野蛮而不可告人的蠢动。它不惧怕向下看。但它是从高处朝下看,它俯身向下探是为了把握住不同的视野,为了展示散布和差异,为了保持每一个物的尺度和强度。真正的历史的运动与历史学家暗中进行的运动正相反。后者佯装看向离自己最远的地方,但是卑微地匍匐着接近那充满希望的远方(这就像一些形而上学家,只能在被允诺了回报的基础上才看到世界之上的彼岸)。真正的历史看向最近处,但却是为了猛然摆脱它并从一定距离之外重新把握它(这样的眼光好比一个医生俯身做出诊断,并说清差别)。历史感距离医学比距离哲学要近得多。尼采有几次说到过"历史的方式和生理学的方式"①。这一点没有什么可惊讶的,因为哲学家的癖好还包括对身体的系统性的否定,"历史感的缺乏、对'变'这一观念的仇恨和埃及主义",醉心于"将最后出现的东西放到开端处","把最后的物放到最先的物之前"。② 对历史学而言,比起做哲学的婢女或是讲述真理和价值的必然诞生,它有更重要的事。它应该是关于活力与衰弱、高峰与崩溃、毒药与解药的鉴别性知识。它有待成为治疗性科学③。

这真正的历史的最后一个特征是它不惮于成为一种视角性的知识。历史学家想方设法地要在他们的作品中抹去那些可能露出马脚的东西,就是那些暴露他们从什么地方看出去,他们所处的时刻,他们所站的那一边的东西,以及他们无法抗拒的激情。尼采理解的历史感,明白自己的视角性,也不拒斥它自己的不公正体系。它从某种特定的角度观察,它深思熟虑的话语是为了评估、褒贬、追寻毒药的所有痕迹以及找寻最佳的解药。面对它所观察的东西,历史感并不刻意隐藏自己的视角,并不试图从中找到规律并把所有运动归结为这种规律。这种眼光既知道自己从哪里观察,又知道自己观察的是什么。历史感让知识得以在认知活动中从事谱系学研究。"真正的历史"从它所处位置出发,在垂直方向上实现了历史学的谱系学。

六

尼采几次勾勒了这种历史学的谱系学。在其中,他把历史感和历史学家的历史联系起来。这两者只有单独一个开端,不纯粹且混杂。它们有同一个迹象,从中我们可以辨认

---

① 《偶像的黄昏》,"一个不合时宜者的漫游"章节,第44节。
② 同上书,"哲学中的'理性'"章节,第1,4节。
③ 《漫游者和他的影子》,第188节。

出其一是一种疾病的症状,其二是一朵奇葩的萌芽①,它们是同时产生的,之后才有了分野。所以让我们追寻它们共同的谱系。

历史学家的来源(provenance/Herkunft)是没有异议的:历史学家出身低微。历史学的特征之一就是不作选择:历史想要不分主次地认识一切,不分高下地理解一切,不加区分地接受一切。什么都逃脱不了它,它什么也不排斥。历史学家会说,这正证明了一种分寸感和审慎。当历史学家面对他人时,他有什么权利干涉他人的品味?当他面对过去实际发生的事情时,他有什么权利强加自己的偏好呢?但实际上,这是完全没有品味,是一种粗俗,即借最高级的东西,以最通俗的方式,通过搜求低级事物来获得满足感。历史学家对各种恶心的东西不敏感,或者毋宁说他们能从这些让他恶心的东西中获得愉悦。它表面平静背后是竭力不承认任何东西的伟大,而且把一切都还原到最平庸的共性。什么都不能比它更高级。如果说它如此渴望去认识并认识一切,那是为了抓住能够贬低万事万物的那个秘密。"低级的好奇心。"历史从何而来?从平民中。谁是历史的目标人群?是平民。历史所用的话语像极了民粹政客。它说:"没有人比你们更伟大","而且谁自大到想要主宰你们,主宰善良的你们,谁就是恶的";历史学家是这样的人的复制品,他会呼应上面这句话,"没有什么往昔会比你们的现在更伟大,而且对那些历史中的呈现出伟大面貌的东西,我那精深的知识会向你们展示它们的小器、邪恶与不幸。"历史学家的血缘关系一直可以上溯到苏格拉底。

但历史的民粹政客的这一面一定是虚伪的。它必须在它普世的面具之下藏匿它那特殊的积怨。这也正像民粹政客一定会提到真理、本质规律和永恒的必然性,历史学家一定要提客观性、事实的准确性和过去的既定性。民粹政客倾向于否认身体,以确立永恒的观念的至高无上性。历史学家倾向于抹除他自身的个体性,以便他人可以登台发言。于是他就要竭力反对自身:让自己的偏好缄默不语,克服自身的恶心感觉,搅浑自己的视角并将之替换为一种虚构的普遍几何学,模仿死亡以进入死者们的王国,去获得一种无面目无名字的准存在(quasi-existence)。在这个他会压抑个体意志的世界中,他才能向他人展示一种更高等的意志的必然法则。在努力把自己的知识中一切意欲的痕迹抹除之后,他会在有待认识的对象那里重新发现一种永恒意欲的形式。历史学家的客观性是对于意欲和认识关系的颠倒,这种客观性同时也是对神意、目的因和目的论的必然性的信仰。历史学家属于禁欲者的家族。"我受不了那些研究历史的欲火焚身的阉人,受不了禁欲理想的勾

---

① 《快乐的科学》,第337节。

引。我受不了那些编排生活的被粉饰的坟墓。我受不了这些疲惫萎靡的存在,他们装出一副智慧的模样,自诩一种客观的视野。"①

让我们过渡到历史的出现(Entstehung)。它所在的位置是 19 世纪的欧洲:混合与杂交的国度,人种混杂的时代。和文明鼎盛的时刻相比,我们就像野蛮人:满目可见城邦的废墟,谜一样的纪念碑。我们在断壁残垣前驻足,我们问自己,哪些神曾经居住在这些空荡荡的神庙中。伟大时代既少有这种好奇心,也少见我们这种过分的虔敬。他们无视其先驱者,古典主义就无视过莎士比亚。欧洲的衰落给我们上演了一场盛大的表演,欧洲最强大的时刻已经消亡,逝去。我们今天所面对的场景有一个特征,就是它好似一座剧院。没有纪念碑,无论是我们铸就的还是属于我们的纪念碑。我们活在大量的装饰之中。但更有甚者:欧洲人不再知道自己是谁,不了解自己内部混杂了什么种族,他在找能够属于自己的角色,他没有个体性。由此我们就可以理解为什么 19 世纪自发地就成了历史学的世纪:力量的贫乏,抹除了它所有特征的混杂产生出禁欲主义苦修般的效果。19 世纪的欧洲人没有能力创造,没有自己的作品,它需要依赖往昔和其他人的成就,所有这些让历史学受平民的低级好奇心限制。

但如果这就是历史学的谱系学,它如何才能使自身成为谱系学分析呢?它如何才能不止步于这样民粹式的、宗教式的认识?它如何才能在这同样的舞台上改换角色?只有当人们攫取它,驾驭它,然后转而用它反对自己的诞生,才有可能。这固然确实是出现(Entstehung)的本义:即,不是经过长时间预备后的必然结果,而是力量彼此冲突激荡,并最终胜出的场所。尽管我们可能征用它们。形而上学的出现(émergence)之地固然是雅典的民粹政治,下等民众对苏格拉底的仇恨和对不朽的信仰,但柏拉图本可以攫取苏格拉底哲学,他本可以将这种哲学转过来反对自身——他很可能不止一次尝试过这么做。柏拉图的失败就在于他成功地为苏格拉底哲学奠基。19 世纪的问题就在于,它要避免像柏拉图对苏格拉底那样对待历史学家的平民禁欲主义。不应该在历史哲学中建立一种禁欲主义,而是应该从禁欲主义的产物出发,把它全盘粉碎:为了对历史进行一种谱系学的运用,务必让自己成为历史的主人。就是说,一种严格反柏拉图的运用。唯其如此,历史感才能摆脱超历史的历史学。

---

① 《道德的谱系》,第 III 部分,第 25 节。——原注
　福柯错引。这段文字出现在第 26 节。——译注

七

历史感包含了三种用法。这三者与柏拉图式的三种历史学模式逐条对立。第一种用法,是戏仿的用法,用来破坏现实性,与历史学的主题(回忆再现或辨认)相对立。第二,是消解的用法,用来破坏身份,与作为连续性或传统的历史相对立。第三,是献祭的用法,用来破坏真理,与作为知识的历史相对。无论如何,就是要给历史一种用法,使得历史能够从记忆模式(无论是形而上学的还是人类学的)中解放出来。就是要让历史成为反记忆,并且因此在历史中展现一种完全不同的时间。

首先是戏仿或丑角式的用法。历史学家向这个血统混杂且无名的欧洲人(他自己已经不知道他是谁,应该用什么名字了)提供了一些备用的身份。从表面上看,这些身份比他实际上的身份更个性化也更具现实性。但有历史感的人不应被历史学家提供的这种替代品欺骗,那只是一种乔装打扮。历史学家们曾赋予大革命以罗马的典范,赋予浪漫主义以骑士的盔甲,赋予瓦格纳的时代以日耳曼英雄的剑,但这些不过是虚假的仿金装饰。这种装饰的非现实性指向的是我们自身的非现实性。任由某些人去崇拜那些宗教吧!任由他们在拜罗伊特①纪念一种新的彼岸,任由他们把自己变成兜售空洞身份的破衣服贩子。好的历史学家,即谱系学家,懂得识破这一整场化装舞会。他不会因为严肃而排斥它,相反,他要把舞会推到极致:他要组织一场时代的盛大狂欢节,在狂欢节中各种面具纷至沓来。不是将我们苍白的个体性同过去确定无疑的各种身份等同起来,而是在各种重现的身份中让我们非现实化。而且当我们拿起那些面具——腓特烈二世、恺撒、耶稣、狄奥尼索斯,可能还有查拉图斯特拉——当历史的滑稽戏重新开始,我们获得了一种比神的身份的非现实性更为非现实的身份,也正是神带来了这种非现实性。"也许,我们在这里会找到对我们而言还有可能的原创性的领域,这种原创性可能是指历史的戏仿者或是神的小丑。"②这里,我们能看出《不合时宜的沉思》的第二部分称为"纪念碑式历史"的戏仿版本——其任务是重建历史变迁的高峰,让它们保持永恒的在场状态,并依据它们内在本质的标记重新发现作品,行动和创造。但是在1874年,尼采责难了这一历史,指责它是一部完全专注于崇拜的历史,阻挡了通往生活的实际激情和创造性的路。相反,在尼采生前最

---

① 拜罗伊特(Bayreuth)是一座德国小镇。自1876年起,那里每年举办拜罗伊特音乐节。它由瓦格纳本人发起,演出内容为瓦格纳的音乐剧,故也称瓦格纳音乐节。尼采后期与瓦格纳关系恶化,故对拜罗伊特音乐节颇有微词。——译注
② 《善恶的彼岸》,第223节。

后的几个文本中出现的戏仿就用来强调:"纪念碑式历史"自身就是一种戏仿。谱系学是一种狂欢地参与的历史。

第二种对历史的用法是对我们身份的系统性消解。因为这种身份是非常脆弱的,尽管我们努力在一张面具之下保护它,拼凑它,但它本身也只是一种戏仿:它是复数的,无数灵魂在那里争吵,各种体系彼此交织也互争高下。当人们研习历史的时候会感到"幸福,而不像形而上学家,感到在自身之中不止有一个不朽的灵魂栖居,而是许多有朽的灵魂"①。在每一个这样的灵魂中,历史学发现的不是一个被遗忘的、总是急切渴望重生的身份,而是会找到一个多元素的复杂体系。这些元素是多样的、截然不同的,而且无法被综合的能力支配。"高等文化的一个标志就是十分注意人类演化的某些阶段,而庸人则不假思索地度过了这些阶段……第一个结果就是我们能把我们的同类理解为一些被全然规定的系统,或是不同文化的代表,也就是说他们既是必然的也是可被改变的。而反过来:我们能够对自身的演化划分出阶段并对之分开考量。"②按照谱系学指导所编排的历史学,其目的不是找到我们身份的根源,而是相反,是竭力去消解它。这样的历史也不是要找到我们从何而来的唯一源头——形而上学家许诺我们会回到的那个家园。这样的历史是要让我们经历的一切非连续性浮现出来。这一功用与"好古历史学"(《不合时宜的沉思》中的说法)想要发挥的功用正相反。它要寻求土地、语言和城邦的连续性——我们的当下扎根于其间,是"用一只妙手来培育那些一直存在的东西,为后代留下人们出生时的那些条件"③。《不合时宜的沉思》指出了这种历史学的危险,它泥古不化,妨碍创造性。这之后(但其实在《人性的,太人性的》中已然出现),尼采重新提到了好古者的任务,但是从全然相反的方向出发。如果轮到谱系学提出关于我们出生的土地、我们说的语言和统治我们的法律的问题,那么它就是要揭示那些异质性系统。这些系统戴着"我们的自我"的面具而且禁止了一切身份的形成。

第三种对历史的用法是将知识主体献祭。历史意识从表面上看,或者毋宁说从它所戴的面具看,是中性的,排除一切激情而只致力于真理的。但是,如果历史意识拷问自己,或者说如果它一般地拷问一切在其历史中的科学意识,它就会发现求知意志的各种形式和变形,比如本能、激情、审讯般的强烈欲望、残忍的去芜存菁以及恶意。它发现了选定立场的暴力性:它的立场是反对无知的幸福,反对强健的幻象——人类通过这些来自我保

---

① 《漫游者和他的影子》(第一篇"杂乱无章的观点和箴言"),第 17 节。
② 《人性的,太人性的》,第 274 节。
③ 《不合时宜的沉思》,第 Ⅱ 部分,第 3 节。

护。它的立场乐于接受研究中那些棘手的东西,探索中那些令人不安的东西①。对这样一个贯穿人类史的伟大的求知意志(vouloir-savoir)进行历史的分析,就能展现出没有知识不奠基于非正义之上(于是在知识自身中,没有真理的权利和真之奠基的权利),也能展现出求知本能是有害的(知识之中有一些致命的东西,它没有能力,也不愿意为人们造福)。即使今天这种求知意志所涉及的领域已大大扩展,它并没有接近一种普遍真理。它没能使人精确客观地驾驭自然。相反,它不停地滋生风险,到处制造危险。它摧毁虚幻的保护。它取消主体的统一性。它解放了自身中一切竭力要消解和摧毁自身的东西。知识非但没有逐渐和它的经验性根基相脱离,没有和使之诞生的最初的需求相脱离而变成只服从理性支配的纯粹思辨,它也没有在自身的发展中和自由主体的建构与肯定相关联,毋宁说,知识使人们逐渐屈从于本能的暴力。过去的各种宗教要求人的肉体献祭。今天的知识号召我们对自身进行实验②,即献祭知识的主体。"知识在我们这里已经转变为一种激情。这种激情不惧怕任何牺牲,而归根结底它只有一种恐惧,恐惧自己的消逝……知识的激情可能要让人类消亡……即便人类不消亡于激情,也会消亡于虚弱。人们偏爱哪种结局? 这是关键问题。我们希望人类是在火中还是在光中,抑或是在沙中完结?"③19世纪哲学思想可以分成两大问题(自由和真理的彼此奠基,绝对知识的可能性),这两大主题是费希特和黑格尔给我们留下的。现在是时候将它们替换为这一主题"在绝对知识中消亡可能是存在的奠基的一部分"④。从批判的意义上说,这并不意味着求真意志是受认知的有限性约束的。而是意味着在献祭知识主体时,求真意志丧失了一切限制以及一切真理的意图,"是否可能有这样一个神奇的观念,它使(现在依旧能)其他一切野心化为乌有,使得自己大获全胜,我指的是'人的自我献祭'这一观念。我们会发誓,当这一观念的星座出现在地平线上时,认识真理依旧是唯一可以与之相称的巨大目标。因为了知识,没有什么牺牲是太大的。在此期间,这个问题从来没有被提出过……"⑤

《不合时宜的思考》谈及了对历史的批判性用法,就是押着过去伏法,斩断它的根源,抹除对传统的崇敬态度。这么做的目的是解放人,并且为人提供关于人的其他本源(不同于他情愿看到的那种)。尼采责备这种批判史学让我们和一切真正的源头相脱离,只考虑真理而牺牲了生命运动本身。我们看到不久之后,尼采重新考虑了这个之前他拒斥的思

---

① 参见《朝霞》,第429,432节;《快乐的知识》,第333节;《善恶的彼岸》,第229,230节。
② 《朝霞》,第501节。
③ 同上书,第429节。
④ 《善恶的彼岸》,第39节。
⑤ 《朝霞》,第45节。

路。但是他将这一思路指向一些完全不同的目标:问题不再是以只有我们当下掌握的真理的名义去裁断我们的过去,而是要冒险摧毁那无限展开的求知意志中的知识主体。

在某种意义上,谱系学回到了尼采在 1874 年认识到的三种历史学的模式。这一回归超越了尼采以生命的肯定性力量和创造性力量的名义提出的反驳,却也使三种模式发生了变形:对纪念碑的崇敬变成了戏仿,对古代连续性的尊敬变成了系统性的消解,以人类今天抱持的真理对过去的不公正进行批判变成了以求知意志本身的不公正来摧毁知识主体。

Nietzsche, Genealogy, History

Michel Foucault

【Abstract】 According to Foucault, traditional historical study aspires to grasp history as a metaphysical entity, a process of development with a fixed ideal. It considers that history has a static origin (*Ursprung*) waiting to be unveiled. However, for Foucault, this is not the case. With Nietzschean genealogy, Foucault argued that the effective history had no such "origin". History is a place of struggles. Its development is never linear, in which there are faults, fissures, and heterogeneity. Its events do not correspond to the interpretive framework that we imposed upon it. By this profound methodological clarification, Foucault dismissed the systematic prejudices resulting from the process of knowledge production and reestablished the truth as it should be.

【Keywords】 Nietzsche, Genealogy, History, Truth

自我、非我与他人
——费希特主体间性思想基础重审

张程程①

【摘要】 在笛卡尔和康德那里,他人问题都在一定程度上被回避掉了。费希特认为这正是康德伦理学的不足之处,他企图超越康德的二元论立场,基于自我的辩证结构去论证人的主体间性。由此出发,费希特进而推导出了一个质料性的社会义务体系,这被视为对康德伦理学形式主义的克服。然而经过对其思想基础的重新考察,笔者认为费希特不可避免地会陷入循环论证,以至于最终无法真正超越康德的先验哲学立场,他人的存在仍然只能作为实践哲学上的经验预设。

【关键词】 费希特,主体间性,唯我论,他人

费希特关于主体间性问题的原创性思考越来越受到学界的重视,众多文献都试图肯定其在哲学史上所具有的积极意义。一种普遍的观点认为,费希特正是基于对主体间性问题的阐发论证了人的社会性本质,从而建构起了一个质料性的社会义务体系,克服了康德伦理学的形式主义问题。② 笔者认为,这种观点可能忽视了康德与费希特先验哲学立场的一致性,从而错估了费希特在主体间性问题上对于康德伦理学的突破。主体间性问题并非独立于主体性哲学的问题域,相反它可以看作主体性哲学内部存在的唯我论倾向所要求的理论回应。在费希特的知识学体系中,自我与非我的相互限制关系是建构自我与他人相互承认关系的基础。为了对费希特的主体间性思想作出更为准确的评价,本文将结合对笛卡尔与康德这两位主体性哲学家的讨论,重新审视该思想所立足的知识学基础。

一、笛卡尔、康德与他人问题

黑格尔曾评价笛卡尔是"近代哲学真正的创始人,因为近代哲学是以思维为原则

---

① 作者简介:张程程,复旦大学哲学学院伦理学专业博士研究生,研究方向为西方伦理学。
② 这类观点可以参见张东辉:《德国古典哲学中的道德与法权》,北京:中国人民大学出版社,2017 年,第 111 页;郭大为:《费希特伦理学思想研究》,北京:中国社会科学出版社,2003 年,第 143 页。

的……思维是一个新的基础……他是一个彻底从头做起、带头重建哲学基础的英雄人物"①。笛卡尔在《第一哲学沉思集》中讲述了三个程度逐渐加深的怀疑，首先是对一般事物感性认识的怀疑，"凡是我当作最真实、最可靠而接受过来的东西，我们都是从感官或通过感官得来的。不过，我有时觉得这些感官都是骗人的：为了小心谨慎起见，对于一切欺骗过我们的东西就绝不完全加以信任"②，这一怀疑指出我们感官本身便可能引起错误的认识，对一般事物的感性认识便不适合作为哲学体系的起点。其次，他提出了梦的假设，"想到这里，我就明显地看到没有什么确定不移的标记，也没有任何相当可靠的迹象使人能够从这上面清清楚楚地分辨出清醒和睡梦来，这不禁使我大吃一惊，吃惊到几乎能够让我相信我现在是在睡觉的程度"③，这个假设认为我们无法确实分清清醒与睡梦，所有的感官可能都不过是梦中的泡影。但是，即使是在睡梦中，诸如广延、时间、数目等这些我们认识世界的形式仍然是确定的，在这种情况下，像算术和几何学这种并不研究自然事物的科学仍然是可靠的。为了进一步推进自己的怀疑，笛卡尔又提出了恶魔的假设，这个恶魔捏造了我所能感受到的一切事物，即使是广延、时间这些形式，也都是其用来欺骗我们的假象，这便将怀疑推进到了极致，使一切认识都变得不可相信了。

笛卡尔的普遍怀疑方法，并非为了怀疑而怀疑，笛卡尔本人也并非一个怀疑主义者，他对我们关于外部世界认识的怀疑，最终是为了给哲学确立一个无可怀疑的坚实基础。这个基础即是"我思"，即使是最彻底的怀疑，仍然不可否认我在怀疑这一事实，这个事实同样意味着作为怀疑主体的我的存在，因而是"我思故我在"。但这容易造成一种误解，认为"我在"是从"我思"中推论出来的，似乎能从一个观念性的"我思"中推论出一个实存性的"我在"，能从意识活动中推论出实体性的自我。这样的一种理解为笛卡尔哲学添上了独断论的色彩。笛卡尔本人在对"我在"的阐述中，虽然使用了实体这个名称，但并不是独断地去谈论一个外在于"我思"的自我实体，而是谈论一个基于"我思"的，不可与思维活动相独立的思维主体。真理性的标准，不再立足于对外在客观秩序的相符合，而是基于思维主体本身所具有的明见性，笛卡尔的思维主体标志着近代主体性哲学的建立。

笛卡尔哲学一开始便需要面对唯我论的问题，如果一切认识都基于思维的明见性，又如何保证这些认识能够具有客观性与普遍性呢？笛卡尔在这里不得不借助上帝的观念，他对于上帝的存在做了一个类似安瑟伦的证明，从上帝观念的完满性推论出上帝存在的

① ［德］黑格尔：《哲学史讲演录：第四卷》，贺麟、王太庆译，北京：商务印书馆，1983 年，第 63 页。
② ［法］笛卡尔：《第一哲学沉思集》，庞景仁译，北京：商务印书馆，1986 年，第 15 页。
③ 同上书，第 16 页。

实在性,因而是想实现从思维向实存的过渡,以上帝的观念来保证我们对于外部世界认识的确实性。他将上帝确立为真正意义上的唯一实体,因为实体指的是能够不依赖其他任何事物而自身存在的东西,上帝即是能不依附于任何东西的存在。上帝是完满的,所以不会欺骗我们,因而我们的天赋观念能够与外部的广延相符合。但笛卡尔的主体性哲学所秉持的理念在于从思维主体本身出发来解释整个世界,那么上帝观念的引入显然是不能让人满意的。同时,要回应唯我论的问题,必然要涉及一个思维主体之外的另一主体,如果不考虑他人的问题,那么如何保证基于"我思"所建构起的世界对于每个思维主体都普遍有效呢?笛卡尔在他人的问题上却并没有进行更多的探讨,或许他认识到这种探讨会面对巨大的困难。在他的哲学语境中只能归纳出他对这个问题的大致立场,亦即他所讲述的"我思"并非其本人的"我思",亦即不是一个特殊思维主体的"我思",而是作为一个纯粹理性自我的运思。既然是作为一个普遍的理性自我,那么所谓的人人普遍适用的客观性就已经作为前提条件被设立了,他人的问题便被笛卡尔回避掉了。

正如笛卡尔一样,康德也需要面对唯我论的问题,亦即这样的一种"我思"又如何确认是否存在自身之外的他人,以及如何确认适用于我的认识原则(直观与范畴)也同样适用于他人。然而康德并没有细致地讨论他人问题,只是在《纯粹理性批判》的第一版中有所提及,"我们必然要先天地赋予事物以构成我们唯有在其下才思维事物的那些条件的一切属性。于是,对于一个能思维的存在物,我不是通过任何外部经验,而是只有通过自我意识才能有起码的表象。因此诸如此类的对象无非是我的这个意识向只有因此才被表象为能思维的存在物的其他事物的过渡"[①],这段话仅仅表示我们对于他人的意识不过是自我意识的一种过渡。由于康德所坚持的批判立场,先验自我仅仅作为一个逻辑原则,我们对其无法具有更多的认识,也无法对外在于自身的其他自我说得更多。而与他人问题相关的客观有效性的问题,康德则在《未来形而上学导论》中做出了这样的论述,"客观的有效性和(对每一个人的)必然的普遍有效性是可以互换的概念,而且尽管我们不认识客体自身,但是如果我们把一个判断视为普遍有效的,从而视为必然的,那么,毕竟也正是这一点被理解为客观的有效性"[②],在理论哲学的层面,他人问题便同样被康德回避了。但他人问题对于康德的整个哲学体系来讲并非无关紧要,即使在理论哲学方面这个问题无法被进一步地讨论,但是在实践哲学中一个理性存在者所组成的共同体"目的王国"概念对康德伦理学来说却是基础性的。如果因为康德所采取的批判立场使得对于他人存在的理

① [德]康德:《康德著作全集:第 4 卷》,李秋零译,北京:中国人民大学出版社,2005 年,第 216 页。
② 同上书,第 301 页。

论证明是不可能的话,那么我们只能转向康德的实践哲学,看看在那里他人问题又受到了什么样的对待。

康德在《道德形而上学的奠基》中提出了几个定言命令公式,这几个公式作为道德上的绝对命令,规定了什么是道德上绝对善的。其中,目的自身公式(你要如此行动,即无论是你的人格中的人性,还是其他任何一个人的人格中的人性,你在任何时候都同时当作目的,绝不仅仅当作手段来使用)和目的王国公式(你要如此行动,仿佛你是目的王国通过自己的准则而制定规律的一个成员)都涉及自我立法的主体对于其他理性存在者的考虑。在目的自身公式中,行动主体需要以自我与他人的理性本性为目的来行动,对于所有理性存在者来说,理性的本性均作为目的自身而实存,康德在这里便预设了他人与自我具有相同的理性本性。而在目的王国公式中,行动主体在一个可能的目的王国中,既是作为遵守法则的成员,同时也作为立法者,不同的理性存在者通过共同的法则便形成了一种系统的联合,成为一个王国,一个伦理的共同体。虽然这个共同体终归只是一种理想,但在这里,各个理性存在者的联合却是可行的。康德认为这种共同的法则乃是客观的,它普遍适用于各个理性存在者,个人与他人的差异化则被认为是可以抽除掉的。显然,他人问题并没有得到康德的重视,这个问题在批判哲学的架构中已经被忽视掉了,在康德看来也并不需要进一步的说明。

基于批判哲学的立场,康德并没有对他人问题做更多的处理,但费希特认为这一点正是康德哲学的不足之处,因为康德没有解释我们如何能够假定在自我之外存在着其他的理性存在者。这个问题"根据康德的体系,我们不能回答说我从经验得知,因为对于康德来说,对于物自体的任何经验都是不可能的"①,而我们之所以能够假定自我之外的其他理性存在者所依据的原则,并没有出现在认识领域,而是出现于实践领域,体现为我们应该按照我们意愿其成为普遍法则的准则行动,而要实现这一点,我们便必须预设其他理性存在者的存在。康德先验哲学所具有的二元论立场在某种程度上拒绝了对于他人问题进行更多的讨论,正是在这一点上,费希特希望在自我意识的领域中突破这种立场,通过对于人的主体间性的考察来突出人的社会性本质,从而能够对法权与道德做出更好的哲学论证。

在后康德哲学的争论中,费希特找到了一个克服康德二元论立场的方法,即用作为本原行动的绝对自我代替康德那里仅仅作为逻辑原则的先验"我思",通过绝对自我的绝对

---

① Fichte, J.G. *Foundations of Transcendental Philosophy* (*Wissenschaftslehre*) *nova method* (*1796/99*). trans. and ed. Daniel Breazeale. Ithaca, NY: Cornell University Press, 1992, p.303.

设定能力将主体与客体统一到原初的自我意识之中。在这种原初的统一性基础上,他进一步阐明心灵的基本结构乃是对立,自我在意识中必然面对一个异质的非我。费希特最后发展出了一种自我的辩证结构,在其中自我与非我相互限制、相互规定,正是自我与非我的这种相互关系成为其进一步分析人的社会性本质所依据的原理。

二、自我与非我

费希特在《全部知识学基础》中提出了知识学的三个基本原理:

第一个原理,"自我设定自我",这是一个绝对无条件的原理,在形式上与内容上都是无条件的。自我必定设定自我,在设定自我的同时也规定了自我与非我的对立,这种设定是直接的,因而自我设定自我也是直接自明的。为了使第一个原理能够被理解,费希特采用了反思与抽除的方法。首先,如果我们抽除所有的经验性因素的话,那么我们就可以从"A = A"这样一个大家都会认可的命题出发,这个命题中的 A 并不实指什么事物,而"A = A"这个公式仅仅代表形式上的逻辑同一律。在费希特的体系中,知识学作为科学的科学,是其他所有科学知识有效性的基础,因而知识学原理不是逻辑,而是逻辑规律有效性的保证。从同一律反推知识学原理,显然是一种循环论证。费希特承认了这种循环论证,并指出这其实是不可避免的,因为作为最高原理的知识学原理必须是自明的,不能以其他方式被证明,从逻辑规律出发不过是为了在之后的论证中去体现逻辑规律有效性的来源,从而将"自我设定自我"的自明性显示出来,作为经验意识中的一个最高事实。由于自我本身是一种设定自身的纯粹活动,费希特便称之为事实行动(Thathandlung)①,"它〔绝对自我〕同时既是行动者,又是行动的产物;既是活动着的东西,又是由活动制造出来的东西;行动与事实,两者是一个东西,而且完全是同一个东西;因此,'自我存在'是对一种本原行动的表述,但也是对整个知识学里必定出现的那种唯一可能的本原行动的表述"②。第一个原理,也是一个关于实在性范畴的原理,它意味着所有的实在性都来自绝对自我。

第二个原理,"自我设定非我",这是一个形式上无条件,内容上有条件的原理。形式上无条件,当自我被无条件设定起来之后,就形成了一个对于自我的实在性规定,这个规定指出了自我的范围界限,同样也就设定了自我之外的非我,因而这个非我同样是无条件被设定起来的。内容上有条件,不过是因为对于这个非我,我们不能说得太多,它仅仅代表对于自我的否定,第二个原理便是一个关于否定性范畴的原理。而非我被设定起来之

---

① 国内译本将之翻译为"本原行动"。
② 〔德〕费希特:《全部知识学的基础》,王玖兴译,北京:商务印书馆,2016 年,第 11 页。

后,作为对自我的否定,在这里与第一个原理中那个具有完全能动性的自我形成了一种矛盾和对立。但这种矛盾并不意味着知识学所建构的自我理论是原初不自洽的,相反,这种矛盾乃是人类意识所必然面对的。心灵的基本结构乃是一种对立,心灵的认识能力便是一种综合的能力,没有一种对立,也就没有之后的综合。将第一个原理看作一个正题,那么第二个原理就是一个反题,接下来则是作为合题的第三个原理,费希特发展出了自我的这种辩证结构。

第三个原理,"自我在自我之中对设一个可分割的非我与一个可分割的自我相对立",这是一个形式上有条件,内容上无条件的原理。不像前面两个原理在形式上是无条件的,因而是不可证明而直接自明的,第三个原理则完全可以根据前面两个原理推导出来。具有绝对实在性的自我与具有绝对否定性的非我之间存在着绝对的对立,这就给予了理性一个任务:要将这种对立调和起来,因而在形式上是有条件的,是前两个命题所决定的。而具体如何进行这种调和则是直接听从理性自身的命令,因而在内容上是无条件的。费希特在这里引入了可分割性的概念,他认为自我与非我具有量的性质,自我与非我之间的对立不是质的对立,而是量上的彼此限制,非我的否定性只是部分扬弃了自我。在第三个原理中,相互限制的自我与非我就都是有限的自我与非我了。在这个扬弃的过程中,自我失去了多少的实在性,非我就具有了多少的实在性,绝对自我则作为实在性的总和,自我与非我的相互限制仍然是在绝对自我的范围之内进行的。

三个原理所组成的这种综合构成了人类意识中的最高综合,因此在人类的所有意识当中,都会出现这里的自我与非我的对立与自我与非我相互限制的综合。正题、反题、合题也并不以时间关系前后相继,而是这整个综合才构成了对于人类意识的完整阐述,三个原理的整体构成了知识学的基础。其中最为重要的原理则是第一个原理,其他两个原理都是部分有条件的,只有第一个原理是绝对无条件的,它所代表的是绝对自我的绝对设定能力。绝对自我、本原行动、理智直观,在某种程度上指的是同一个事物,这个最高原理实则就是指"我在"的自明性。费希特认为知识学能够对心灵的本质结构进行一种实质性的探讨,因而这种探讨的结果不再是康德与笛卡尔那里的"我思",而是在意识的自我指涉的结构中所凸显出的"我在"。费希特在《全部知识学的基础》中做过这样的讨论,"笛卡尔曾提出过一个类似的命题'我思,故我在',这个命题并不是以'凡思维的人都在'为大前提的那个三段推论的小前提和结论……它仅仅意味着'思维着的我在,故我在'",我思维与表象的时候我必然存在,而我存在的时候则不一定思维与表象,附加的思维与表象完全是多余的。这样,费希特将"我在"突显了出来,以至于能够让自己的知识学体系向

"我在"的边界之外进发,去讨论人的主体间性问题。

然而,费希特的这个体系却更加容易被误解为是一种唯我论,特别是"自我设定非我"的第二个原理。如果非我完全为自我所设定,那么非我的客观性在于哪里?如果必然存在一个非我与自我对立,那么非我又如何与自我相联系?黑格尔就曾批评费希特的自我与非我是相互外在的,非我作为一个"直接的不存在",是康德"物自体"概念的一个翻版,非我无法返回到绝对的自我意识,而仅仅作为自我的无限努力所遇到的阻力,自我与非我的矛盾无法被消除,主体与客体、自我与非我也就没有达到完备的、真实的统一。如果自我与非我处于这样一种外在的关系中,那么自我与他人也就不存在产生必然联系的可能性,费希特对于主体间性的推演就纯然是不成立的了。为此,我们必须引入费希特对于唯心论与实在主义的界定,这种界定能够更清楚地体现出知识学对于自我与非我关系问题的立场。

费希特在《全部知识学的基础》的第二部分"理论知识学的基础"中讨论了"自我设定非我"这个原理所可能引起的问题,他仍然借鉴第一部分"全部知识学之诸原理"之中的论证方法,首先建立起两个矛盾的命题,再进一步去寻找进行一种综合的可能性。对于"自我设定非我"这个原理,他进行了两个反省,"第一种反省的结果建立了一种独断的唯心主义,非我的实在性都只不过是一种从自我让渡过来的实在性。第二种反省的结果建立了一种独断的实在主义:如果不是已经预先设定一个非我的独立的实在性、一个自在之物为前提的话,那么实在性就不可能被让渡。因此,现在要建立的综合,必须完全负责来解决争论,指出唯心主义与实在主义之间的中间道路"①。这两种反省都是有可能的,但得到的结果则是完全相反,但真理应该只有一个,因而这两种观点都有待综合,它们自身单独来说都是不正确的,这种独断的唯心主义与独断的实在主义也被费希特称为质的唯心主义与质的实在主义。

费希特接下来则通过一种类似第三个知识学原理的综合方式,将自我与非我看作可分割而相互限制的,从而发展出量的唯心主义与量的实在主义,这两种主义都承认自我的有限性。但量的唯心主义认为这个有限性是被自我绝对设定的,即非我对自我的这种限制是由自我绝对设定的,而绝对的有限性却是自相矛盾的,自我具有绝对设定的能力又怎么会被设定为有限的呢?那么对于这种限制的来源来说,"单纯的量的实在主义者在这一点上承认自己的无知,并且承认对于自我来说,设定实在性于非我乃是依据法则而产生

① [德]费希特:《全部知识学的基础》,王玖兴译,北京:商务印书馆,2016年,第93页。

的。但是,它主张无需自我本身进行任何干预就实在地现成存在着一种自我的局限性……这是一个它根本无法去追究其根据的现成事实,换句话说,对于它来说,这种规定是无需任何根据而绝对地在那里的"①。量的实在主义显得比量的唯心主义更加谦逊,但也存在问题,它无法回答意识里现成存在着一个客体的问题,"它不能绝对地说明为什么一个实在的规定会变成一个观念的规定,为什么一个自在存在的规定会变成一个对于进行设定的自我而存在的规定"②。

量的唯心主义与量的实在主义仍然存在着矛盾,因而还需要进一步的综合才能达到最完善的立场,这个立场被费希特称为观念实在论与实在观念论。在费希特看来,自我对自我与非我的设定活动是间接的,设定一个自我的时候就必定对设了一个非我,因而"意识的法则是没有主体就没有客体,没有客体就没有主体"③。在此基础上,费希特进一步提出人类意识必然要面临这样的一种局限,"有限精神之必须设定在它之外的某种绝对的东西(自在之物),以及它之必须同时承认这种绝对的东西仅仅是对它而言的存在(是一种必不可少的本体),这是一个循环,一个圆圈。有限精神可以把这个圆圈无限扩大,却永远不能从中摆脱出来。一个哲学体系,如果根本不注意这种循环的反复,它就是一种属于独断论的观念论……如果自以为已从这个圆圈里跳出来了,它就是一种超验的、实在主义的独断论"④。

对于作为有限自然物的人类来说,我们必须承认一种外在于自身与自身完全对立的力量,否则我们的自我意识则是不可理解的。因此,知识学在某种程度上是实在论的,它承认我们意识必然面对这样一个既外在于自身又内在于自身的客体。但同时费希特也承认,知识学仅仅是无条件先验有效的,它只是提供了一些确定无疑的先验命题,而客体本身却不是先验存在的,毋宁说是在经验中才出现的。自我与非我并非处于彼此外在的关系当中,而是基于自我意识本身的局限而处于一种循环往复的关系之中,这种关系至少在一定程度上确认了非我相对于自我所具有的实在性,正是这种实在性成为建构他人实在性的基础。

三、自我与他人

我们已经理清了自我与非我的关系以及知识学本身的立场,在这个基础上,可以进一

---

① [德]费希特:《全部知识学的基础》,王玖兴译,北京:商务印书馆,2016 年,第 106 页。
② 同上书,第 107 页。
③ 同上书,第 103 页。
④ 同上书,第 206 页。

步讨论自我与他人的关系。知识学显然并不是唯我论的,费希特本人也在写给雅各比的信中强调绝对自我不是个体,虽然个体必须从绝对自我中推演出来。费希特预告了自己将会在《自然法权基础》一书中实现这种推演,推演的目的则在于论证有限的理性存在者一定是一个感性领域里的感性存在者。如果说《全部知识学的基础》仅仅在先验的层面探讨了我们意识方面的必然规定的话,那么费希特的法权论则会将经验性质的东西带进我们对意识的讨论。

费希特在《自然法权基础》中同样采用了公理化的推演方法:

第一个定理,"一个有限理性存在者不认为自身有一种自由的效用性就不能设定自身"。如果个体要设定自身,那么就必须认为自身有一种自由的效用性,而正如知识学原理"自我设定自我"对于"我在"的阐明一样,个体是必定设定自身的,因而我们也就必定要认为自身具有一种自由的效用性。同时,"我在"便是对本原行动的表述,理性存在者本身便会具有这种自我设定自我的自由能动性,因此第一个定理其实是同义反复。现在则自然而然引出了下一个问题,既然个体设定了自身,那么根据知识学的第二个原理"自我设定非我",个体也同样设定了自身的界限与外于自身的感性世界。这便是第一个定理的系理,"理性存在者这样设定其发挥自由效用性的能力,就设定并规定了一个在自身之外的感性世界",作为有限理性存在者的个体的理性需要去感性的世界里发挥自己的实践能力,这样才能认为自身有一种自由的效用性。

第二个定理,"一个有限理性存在者不认为其他有限理性存在者有一种自由的效用性,因而也不假定在自身之外有其他理性存在者,就不能认为自身在感性世界中有自由的效用性"。这个定理就指出,不仅需要设定一个外在于自身的感性世界,同时还要假定自身之外有其他的理性存在者,在与他人的相互关系中形成的边界经验成为个体自我意识得以可能的新条件。在知识学中,自我必须与非我处于一种相互限制的关系中,自我设定自我的同时,设定了一个外在于自我又只为自我而存在的客体,自我在这种关系中受到一种限制。到了法权论这里,自我所必然需要面对的限制便有了新的内容,自我不仅需要一种外在于自我的感性世界的设定来划定自己的界限,同时还需要与外在的其他理性存在者处于相互关系之中。在费希特看来,我们的理性固然会遭遇某种限制,基于我们的自由实践能力,我们必定会具有一种超越这种限制的无限的努力,那么如何看待这个促使我们的意识回归自身的限制对于我们的意义呢?

费希特认为我们在这里需要运用一种合目的性概念,借助这种概念我们必须假定这个限制不是对我们能动性的完全否定,而是向我们提出了实现自身自由效用性的要求

（Aufforderung）。因为这种要求是关于理性与自由的，"理性存在者决不像在因果概念中结果受到原因的规定和强迫那样，应当受这个要求的规定和强迫去行动，而是仅仅应当按照这个要求去规定自身去行动"①，因而自我必然假定这种要求的来源同样是理性的存在者。为了区分自然事物与理性存在者，费希特认为后者本质上具有一种能动性，而要认识到这种能动性，就需要一个外在于自身的客体。但自然事物本身的含义便是指能够接受作用的东西，因而对于自然界来说，外在于自然界的仍然是自然界，因而自然是不具有理性与自由的。所以，我们必定需要假定是一个外在于自身的他人对我们提出了这种实现自我自由能动性的要求，"理性存在者不能设定自身为这样一种存在者，除非对这种存在者提出自由行动的要求。但是，如果对它提出一个这样行动的要求，它必然把一个在自身之外的理性存在者设定为这个要求的原因，因此它也就确实设定了一个在自身之外的理性存在者"②。这种要求在费希特看来，就是教育，只有经过教育的人才能成为真正的人。这种要求在人群中乃是相互的，同时我们需要相互承认对方所具有的理性本质与自由。费希特在这里正式地说明了人的主体间性本质，"人（所有真正的有限存在者）只有在人群中间才成为人：由于人只能是人，而不能是其他的事物，因此如果他不是人，他就根本不存在。如果确实应当存在着人，就必定存在着许多人，这不是一个随意假定的、建立在以往的经验或其他可能性根据之上的观点，而是一个需要用人的概念加以严格证明的真理……因此，人的概念绝不是个人概念，因为个人概念是不可想象的，相反地，人的概念是类概念"③。

第三个定理，"一个有限理性存在者不把自身设定为能与其他有限理性存在者处于一种确定的、人们称之为法权关系的关系中，就不能假定在自身之外还有其他有限理性存在者"。从前两个定理出发，自然而然推论出第三个定理，自我与他人必须处于一种相互要求和相互承认的关系中，这种关系关乎于感性世界中我们彼此之间的外在自由，这种关系就是法权关系。费希特认为自己已经从自我意识的先验结构中推论出了法权关系的必要性，通过考察这种法权关系得以成立的各种内在、外在条件，进而推演出包含原始法权、强制法权和共同体法权的整个法权体系。

在《自然法权基础》中，费希特论证的出发点不再是《全部知识学的基础》中的绝对自我，而是直接转换为作为有限理性存在者的现实个体。而其本人对雅各比所做出的从绝

---

① ［德］费希特：《自然法权基础》，谢地坤，程志民译，北京：商务印书馆，2019 年，第 37 页。
② 同上书，第 40 页。
③ 同上书，第 40 页。

对自我中推演出个体的预告则并没有下文。知识学的基本立场并不排斥经验事物的实在性,但知识学也无法对这种实在性做更多的解释。纯然从先验的绝对自我出发,去推论出外在于自我的他人的存在是十分困难的。知识学所能够做的仅仅是对人的主体间性做一个先验层面的解释,而这种解释不可避免地同样预设了自我与他人已经处于一个相互关系之中。费希特批评康德仅仅从实践的方面以一种经验性的预设来应付他人的问题,但费希特自己也不能全然超越经验的范围去论证人的主体间性。我们可以看到费希特对主体间性推演所面临的困境,这个困境根植于知识学的基本立场乃至于人类意识本身的局限性,"我们必须承认在这个解释大写自我的结构的理论之内,费希特还是无法解释许多认知的自我和承认的自我的存在"①。

费希特在这里用他人对个体的要求(Aufforderung)概念代替了之前自我与非我的相互限制(Anstoß)概念,要求概念意味着他人同样是一个具有理性和自由的存在者。但是借助要求却无法自明地推出自我与他人具有一种平等的相互关系,因为要求概念仅仅说明了个体要设定自身为理性与自由的存在者就有必要相互承认彼此,但这种相互承认只能基于每个个体的自由选择,"每个自由存在者都会假定在自身之外有自己同类中的其他自由存在者,这是必然的;但是,他们要作为自由存在者共同存在下去,这却不是必然的"②。因此,相互承认还只是一种应然的要求,自我与他我的平等相互关系并不具有必然性。费希特从个体的自由意识出发来推演人的主体间性以及各种法权、伦理义务也就面临着内在的理论困难,"人唯有在社会中才能成为人,但由于社会存在是人世生活的一个事实,这就并未告诉我们在同他人的关系中应该采取何种方式行动,也并未告诉我们对个体自身作为理性存在者的自我完善的关切为何要扩展到对他人的关切和尊重之上。因此,在自我尊重和尊重他人之间,作为费希特《自然法权基础》中伦理学说的支柱,在其思想中就和在康德的思想中一样,最终未能得到证明"③。

通过这些考察,我们可以看到自我与非我的相互限制关系在先验的层面上,在关于自我结构的论述中是具有说服力的,但从这里出发并不能自明地推导出人的主体间性。虽然费希特改进了自己的表述,设定了一个有限理性存在者或者说一个现实个体作为新的论证出发点,但这个出发点实则经验地假设了他人的存在,因为这一点是已经包含在个体概念本身当中的。在某种程度上说,费希特与康德一样,仍然是将他人的存在当作实践哲

---

① [德]迪特·亨利希:《在康德与黑格尔之间》,乐小军译,北京:商务印书馆,2013年,第438页。
② [德]费希特:《自然法权基础》,谢地坤,程志民译,北京:商务印书馆,2019年,第9页。
③ Beck Gunnar, *Fichte and Kant on Freedom*, *Rights*, *and Law*, Lanham, MD: Lexington Books, 2008, p.92.

学上的经验预设,人的主体间性更多的是基于人类学的事实。费希特对主体间性的演绎虽然能够为人的社会性本质找到一些先验层面上的佐证,但作为出发点的个体概念本身便已蕴含了这个演绎所想要得到的结论。这明显是一种循环论证,而且在知识学的基本立场上,自我与他人关系的循环论证正如自我与非我关系的循环论证一样是人类理性所不能超越的。如此看来,费希特并没有达到自己想要在主体间性问题上超越康德的程度。

康德伦理学其实也存在一个主体间性的维度,虽然康德没有像费希特一样提出一种系统的阐述,但我们仍然能够在其整个哲学体系中找到许多表现。在已经提到过的目的自身公式与目的王国公式中已经暗含一种相互承认的构想。而在《关于一种世界公民观点的普遍历史的理念》中,康德也提出了"人类的非社会性的社会性",即是人类天然具有的社会性倾向,"自然迫使人去解决的人类最大问题,就是达成一个普遍管理法权的公民社会"①,人类最终需要从非社会性走向社会性。因此,康德没有局限在道德的观点中,而是在明确了道德的纯粹性之后依然寻求建立起一个现实的伦理共同体。这样看来,与其说费希特超越了康德的立场克服了形式主义的问题,不如说费希特只是将康德哲学中这一原本隐藏的主体间性维度在自己的哲学体系中系统呈现了出来。

The I, not-I and the Other:
A Reexamination of the Basis of Fichte's Intersubjectivity

ZHANG Chengcheng

【Abstract】 In both Descartes and Kant, the question of the other was to some extent avoided. Fichte believed that this was the shortcoming of Kant's ethics. He attempted to transcend Kant's dualist position and demonstrated the intersubjective nature of human beings based on the dialectic structure of the self. Starting from the intersubjectivity of man, Fichte then derived a system of material social obligations, which was seen as an overcome to the formalism of Kantian ethics. However, after reexamining the basis of his thought, we found that Fichte inevitably fell into circular argumentation, so that he did not really transcend Kant's transcendental position, and the existence of the other was still an empirical presupposition in practical philosophy.

【Keywords】 Fichte, Intersubjectivity, Solipsism, The Other

---

① ［德］康德:《康德著作全集:第 8 卷》,李秋零译,北京:中国人民大学出版社,2005 年,第 30 页。

在自由与公义彼此交错之中寻找德性

周柏乔①

【摘要】 本文讨论了相容论、社会契约论和正义论,目的在于弄清楚这三个理论在说明人的德性是什么时,需要用上一个怎样才能够理解的道德责任的概念。(一)在相容论者看来,纵使人的行为离不开现实的因果链,但仍然可以体现行为的自主性。这是由于人在反省行事之是非时假定了人有可能不做此事而做彼事,正是人的道德责任感让相容论者觉得人有理由接受这个假设。他们相信不认识道德责任,便没有道德反省的可能,因此,拿道德责任来代表人的德性,并不为过。然而,怎样理解道德责任,仍需深究。(二)洛克的社会契约论以人的自由和私产作为自尊的精神与物质基础,与人的生存权并列为三个基本人权。而人权的体现主要在于通过社会契约落实缔约者的公民身份,从而授权政府执法,以保障人权。自此,关乎公义与自由的维护责任便分了家,一方面是政府守护人权、尊重民意,平等对待公民,以彰显公义;另一方面则是公民凭借其自由和财富发展自己,创造未来,以彰显人权的伟大。这种安排让契约论者回答不上人的德性是什么的问题,因为这样的安排容许公民把维护公义的责任交付他人,这不是德性的表现方式。(三)罗尔斯的正义论是个新契约论,它把维护公义和自由的责任全归掌权者,以免道德责任分家,结果遗漏了其他人的责任,与旧契约论一样,难以说明人的德性是什么。本文向新旧契约论建议,把焦点从公义与自由(或人权)的关系转到公义与自尊的关系上,便会掌握好道德责任这个概念,借此说明好人的德性是什么。

【关键词】 相容论,社会契约论,正义论,自由意志,决定论,公义,道德责任,自由,自尊

---

① 作者简介:周柏乔,原香港公开大学助理教授(已退休),现任陕西师范大学哲学书院驻院教授,兼教于澳门大学。

一、开场白:相容论让我们找到什么的德性?

相容论的大意是决定论容得下人的自主行为。早期的相容论有着深刻的宗教烙印,主张上帝预知未来与个人的自由是相容的。也就是说,哪怕是一次有前因也有后果的历程,还是具备了逻辑必然性的一次演化,最终所产生的行为,都视为神的主宰结果;行为还未出现之前,上帝早已知道。那么,这些相容论者实在需要说明一下,人活在上帝的全知之中,还说得上有自由吗?

让我们先回顾一下一些古希腊哲人的想法,其中的留基伯(Leucippus)设想了绝对必然性,认为没有一件事是随机而生的,凡发生的总有它的理由和必然性①。他的主张支持了亚里士多德的四因说,却阻止不了相容论的一些论述也出现在亚里士多德的主张之中。亚里士多德认为我们的性格和习惯是随机而有,可以说是自由地形成的②。在他看来,我们的行为有一部分因自己而起,另一部分则由上帝预知的能力所促成。所以说,我们的行为我们不能不负责。

我们若要保留亚里士多德那样的相容论,便要说明机遇(chance/uncaused cause)何以成为人类自由之源,这是难以处理的。随机而起的行为我们拒不负责,是说得过去的,可是我们总觉得要为自己的行为负责;并且接受了一个带有内在矛盾的观念,那就是"随机事件直接地催生了自发的行为"。这个观念之所以难以理喻,原因在于决定论与随机论难以并存。我们一直相信随机事件就不是命定的③,自发的行为也不是催生出来的。还有一个原因,那就是割舍不了自由意志;没有了它,全知全能的上帝便要为人类邪恶的行为负责④;在神学鼎盛的中世纪,这是万万不能的。

古代的神学权威随着中世纪的过去而褪色,理性的地位不断提高,造就了一批近代的西方哲学家,他们呼唤着自由意志,并以此为据,诉说人类所拥有的价值,当中包括了道德价值。他们的申诉提高了自我的意识,进一步认识到树立人类自主性所遭受的质疑直接针对着自由意志。这些疑问主要有两种,一种因仍旧说,强调人是离不开上帝而独当一面的;另一种则随着科学发展而愈发声势浩大,因为愈来愈多的科学发现显示出自然律的威

---

① Lucretius Carus, *De Rerum Natura*, *Book II*, line 251.

② Nichmoachean Ethics, III. V.6.

③ 关于人的未来,有说是命定的,这是揩他的遭遇。如果把人生历程视为一连串的事件,又认定将来发生在他身上的事件是早已注定,并且要追溯前因,那么,我们也许也可以追溯到他生前已发生了的事件。由于这些事件不必从属于一人,就不用"命定"一词来表述其发生的必然性,而代之以"决定"。

④ David Hume, *Dialogues on Natural Religion* (*Part X and XII*), ed. Richard Pokin, Indianapils, IN, Hackett: 1980.

力,非人类主观意愿所能左右。面对质疑,哲学界迸发了两种观点,一种称为相容论,认为自由意志与自然律互不相斥;另一种则称为非相容论,这个理论坚持了相斥说,并因为两者相斥促使论者二舍其一而分成两派,其中的一派否定了自由意志,另一派则否定了自然律。尽管两种理论彼此对立,但都有可能作为讨论的基础,让我们发展自己对于自由意志的认识,并且从这番认识中寻找我们的德性,学会怎样看待自己。

我们在上面已经讨论了相容论,现在就继续这方面的讨论,先看看霍布斯是怎样看待自由意志的。他是个相容论者,接受了行为由自由意志来驱动的说法,认为个人行为不受外力阻挠便是自由,并且倾向于相信外力不予阻挠是可能的。不过,他仍然坚信自发的行为有其必然的前因,那就是上帝的法令①。话虽如此,他和许多西方近代哲学家一样,认为上帝的意旨之外,仍有一条事态的因果链,如果没有这个因果链,便难以说明个人行为的责任。看来,霍布斯可能因为考虑到这一点,所以承认自由意志是行为因果链的开端。即使是休谟,以否定因果说而著名,仍然相信意志驱动行为。对此,康德的探索是值得一再回味的,他总希望上帝的法令离自由意志远一点。

刚才提到近代西方哲学兴起,理性的地位随之而提升,笛卡尔起的作用不小。他指出,人由心、物两种实体合并而成,承认心通过意念引发行为;这样的行为既有别于心,也有别于物;那么,它究竟是什么呢? 解答问题有两个方法,即认知主义和非认知主义的两个方法,前者认为说明道德的语句带有真假值,后者的主张则刚好相反,以为道德的表述句没有真假值。康德从非认知主义出发,构思了两种秩序:一种是自然界的秩序,是可知的;另一种是道德界的秩序,是不可知的。采用这个立场便不需要解答人怎样认识行为所负载着的道德含义这个问题。然而,因此而迎来的问题却是更难于解答,那就是:"人处于现象界,受制于自然秩序,他要怎样做才可以摆脱其制约而依据自己的自由意志作出道德上的抉择呢?"

按照康德的想法,这是协调自然和道德两种秩序的问题;说明两者可协调就要说明人在道德上所做的工夫可适当地反映在他所得到的福祉上,最高的善就在道德和福祉有了最完美的协调时体现出来。康德认为,要知道完美的协调在哪一段个人或群体历史中出现,就要靠一种有别于认识自然秩序的知性,这种知性所涉及的是追求完美协调的无尽历程。康德不相信人作为有限的存在物能够有这种知性,所以他把这种知性归于上帝,名为

---

① Thomas Hobbes, Hobbes' treatise: Of Liberty and Necessity, in Vere Chappell ed. *Hobbes and Bramhall on Liberty and Necessity*, Cambridge, UK: Cambridge University Press, 1999, pp.15 – 42.

智的直觉①。他是保持了非认知主义的立场，却没有做到当初所设想的那样，让神的意志离自由意志远一点。

在康德的体系里，设想上帝的用意就在于说明道德与福祉有可能得到完美的协调。人在道德上下了工夫之后，还得要上帝的眷顾，才能得以实现道德与福祉的完美协调。也就是说，道德与神的力量并举，最高的善才得以实现。得出这个看法让人感觉到他白跑了一场，又回到原点。他在开始的时候便一反传统的神学思想，从人的自由意志出发谈论道德，而今却要回到上帝那里寻找道德的根据，使自由意志失色。康德若要减少神学的影响，可放弃非认知主义，承认人既可从自然秩序的观点看自己的行为，也可从道德秩序的观点看自己的行为；从前面的观点出发，所有的行为都服从自然秩序；从后面的观点出发，这些行为却有不同的道德理由决定它的评价或取舍；这个认知主义似乎缓和了问题的严峻性，却让人怀疑是否过于看好了自由意志②。

其实，相容论者无须完全走出上帝的阴影，也有理由相信人有自由意志，这是由于人们往往通过自由意志来说明人不得不为自己的行为负上道德的责任。事实上，人们一直以来都非常重视责任问题，有些人甚至因为阻止不了别人的不当行为而自责。这些人认为自己既然想过制止不当的行为，便有责任去制止其发生。人们有这么一个想法，我们说它来自人的善意；无论上帝知道与否，都是人的善意；让善意落实，说成是自由意志驱动的结果，也许是个学术上的谬误。不过，只要我们正确地认识责任，这样的谬误若真的是个谬误，也贻害不大。也就是说，既然责任在身，就不再继续设法从上帝那里讨得自由意志，才答应负责。过去有此一举，也许是出于担心上帝早有安排，让我们去履行责任。若是如此，我们会立即反问自己："行为若不是自发的，能履行责任吗？"人们面向上帝，固然有此一问；其实，面向大自然，也免不了此问。

观乎现代科学中的机遇论，已经能够根据概率计算，完美地解释微观的物理现象，比之于严谨的决定论所提出过的解释，毫不逊色。不过，这个发展并不意味着自然界的变化没有规律可循，最终会得到证实；所以说，不要以为我们的行为在自然界中出现，可以摆脱规律，离开因果链而完全由意志催生出来。科学家势必坚持研究自然界的规律，即使发现了某些量子变化有不确定性，要采用机遇论来处理，仍然视之为规律性的另一种表述。科学家如果放弃规律性的研究，便等于放弃了科学，这是难以想象的。他们正在建立数据

---

① 参考 Immanuel Kant, *Critique of Practical Reason*, Stephen Engstrom trans., Indianapolis, IN, Hackett：2002, pp.141 - 186.

② 本文关于康德的论述曾经发表过，见于拙作《谈行动与道德的关系》,《中国哲学史》,2003 年第 4 期。

库,准备通过这些数据计算我们将会有什么行为,这可能是要我们明白,即使是为了履行责任而行动起来,所出现的行为仍是在计算之中;计算者会乐意看到人们能够追溯其行为的因由,以至远古,并因此而得到了决定论的例证。如果真的是这样,我们实在要再问:"没有自发的行为,能履行责任吗?"

在这个关节上,我们听到著名物理学家玻恩的声音,他对卡西纳尔在《现代物理学的决定论与非决定论》一书中的一段话深表同感:"无论我们把自然界的因果关系视为严谨而又有'恒常力'的定律,还是把它视为统计律……都没有认同过伦理学所讲的'自由'之域。"① 其实,兼容论者也需要决定论帮助他们解决"责任谁属"的问题,这是由于行为的前因后果都是物理性的,找谁负责,以及要负多大的责任等问题,都需要依据一些物理计量。然而,有的时候,相关的物理计量已得到核实,却难以为责任谁属的问题作出结论,出现这种情况极有可能是因为我们裁决不了行为者是否有意为之。无论是行为的自发性或者行为者的自由度,都难有物理计量,作为量度责任的参考。原来我们正好身处伦理学所讲的"自由之域",不妨借镜于科学家为实验如何展开而提出几种方案的情境,研究一下他们在取得科学成果之后是怎样裁决责任谁属的问题。在这个情境中,我们所看到的是不少方案被淘汰,留下来的一两个方案便构成了现实世界其中一段的因果链。日后若要为实验的成败追溯其前因,那些被淘汰的方案就不在追溯之列。不过,当我们为今天发生的事件追溯其前因,注意力就不仅仅集中于现实世界的因果链,我们还会问为什么昨天没有这样做或者没有那样做。这个时候,我们关心的不只是物理性的因由,还关心责任的问题;为此,我们假设了行为是可以取舍的,而取舍有利弊的考虑,也有道德的考虑。只要我们对责任有正确的认识,即使拿不出充足证据来支持或否定决定论,仍无伤大雅。

上述的讨论集中在自由意志和决定论可并存这个题目上,是元伦理学的讨论,目的在于寻找伦理学主张的基础。不过,上述的讨论还有四个特点值得注意:

(1) 上述的讨论没有坚持自由意志的存在;然而,人们从来不会因为自由意志不鲜明,而不相信人有责任这个道德事实。

(2) 上述的讨论也没有得出明确的结论来支持决定论;其实,无论决定论是否成立,人们在审查责任时都假设了行为是可选择的。

(3) 上述的讨论之所以被视为相容论的讨论,因为它朝着上帝、自由意志和现实的因果链等三者的共容关系进发。然而,三者的关系仍未整理好的时候,责任这个德性以及相

---

① Ernst Cassirer, *Determinism and Indeterminism in Modern Physics*: *Historical and Systematic Studies of the Problem of Causality*, O. Theordor Benfey trans., New Haven: Yale University Press, 1956.

关的行为便显示了它们的迫切性,让我们一下子便找到德性。学术讨论因此而变成次要的了。不难想象,即使我们朝着三者不共容的结论进发,在自由意志与决定论之间做出取舍,仍有可能看到责任之为德性有其迫切性。

（4）两个相反的理论有可能得出相同的结论,那就是道德责任的迫切性。所谓迫切性,就是说不存在着开脱责任的正当理由。出现这个情况,反映了道德责任是个非常突出的德性,其他道德论述不能忽略它。

接下来我们把讨论焦点转移到契约论上,目的在于弄清楚这个理论如何理解道德责任这个概念,并且弄清楚相关的理解会怎样影响着德性的探索。

二、洛克社会契约论

社会契约论来头大,几经历代名家的琢磨之后,称它为旷世伟论,很多人会赞同。现在让我们取材于洛克,重温其中的要点:

社会契约论指出人的道德和义务由他们之间的合约来规定[1],这份契约之所以负载着如此重大的道德含义,究其原因,起码有四个:

（1）参与立约者都来自自然状态,那个状态早就有法可依,这个法就是自然法。人们是这个法的解释者,在个人的生命、自由和财产受到攻击时,便有权执法。这里我们注意到,好几个重要的概念,例如法律解释权和执行权,都因为假定了自然法而得到认受。人们在自然法认可的范围内各行其是,同时受惠于大自然,彼此平等,这都不是偶然之事,按照洛克所说,这是自然法发出来的命令,它把生命、自由与财产确立为凡人皆有的自然权利。由于自然法以外没有更高的法律可裁决个人或两者之间的是非,所以说,人们在自然状态时所享有的自由堪称"完美的自由"。在霍布斯眼下,这种自由哪怕再完美,也不堪野蛮的一击!然而,洛克不以为然,在他看来,人们放弃完美的自由,是为了得到更公正而有效的司法,让大家有个文明的社会。有了这种道德的诉求,所立之约势必符合道德。

（2）社会契约符合道德,有具体内容:①契约维护自由的价值。其中的一个意思是说,政府以人民的意愿为依归,不向任何不合民意的政治力量低头。另一个意思是说,所有政治团体或制度所追求的不是权力而是其正当性。②契约者与在位者达成的政府契约规定政府根据民意而产生,按照大多数人的意愿而施政。

（3）立约者保留其自然权利,政府的责任和立法的目的全在于保障这些权利。政府

---

[1] John Locke, *Two Treatises of Government and A Letter Concerning Toleration*, New Haven: Yale University Press, 2003.

一旦失职或者法律一旦失效,人民便有权推翻政府,甚至退出契约,回到自然状态。由此可知,立约者的自然权利不可侵犯,更不可能沦为可议价的东西。

（4）公义由政府来捍卫。只要政府维护民意,不凭强权,公义便得到尊重。而自由则由立约者来捍卫。按照洛克所说,人们处于自然状态之中,享有平等和自由,这是大家通过劳动力,把自然资源化为己有,从而各得其所,不受干扰而体现出来的,人们有责任保障这种天赋的平等和自由。在处于自然状态的时候可依据自然法办事,大家按照此法所赋予的执行权去维护自己的利益,便完成了捍卫自由和平等的责任。也许有人化公为私做过了头,只要他尚未损害我的利益,就不算是一个我要关顾的公义问题。在文明时期,执法权已交出,如果个人的自由受到威胁,由于已失去了对个人的生命和财产的绝对自主权,便只能依据社会契约要求政府不得向加害者的势力低头,切实履行政府维护自然权利的责任,以免失去公义。

综上所说,我们看到两个时期各有不同的道德秩序。自然时期,自由和平等都是明显的德性,维护它们成为每个人的重要责任。由于法律解释和执行权只握在自然人的手中,这些人既没有法律授权,也没有掌握到足够的资料裁定是非,是不应该让他们处理公义问题的。也许这个时期过于草创,仍未知道公义为何物。不过,到了文明时期,公义变得明显起来,却远离了普通的立约者,落在统治者手中。谁要维护自由,先要看政府能否维护公义。和自然时期相比,人们不禁要问,道德为何需要分工而被分化了？道德本身不是全人类一起为之而奋斗的事业吗？现在的情况是我等普通人因为公义不张造成自由受损,不得不进行捍卫,但是个人可以做的只不过是为个人的自由而奔走呼号,就是无法向反公义宣战！除非我们不惜代价,先是换政府,再不成推倒重来,然后从自然状态开始重新出发。出现这些可能性让我们看得更清楚,社会契约论所提供的实践指引预示了道德乱序的可能,这种乱序会使人失智。如果这个理论不仅仅提供讨论的框架,还成为实践的蓝本,便要慎防灾难。奉行社会契约论的人需要警惕。

三、罗尔斯的社会契约论

洛克沿用霍布斯的理论,通过自然状态与文明状态的两个分期来讨论德性,却无视两个时期的分野是野蛮与文明的分野,是有法和无法的分野。如果两者的差异不是那么大,至少也会因为个人的私法与集体的公法大有差异而让两个时期存在着鸿沟,一好一坏昭然若揭。坚持把自然状态说得那么美好,让自然人所享有的很多东西都合理化,的确难于说服人。首先,当自然人通过劳力把公共资源转化为私有,洛克说的不是劳动神圣,而是产权不可侵犯；至于化公为私的过分行为，他却没有提出相称的批评。其次，洛克又把自然时期的自卫有理说成执法权，可是这种权力却不能够完全地转为文明的权力，这是否伤害了洛克奉为神圣的天赋自由？最后，把无公法的世代说成有法；这些所谓的法当然是各说各法，结果自是各行各法。由于众人的私法之上没有大法，自然人可以说是享有完美的自由，想不出有什么理由不让文明人继承。于是让自卫合理一事支撑了文明人的生命权，让化公为私的劳动力支撑了神圣的财产权；没有大法时出现过的无拘束也被继承，要文明政府视之为自由而加以保护。洛克的这个构想是让人民督促政府通过保障人权来维护公义。在他看来，只要督促得宜，个人的生命、自由与财产便都不成为问题，所以视之为彰显公义的不二法门。看来，道德事业已被转化为督促政府的事业，有谬以千里之感！

当代哲学家罗尔斯的正义论是个改良了的契约论，在相当程度上处理了上述的问题。他的理论没有把人类的发展分成两期。虽然如此，这些在位者的权力也是通过契约而得，这与既往的说法没有多少分别。不过，他要比前人更重视统治者的道德使命，相信他们的自律能力会发挥作用。在他看来，由这些文明的在位者负责把公义原则落实，一定能够保障个人的权利，让公义彰显。之所以如此，完全在于他们有见识、有能力和受过良好的训练。关于这方面的情况，罗尔斯有过详细的描述。

首先，在位者会认识到人民的意愿是多样化的，最好能够提供更多机会，让更多的愿望得到实现，这样便更能够体现公义；不过，这可能引起资源争夺，所以在位者更要小心从事，不可偏袒任何一方，否则有违公义。做到这一点需要特别安排，让在位者难以徇私。

其次，在位者充分尊重人民最基本的美好诉求，那就是人权、自由、机会、财富和自尊。罗尔斯相信这些诉求不属于零和争夺战的战利品；在他看来，人们追求自由、财富和自尊，不会因为旁人的加入而感到有威胁，因为三者都可以不断创造而增量。在位者行使权力，应优先考虑这种需要，那就是设法减少行政干预，让人们放开手为自由、财富和自尊大干一番。

最后，在位者要自己站在原点上察看有哪些公平原则能体现公义，站在原点上正是刚才所说的特别安排。罗尔斯相信他们会找到真正的公平原则，因为从原点出发是获取不到影响公平分配的任何资讯的。这样，在位者只知道他的政策会有人受惠，却无法推算这些政策出台之后会为谁带来好处。也就是说，如果在位者想优待某些人，便不让他知道这些人在哪里做什么事，以及需要什么支持；那么，在位者便无从确定哪些政策惠及亲人，让其私心得逞，唯有放弃私念，专注于公平。

罗尔斯相信，人们站在这个原点上，因为不受任何人的私念所干扰，所找到的公平原则自然相若,只要留意到其相似性,便可以推想这些原则来自全社会所接受的那种公义。因此,这些原则被罗尔斯称为公义原则,一共两个。其一为每个公民当可与其他公民同等地受惠于社会为保障自由而提供的措施和服务。其二为社会推行差等待遇之时一定要保证这是公义之举,对每个人都提供了可能直接受惠的同等机会,又让每个人都成为(间接的)受益者①。

罗尔斯的两个原则理顺了公义和自由的关系,让我们再次看到井然的道德秩序;他还指出造成乱象的原因在于掌权者的私心。不过,他所发扬的仅仅是在位者的德性,仍然没有触及作为人所应有的德性。人们能否在自由与公义两者交错的关系中找到人的德性,仍是个待解之谜。

然而,我们在批评罗尔斯之余,也得反身自问,罗尔斯不是说过吗?无论是谁,只要站到原点上,所看到的公义,当与他人所见相若;那么,依照人人所见的公义铺排起来的道德秩序当是每个人所遵守的秩序。因此,人们就不应该离开这样的秩序去寻找公义与自由之间的关系,作为衡量行为是否合德的参考。这么一说,罗尔斯似乎也勠力于人人所向往的道德共业。不过,在作出这个结论之前还要弄清楚在位者保卫自由,是否和保卫诚实一样,都在于保卫德性?看来,自由有别于诚实、慈爱之类的德性。按照洛克的说法,自由沿于自然法,是天赋的权利;说它不容侵犯,意思是说,人在自然状态中已经有自然法为据,可采取一切措施,击退甚至击毙来犯者。不过,在文明状态中,保卫自由的措施由社会契约所核准的执法者运用批准了的司法手段来落实。由此可知,无论是自然状态的私法和文明时代的公法,都曾经充当过保卫自由的工具,情况与保卫私有财产一样,所保卫的都不是个人的德性;个人若失去诚实、慈爱等德性,便有必要扪心自问自己是否缺德;可是,我们不会因为失去自由或个人财产而变得缺德。由此可知,我们所追求的道德秩序,在于帮助我们判断哪些个人行为缺少了哪些德性而造成个人失德,甚至违背公义,这种秩序一般人大都心中有数,不用书之于法。而罗尔斯通过公义原则所构筑起来的那种道德秩序,则在于帮助在位者认识哪些文明法律最支持统治者创造条件,让人们所享有的等量自由尽可能得到最大化;罗尔斯之所以相信推行自由度的等量化和最大化是公义之举,完全因为他相信这样做最能保证每个人的自尊,以及自尊赖以维持的物质和精神基础,它们分别是私有财产和自由,这可以说是当今社会契约论者的共识。让我们检查一下这个共识,看看有哪些问题。

---

① John Rawls, *A Theory of Justice*, Cambridge, MA: Harvard University Press, 1971.

我们刚才说过，一个人失去自由未必失德，失去全部私产也不会因此而失德。现在我们要进一步追问，失去自尊是否失德？我们知道烈士们为了某个理想而放弃人身自由，沦为"蒙羞"的囚徒，有的时候甚至被迫放弃生存的权利，即使因此而遭到鄙视和讪笑仍然在所不计。他们可以说是几乎失去了一切，就是没有失去自尊，因为他们通过坚持理想而维护了自尊，所以他们不是失德之人。反过来说，有些人为了求生，为了脱离失去自由的日子，更是为了财产的事，便心甘情愿地进行不计条件的交易，近乎不知羞耻，终至损害了自尊，他们能不失德吗？在罗尔斯看来，这些人其实没有什么非分之想，他们所渴求的无非是生存权、自由权和财产权；这些都是他们应得的权利；如果统治者奉行公义原则，让这些人得到保护，他们的自尊便不会受损，自然不会因为没有照顾好自尊而失德。按照罗尔斯的想法，这里所说的失德之事，责任不在受害者，而是在统治者。由此可见，罗尔斯所阐明的公义与自由的关系，无助于说明没有自由的人因为没有珍惜自尊而失德的情况。须知道没有自由的人并不是没有道德责任，烈士们失去自由，但心存公义，并为此付出一己之一切。只要我们不从自由出发，直接根据自尊与公义之间的关系来考虑一个人的道德责任，便会明白烈士为何殉道。其实，一个人实在不应该妄想他有那么一个不用负上道德责任的时刻，有那么一个不用负上道德责任的处境，因为这样的时空没有道德秩序可言，行为因此缺少了指引，而行为者也就形同于行尸走肉，谈不上有什么价值，这是契约论者所不应忽视的。谈论至此，我们大可总结一下讨论契约论所带来的收获，那就是认识到"人在道德责任在"的道理；也就是说，政府维护公民的尊严，代替不了个人维护自尊的道德责任，我们没有"道德假期"。明白这一点，才有可能正确地认识人的德性是什么。契约论没有把握好道德责任这个概念，寻找人的德性难竟其功！

四、结论：人的德性

罗尔斯的正义论之所以遭到质疑，原因不在于他所提倡的公义原则可能有什么偏差，也不在于他所认定的统治德性可能不够完美，而在于他所阐述的道德秩序没有帮助人们认识到道德责任之于行为者是如影随形，每个人都没有免于承担道德责任的时刻和处境，他所要承担的若不是这个道德责任，便是那个道德责任；总而言之，他必有责任，而且没有转嫁责任的可能。一个人如果没有正确地认识这个情况，便会不期然地把自由受损的责任推给统治者，却难以充分地意识到他即使不自由，仍有责任维护自尊，以免失德。看来，罗尔斯通过自由与公义的错综关系来寻找德性，结果因为忽略了自尊在这样的关系中所起的作用而造成了认识上的偏差，不能正确地说明人必须为了道德责任存有至死而后已的决心,也就说明不了人的德性在乎这份永恒的决心。无论是治人者,还是治于人者,无此决心便容易失德。有鉴于此,我们有理由相信人的德性在于永不言休的道德承担!

Searching for the Virtue by Uncovering
the Relation between Freedom and Justice

ZHOU Baiqiao

【**Abstract**】 In this article, compatibilism is drawn to demonstrate the essential role that the concept of responsibility has played in the explication of the concept of virtue. The demonstration is followed by the criticisms of Locke's social contract theory and Rawls's theory of justice for their improper use of the key concept of moral responsibility in facilitating the same explication, due to their defective understanding of the concept in question. It is pointed out that Locke is wrong to spare ordinary citizens from the responsibility of defending justice whereas Rawls is even more wrong to spare them from one more responsibility, namely, the defense of freedom. Both theorists did not get it right in allocating moral responsibilities because they did not appreciate the essential role of self esteem in formulating one's moral order. People who are serious about their self-esteem would not let others take care of it on their behalf even for a short while. In fact, no one is in the position to defend someone else's self-esteem. And whoever fails to address personally the issues of justice and freedom would find his self-esteem threatened. What we mean by being virtuous is about the virtuous practice of a person who has balanced cares of all individual virtues within a moral order. Such a virtuous practice is about a kind of moral responsibilities committed by him in his whole life. In other words, a life-long commitment to virtuous practice is all that matters to the characterization of virtue.

【**Keywords**】 Compatibilism, Social Contract Theory, Theory of Justice, Free Will, Determinism, Justice, Moral Responsibility, Freedom, Self-dignity

巨人之暗

——马丁·路德对犹太人的态度及立场分析

罗衡林①

【摘要】马丁·路德对犹太人的态度及立场经历了矛盾、反复的变化,由传统中世纪偏见和宗教意义上的反犹转变为将犹太人当作基督近亲的亲犹,再由亲犹转变为极端仇犹,其背后有着深刻的社会历史原因和路德个人的思想发展轨迹。路德首先是一个宗教改革家,而并非一个反犹主义者。

【关键词】马丁·路德,犹太人,态度,立场,分析

马丁·路德是德国历史上的一位重要人物,对现代世界的影响非常深远。1517 年 10 月 31 日,他在维登堡教堂的门上贴出了《95 条论纲》②,由此掀起了欧洲的宗教改革运动。但是他的影响绝不仅限于宗教方面,无产阶级革命的导师恩格斯就对他评价很高,称马丁·路德是文艺复兴和宗教改革时代的巨人,将他发起的宗教改革运动称为"第一次资产阶级革命"③。其实,马丁·路德是个比较复杂的人物,由于他对某些问题的态度和立场从一个极端走向另一个极端,因此,在许多学者的笔下,他经常被用一些矛盾的措辞来形容。他既是伟大的宗教改革家,又是政治上的保守者;他既是宗教自由的拥护者,又是德国威权主义的推动者;既是中世纪的终结者,又是现代世界的开启人。

马丁·路德对犹太人的态度及立场就出现了矛盾、反复的变化,笔者曾在《马丁·路德与犹太人》这篇文章里称之为"急转弯式的变化"④。马丁·路德并非一个始终如一的反犹主义者,他对犹太人的态度、立场变化经历了由反犹到亲犹,又由亲犹到仇犹的过程。具体而言,1517 年前,路德是反犹的态度;1517—1524 年,路德是亲犹的立场;1524—1534 年,路德对犹太人的态度和立场处于转变的过程之中;1534 年后,路德持激烈反犹的立场。当然,我们不能孤立地看待路德对犹太人态度立场的复杂变化,而要看到其背后有着

---

① 罗衡林,湖南师范大学历史文化学院教授、博导,研究方向为德国史、宗教文化史。
② 《95 条论纲》,正式名称是《关于赎罪券的意义及效果的见解》(Disputatio pro declaratione Virtutis indulgentiarum)。
③ 马克思,恩格斯:《马克思恩格斯全集:第 21 卷》,中共中央马克思恩格斯列宁斯大林著作编译局译,北京:人民出版社,1965 年,第 459 页。
④ 罗衡林:《马丁·路德与犹太人问题》,《世界历史》,2003 年第 3 期。

更为深刻的社会历史原因和其个人的思想发展轨迹。

一、路德的反犹态度（1517年前）

大致在1517年欧洲宗教改革之前，路德基本上持反犹的态度和立场。

首先来看1513—1515年路德主讲《旧约·诗篇》时的言论。面对前来听课的基督徒，他这样讲道："犹太人是被上帝抛弃了的人，他们必须在上帝的愤慨中忍受苦难……上帝愤慨的标志就是：犹太教堂被摧毁，犹太人四处流浪并散布于世界各国，以及他们对即将到来的弥赛亚徒劳的希望。可惜这种惩罚并没有使犹太人变得更好……现在他们又证明了自己是基督徒真正的敌人。"①在这里，他把犹太人称作基督徒的敌人，而且理应被上帝抛弃和惩罚。

这是源于中世纪欧洲人对犹太人的传统偏见。自犹太人流落到欧洲以来，他们不能购置土地，不能作为手工业者加入行会，只能在旧货买卖、货币兑换、典当物品、贷款交易、牲畜贸易、粮食贸易、乡村手工业产品销售等行业中艰难谋生。在神圣罗马帝国早期，皇帝为了税收考虑，允许犹太人为借出的资本收取更高的利息。也有一些神学家从理论上论证了出资人收取5%利息的正当性。可是在经济不景气时，小农、手工业者就更困苦，偿还贷款就更困难。所以在这种情况出现时，行会理事会就会将犹太人作为"替罪羊"，往往采取极端措施驱逐犹太人。而此时皇权也恰好衰落了，犹太人得不到皇权的庇护了，他们在欧洲的处境更加艰难。马丁·路德的上述言论就是基于这样的背景。

此外，路德还说，"犹太教法典对《旧约全书》的解释充满了谎言和歪曲，它恶意地曲解了先知们对基督的见证，嘲笑和诽谤了基督教会的信仰"。② 路德之所以这样说，这与基督教传统教义有关，也即他是出于传统的宗教的原因而对犹太人采取了反对的立场。他指出犹太教法典对圣经《旧约全书》的歪曲，以及对基督教的诽谤。

其次，在1514年多米尼克教派修士约翰内斯·普费福尔科恩（Johannes Pfefferkorn）和人文主义者约翰内斯·罗伊希林（Johannes Reuchlin）之间的争端中，可以看出路德对犹太人的态度及立场。在这两人的争端中，路德是站在罗伊希林一边，反对焚烧犹太人书籍的。普费福尔科恩是位皈依了基督教的犹太人，他从皇帝马克西米里安一世那里得到了收缴《旧约圣经》的犹太注释文本并进行销毁的权力，从而获得了整个多米尼

---

① 马丁·路德：《旧约诗篇讲座》（Martin Luther, *Dictata super Psalterium*），见《马丁·路德全集》（Martin Luther, *Werke*），第3卷，魏玛1883年版，第264页。

② 同上书，第433页。

克教派的支持。罗伊希林对此表示反对,他说犹太人也是"神圣罗马帝国的成员和帝国的自由市民"①,他们可以自由表达自己的观点,他们的书籍是应该保留的,当时绝大多数德意志人文主义者都支持这位德意志最著名的希伯来语学者。但是,路德支持罗伊希林绝不是出于人文主义的动机,因为他声称:"与犹太人作斗争毫无意义,他们是一群无可救药的人,不可能皈依基督教。如果人们试图通过没收他们宗教作品的方式来扫除他们对基督教真理的亵渎的话,那么他们还会找到另外的方式来嘲笑上帝和耶稣基督的。先知们对此早就作过预言,人们不应该与这种说谎者去谈论上帝。"②显然,路德认为焚烧犹太人书籍并不能阻止犹太人对基督教的亵渎,犹太人已经无可救药了,没有必要再理会他们。此时路德仍然是出于传统的宗教的原因来反犹的。

再次,这个阶段路德的反犹情感不太激烈,认为虚假的基督徒并不比犹太人更好。1515—1516 年,他在维登堡大学开办"罗马人书信讲座",在批评基督徒的自我满足时,他说:"这种人只见别人眼中刺,不见自己眼中梁。被十字架上的耶稣鄙弃的所有自负者都是异教徒,都是上帝的敌人,而不仅仅是犹太人和土耳其人。"③在这里,他批评了骄傲自满、自以为是的基督徒,认为这些自负的基督徒也是上帝的敌人。路德的"罗马人书信讲座"还算不上是激烈的仇犹文献,因为他甚至通过引证老的教会例子,要求给予犹太人宗教信仰自由的权利,最终让他们自己通过思考比较来认识其宗教仪式的无用性。他还根据《罗马人书信》的第 11 章第 17 节强调指出:"犹太人不仅是神圣的教会橄榄树之根,而且是被折断的一个旁枝,异教徒野蛮的'嫩枝'就嫁接其上。"④这段话说明了犹太教是基督教的母教的道理,同时又指出犹太教偏离了上帝的方向,成了异教。路德此时并不想加深犹太人与基督徒之间的鸿沟,仅仅将犹太人与虚假的基督徒相提并论。

总而言之,在 1517 年前,路德的反犹不仅是出于中世纪欧洲反犹的传统偏见以及宗教上的原因,而且他也用他自己的辩解理论来与犹太人作斗争。

二、路德对犹太人的友好态度(1517—1524 年)

1517—1524 年间,随着路德宗教改革事业的推进,他对犹太人的态度明显变得友好起来。在这段时间,路德反对神圣罗马帝国政府干涉民众的信仰,其中当然就包括犹太人

① [英]塞西尔·罗斯:《简明犹太民族史》,黄福武,王丽丽等译,济南:山东大学出版社,1997 年,第 313 页。
② 马丁·路德:《马丁·路德全集·书信集》(Martin Luther, *Werke. Brief I*),第 1 卷,魏玛 1883 年版,第 23 页。
③ 马丁·路德:《罗马人书信讲座》(Martin Luther, *Vorlesungen über den Römerbrief*),见《马丁·路德全集》(*Martin Luther, Werke*),第 56 卷,魏玛 1883 年版,第 436 页。
④ 同上书,第 495 页。

的信仰。他甚至认为,尽管犹太人顽固地弃绝耶稣基督,但是当代的犹太人不能因他们祖先的罪而受到指责,而且犹太人是因罗马天主教会的腐败而弃绝基督教的,所以是情有可原的。他说:"我若是犹太人,若要我投靠教皇,我宁愿受十次拷问台的苦。"因为"拥护教皇的人是那样贬低自己的身份,以致一个好基督徒会宁愿做犹太人亦不愿做他们中的一员,一个犹太人会宁愿做母猪亦不愿做基督徒"。① 可见,他对犹太人的态度发生转变,是与他反罗马天主教会的宗教改革事业联系在一起的。

他还说:"我们压制犹太人,诋毁他们,憎恶他们如狗一般,我们这样对他们有什么好处呢? 我们拒绝给他们工作,逼他们要放高利贷,那有什么用呢? 我们对待犹太人,不应当用教皇的做法,而应当用基督的爱的做法。即使他们中有顽固的人,但那又有什么关系呢? 我们并非都是好基督徒啊。"②在这段话中,他为犹太人放高利贷进行了辩护,认为犹太人之所以成为放高利贷者,恰恰是天主教会和基督徒们促成的。

1519 年 7 月莱比锡辩论之后,路德与罗马教廷彻底决裂。1520 年,他写了几篇改革名著:《论善功》《罗马教皇权》《致德意志基督教贵族书》《教会的巴比伦之囚》《论基督徒的自由》,提出了"唯信称义""平信徒皆祭司"的观点,在民众中影响更大。这时他自信借着消除教皇制的弊端,自己的改革会促成犹太人改邪归正。他说,倘若那本基督教的《福音书》以其原始的样子摆在犹太人面前的话,那么犹太人一定会改变对基督教的看法的;他希望他的传教活动能够产生效果,使犹太人皈依到真正的信仰上来。③ 由于路德新教特别强调《圣经》的作用,因此某些宗教改革家也拜倒在一些著名犹太拉比的脚下研习希伯来文,以便能更准确地理解圣经原文。

最能体现马丁·路德明确的亲犹信息的一篇文章是《耶稣基督是一位天生的犹太人》④,这是他 1523 年为"基督徒的良心自由"而写下的,此时正是他和罗马天主教会的斗争最激烈的时候。撰写这篇文章的动机一是为了反驳费迪南德大公在纽伦堡城市治理中对新教进行的诽谤,二是他还想证明"犹太人也许想皈依基督教信仰"。因此他呼吁福音基督教界"向犹太人传教",并主张"基督教传教士对犹太人的态度应发生变化,以便使他

① [美]罗伦·培登:《这是我的立场——改教先导马丁·路德传记》,陆中石,古乐人译,南京:译林出版社,1993 年,第 357 页。
② 同上书,第 357 页。
③ [英]塞西尔·罗斯:《简明犹太民族史》,黄福武,王丽丽等译,济南:山东大学出版社,1997 年,第 314 页。
④ 马丁·路德:《耶稣基督是一个天生的犹太人》(*Daß Jesus Christus ein geborner Jude sei*),见《马丁·路德全集》(Martin Luther, *Werke*),第 11 卷,魏玛 1883 年版,第 314 页。

们的布道值得犹太人信任。"①

正是在这篇文章中,路德对犹太人表达了罕见的友好态度。他写道:"我们那些笨蛋,教皇、主教、诡辩家和修道士,迄今为止还在对付犹太人……如果我是一个犹太人,并看到这些笨蛋和粗鲁的人在操纵和讲授基督教的话,那么我宁愿变成一头猪,也不愿成为一名基督徒。因为他们是把犹太人当作狗,而不是作为人来对待的。"②他还以基督教的博爱精神向所有基督徒发出呼吁:"如果我们以人类兄弟的情谊来对待犹太人,并向他们友好而耐心地讲述基督教信仰的话,那么他们中的许多人就会成为真正的基督徒,并再度加入到他们的堂兄弟、先知和教祖的信仰者行列中来的。"③

路德在这篇文章中还高度评价了犹太人对基督教创始上的贡献:"最初的传道者是犹太人,如果他们对待异教徒如同我们对待犹太人的话,那么在异教徒中就根本不会有基督徒存在了……"④他接着说:"我们这些基督徒根本没有理由凌驾于犹太人之上。我们从来源上讲是异教徒,而犹太人从血统上讲则是基督直系。我们是姻亲和外地人,而犹太人则是近亲,是主人的堂兄弟和兄弟。没有任何一个民族像犹太人那样曾被上帝给予过那样大的荣誉。没有任何一位基督教的创始人、先知、使徒出身于异教徒的行列。他们都来自犹太民族。"⑤

为了与犹太人再度对话,路德还在该文中建议采取一项教育措施:"在这项使命之初,人们可以不要求他们承认耶稣基督,而仅仅要求他们将耶稣这个人作为他们真正的弥赛亚⑥来接受。任何暴力的使用都必须随着他们的皈依而停止。基督徒应停止把犹太人作为狗对待,停止对他们无意义的诽谤。最后,人们应停止对他们的社会歧视,并允许他们与基督徒一样从事所有的职业,使他们不再被迫去继续经营肮脏的高利贷。"最后,他还提出这样的疑问:"难道一切都是天生的吗? 连我们自己也并非尽善尽美的基督徒。"在这里,路德不再谈论犹太民族普遍的顽固不化和不可救药了。

在路德所有关于犹太人的文章中,再也找不到比这篇文章更具亲犹色彩的了,它所表

---

① 马丁·路德:《耶稣基督是一个天生的犹太人》(*Daß Jesus Christus ein geborner Jude sei*),见《马丁·路德全集》(Martin Luther, *Werke*),第 11 卷,魏玛 1883 年版,第 314 页。

② 同上书,第 314—315 页。

③ 同上书,第 315 页。

④ 同上书,也参见 Robert Wistrich, *Anti-semitism*:*The Longest Hatred*, New York:Schocken, 1994, p.39。

⑤ 同上书,第 315 页。

⑥ "弥赛亚",指神的儿子,有三重含义。一是他会将犹太民族从异族的压迫下解放出来;二是他会承担起全民族的罪孽,甚至会牺牲自己的性命让犹太民族获得赦免;三是弥赛亚在创世纪之前就存在了,他是天使般的、超自然的人物,他不是人间的弥赛亚,而是来自天生的弥赛亚。

达的思想也立即被广泛传播,并在 1523 年发表的当年被多次再版。1524 年后,著名神学家尤斯图斯·约纳斯(Justus Jonas)和约翰·洛尼塞(Johann Lonicer)还分别在维登堡和斯特拉斯堡将该文翻译成了拉丁文。正是通过这篇文章,路德向整个基督教界展示了对犹太人的友好态度,也表明他本人并非是一位始终如一的反犹主义者。由此可见,路德亲犹的动机是为了在犹太人中间传播福音新教。事实上,德意志犹太人中对路德的宗教改革持欢迎态度的人也是逐渐增多。可是随着路德在犹太人中传教希望的破灭,他对犹太人的态度发生了转变。

三、路德对犹太人态度及立场的转变(1524—1534 年)

1524—1534 年这段时间,路德对犹太人的态度处于转变的过程之中。促使路德转变态度的原因有二:一是路德在犹太人中传播福音新教的希望破灭,二是犹太人开始与路德的对手站在一起。

首先来看路德在犹太人中传播新教的失败。由于犹太人在西班牙和葡萄牙遭受到严重的迫害,他们被劫掠和屠杀,犹太社区被摧毁,犹太圣堂变成了基督教堂,某些地方的犹太社区居民为了避免死亡的命运,被迫加入基督教。这些西班牙的新基督徒被当地普通市民称为"马兰诺"(Marrannos)[①],葡萄牙改信了的新基督徒也有与"马兰诺"类似的称呼。这些受迫害的犹太人对弥赛亚出现的希望上升了,并希望这位弥赛亚重建他们在尘世中的帝国。这种想法很快成了欧洲犹太人的共同心愿。

由于 1527 年发生了神圣罗马帝国对罗马城劫掠的事件[②],著名的犹太教经师伊萨斯·阿伯拉瓦内尔(Isaac Abravanel)推算出"弥赛亚——国王"将会在 1532 年来临。他这是将罗马城劫掠事件与 1453 年君士坦丁堡的陷落相提并论,并将这一事件看作"基督教末日"到来的确切标志,它最终将会带来犹太人的解放。这种明确的、鲜活的弥赛亚希望自然使犹太人对基督教的传教声充耳不闻,因而归信福音新教的犹太人很少,而且即使是归信者,他们的信心也不坚定。

此外,犹太人看到宗教改革导致了整个基督教阵营的分裂,引起西方基督教国家的衰落,这反过来使犹太人坚信自己信仰的犹太教才是最正确的。当路德努力想劝一些拉比改信福音新教时,这些人却都反过来要说服路德改信犹太教。甚至有谣传,说有个犹太人

---

① "马兰诺",原意是"猪猡",后来指名义上改信基督教,而暗地里仍信仰犹太教的人。
② 罗马城的劫掠,指 1527 年 5 月德意志神圣罗马帝国军队攻陷罗马,囚禁教皇克雷芒七世于圣安吉洛城堡,罗马城也横遭蹂躏。

已被拥护教皇的人收买,准备去谋杀路德,但路德对此并不完全相信。后来有传言说,在莫拉维亚(Moravia)的基督徒已被引诱走向犹太化,这自然使路德异常恼怒。

其次,犹太人与路德的对手勾勾搭搭。卡尔施塔特开始是追随路德的,可是在路德隐居瓦特堡时,他在维登堡推行激进的宗教改革措施,反对在公共崇拜时使用圣像、风琴及格里高利圣咏,反对婴儿受洗,禁止秘密忏悔和各种斋戒,教堂里禁用圣像,解散了当地各古老的宗教团体,没收其教产,一律用德语做礼拜,在维登堡造成了混乱局面。1522 年 3 月路德回来后才控制了局势,指出这些改革以后会逐步实现,但是当时火候未到,不能一步到位。由此,路德与卡尔施塔特决裂。卡尔施塔特离开维登堡后强调要重视老犹太律法(摩西律法),该法禁止圣像崇拜,而且抬高了《旧约全书》的价值,这与路德宗教改革中的革新目标格格不入。

此外,在犹太人与基督教施洗者之间还存在着某些重要而具体的联系。这些施洗者认为,人在婴儿时的洗礼没什么用处,所以要在成人后重新进行洗礼。因而这些施洗者又被称为"再洗礼派"。1532 年,路德从法克瑙公爵沃尔夫 · 施利克(Wolf Schlick)那里得知,迈伦的基督教施洗者集团施行割礼,并用犹太教的安息日来替代基督教的礼拜天。在阿尔萨斯,某些犹太人对施洗者领导人梅尔希奥 · 霍夫曼(Melchior Hoffman)的世界末日期待很感兴趣。而在维登堡,犹太人是属于"施洗者国王奥古斯丁 · 巴德尔(Augustin Bader)"的随从之列的。1534 年,基督教施洗者们在敏斯特建立了一个尘世上的弥赛亚帝国,它模仿古代以色列的神权机构,建立了组织形式,设立了神圣的国王和先知职位。贝尔恩德 · 罗特曼(Bernd Rothmann)是敏斯特弥赛亚帝国的理论家,他大量引证《旧约全书》中众神之战的观点,并拟定了该神权国家的纲领。上述施洗者受到犹太教影响,犹太人也追随施洗者的种种表现使路德怒不可遏,也自然导致他由亲犹迅速转向坚定地反犹。

四、路德的极端仇犹立场(1534 年以后)

1534 年以后,路德对犹太人又持厌恶的态度,而且此后一直都是坚持其激烈的极端仇犹立场,再也没有多大的改变了。

1536 年,萨克森选侯颁布了犹太人过境禁令。1537 年,约瑟 · 冯 · 罗斯海姆和沃尔夫冈 · 卡皮托请求路德去找萨克森选侯说情,希望能够解除该项禁令。可是,路德不仅断然拒绝,而且在萨克森选侯那里,他还特别指出犹太教在迈伦的施洗者中传播的恶果。

随后几年间,路德陆陆续续地写下了好几篇著名的反犹文章,包括 1538 年的《反对安息日,致一位好朋友》①,1543 年的三篇论文《犹太人与他们的谎言》《不可言说的名字与耶稣的世代》《大卫王最后的名言》②。其中,最能体现其反犹言论的是《反对安息日,致一位好朋友》和《犹太人与他们的谎言》这两篇文章。

《反对安息日,致一位好朋友》主要揭露了迈伦的犹太人和施洗者的别有用心,指出这些犹太人的目的就是竭力劝诱他人改变宗教信仰;迈伦的基督教施洗者接受犹太律法、施行割礼、庆祝安息日,是非常错误的行为。在这篇文章中,路德竭力论证犹太人论调的荒唐透顶,认为犹太人寄予厚望的弥赛亚是永远不会到来的,而且摩西律法也不是永远有效的。在路德看来,历史充分证明了犹太人是被上帝诅咒的民族:"在 1500 年前,自耶路撒冷被毁灭以来,犹太人就生活在痛苦之中了。他们没有自己的国家,没有僧侣精神,没有庙堂,从根本上讲,没有一片自己的土地,也不能保持他们所赞美的摩西律法。所有的一切都被毁灭了,所有的一切都变成了废墟。没有任何一个异教的民族在历史上被上帝折磨得如此长久,遭到如此可怕的追捕的。自耶路撒冷被毁灭以来,犹太人就不再拥有先知了,上帝也不再与他们对话了。在这种痛苦之中,就连苍蝇也不再扑打翅膀发出嘶嘶声对他们表示安慰了。"③

在《犹太人与他们的谎言》一文中,路德又回到"犹太人是不可救药和顽固不化的"老论调上,斥责犹太人的忘恩负义,他说:"我再也不与他们打交道了。正如圣·保罗(S. Paulus)所言,'他们呕出的是愤恨,人们给他们的帮助越多,他们就越是变得忘恩负义',让他们滚蛋吧!"④"如果你试图向他们传播福音新教,那么就如同你在对一个笨蛋谈话一样。"⑤

在该文的第一部分,路德再度重复他在《反对安息日,致一位好朋友》一文中对犹太人光荣功绩的驳斥,这些光荣功绩主要指亚伯拉罕的出身、割礼、摩西立法以及卡拉安的地产占有等,但驳斥的主要焦点则集中在犹太人对弥赛亚的期盼上。

在这场与犹太人弥赛亚观念的争端中,那种特有的、反犹太教信仰的宗教改革理由清

---

① 马丁·路德:《反对安息日,致一位好朋友》(*Wider die Sabbather an einen guten Freund*),见《马丁·路德全集》(*Werke*),第 50 卷,魏玛 1883 年版,第 314 - 336 页。

② 马丁·路德:《犹太人与他们的谎言》(*Von den Juden und ihren Lügen*),见《马丁·路德全集》,第 53 卷,第 417 - 552 页;马丁·路德:《不可言说的名字与耶稣的世代》(*Vom Schem Hamphoras und vom Geschlecht Christi*),见《马丁·路德全集》,第 53 卷,第 579 - 648 页。马丁·路德:《大卫王最后的名言》(*Von den Letzten Worten Davids*),见《马丁·路德全集》,第 54 卷,第 28 - 100 页。

③ 马丁·路德:《反对安息日,致一位好朋友》,见《马丁·路德全集》,第 50 卷,第 336 页。

④ 马丁·路德:《犹太人与他们的谎言》,见《马丁·路德全集》,第 53 卷,第 462 页。

⑤ 同上书,第 444 页。

楚地显露出来。在路德看来,真正的弥赛亚,这个世界的弥赛亚显现在耶稣基督身上,他不是复仇者,不是像那位犹太教的伪弥赛亚巴尔·科赫巴(Bar Kochba)①那样的法律制定者,而是忍受着苦难的上帝奴仆,他为人类的罪行献出了他的生命。"如果上帝只想给我一个犹太人所乞求和希望的弥赛亚的话,那么,我倒宁愿要一个笨蛋,因为他毕竟还是个人。对此,我将向你述说充分的理由。犹太人不再乞求他们的弥赛亚,因为他们要的是一个科赫巴和一个世俗君主,这个科赫巴,他杀死了我们的基督,他把世界各地分配给犹太人,让他们成为世界的统治者。"②他还愤慨地写道:"尽管犹太人明显地处于上帝的惩罚之下,但他们仍然不为所动,继续亵渎基督教的信仰,他们将圣母玛丽娅骂为婊子,将基督耶稣骂为婊子养的和一个被绞死的罪犯。"③

路德在 1543 的文章中才出现了反犹的经济动机。在他 1519 年、1524 年所写的反高利贷的文章《长话短话高利贷》和《买卖行为与高利贷》中,路德并没有对犹太人收取利息的做法表示特别的愤慨,而是首先反对基督徒中的高利贷者,反对垄断公司,反对富格尔(Fugger)和维尔塞(Welsey)家族。而在这篇《犹太人与他们的谎言》的文章中,他却抓住仇犹的这个普遍动机不放,并极力强调"金融犹太人"的丑恶形象:"这些异教徒的金银臭不可闻,普天下没有哪个民族会比犹太民族更加吝啬的了,他们过去是,现在也是,将来还将永远是该诅咒的高利贷盘剥者。"④他继续指责道:"是的,他们将我们基督徒囚禁在我们自己的土地上,他们让我们汗流浃背地劳作,他们却获取金钱和好处;他们坐在火炉后面享受清福,无所事事,奢侈贪婪,狼吞虎咽,酗酒作乐,轻松生活;他们的幸福是由于我们的奉献才获得的,而他们却通过该诅咒的高利贷俘获了我们的善良;他们成了我们的主人,而我们倒成了他们的奴仆。当局绝不能允许基督徒被犹太人这个暗藏的主人盘剥和奴役!"⑤

这段话描述了一幅犹太人享受财富和权力的画面,它是与路德曾描述过的犹太人受到上帝惩罚所遭到的苦难相矛盾的。当路德讲述着这些老生常谈式的诽谤之词时,他似乎忘记了他自己曾经在 1523 年是反对进行这种诽谤的。而现在,这种诽谤在他的笔下几乎达到了无以复加的地步,正是在这种诽谤中,对犹太人的恐惧感被他迅速提升起来:"在

① 巴尔·科赫巴,罗马帝国境内犹太人发起的大规模叛乱的领导者,曾建立一个以色列国,并维持两年之久(133—135 年)。
② 马丁·路德:《犹太人与他们的谎言》,见《马丁·路德全集》,第 53 卷,第 542 页。
③ 同上书,第 514 页。
④ 同上书,第 477 页。
⑤ 同上书,第 521 页。

历史上,人们常常判定犹太人有罪,他们往井里投毒,偷走孩子,坏事做绝,丧尽天良。他们对此可能会加以否认,但我知道得很清楚,他们所做的这些事情都是存在的、不可掩饰的,无论何时何地,只要他们能做这些坏事,他们就会隐蔽地或是公开地做出来。"①这也就是说,即使人们没有证据来指证犹太人犯有这些罪行(指犹太人往井里投毒、偷走孩子之类),但也仍可以放心大胆地将这些罪行归于他们的名下。因为此时在路德看来,"如果他们能够的话,那他们是会将我们全部杀死的"。② 连那种关于犹太医生秘密地、慢慢地毒死病人的传说,也在路德的脑海里浮现出来。

总之,在路德的笔下,除魔鬼之外,基督没有比犹太人更恶毒、更残酷的敌人了,甚至,犹太人就是魔鬼:"如果你见到一个犹太人,那你不用想别的,因为你见到了一个带毒的蛇妖,尽管他也长着一张人脸,但他能毒杀人。"③"无论在哪里,当你见到一个真正的犹太人时,你必须清楚,你是见到了一个十字架,而且你自然能说:那里走着一个活生生的魔鬼。"④

在《犹太人与他们的谎言》的第二部分,路德向世俗当局提出了对付犹太人的七条恐怖性建议。"第一,人们应该用火焚烧犹太人的教堂和学校,烧得一点不剩,让人们永远也看不到石头与瓦砾……第二,人们应该捣毁犹太人的房屋……让他们住在屋檐下或猪圈里,像对待吉普赛人那样,让他们知道,他们不是我们这片土地上的主人。第三,人们应该没收所有犹太人的祈祷书和犹太教法典,因为那里面讲的是偶像崇拜、谎言、咒骂和亵渎。第四,人们应该用肉体和生命来禁止每一位犹太教经师继续授课。第五,人们应该完全取消对犹太人的护送并禁止他们上街。第六,人们应该禁止犹太人放高利贷,没收犹太人所有的现金和金银珠宝。第七,人们应该将连枷、斧头、双齿耙、铁锹、手工纺纱杆和纺纱锤交到那些年轻力壮的犹太男女手上,让他们用自己湿润的汗水挣饭吃。"⑤"我估计犹太人是不会满足于这种奴隶般的存在的,因此,必须以西班牙和法国为榜样,将他们逐出这片土地。"⑥

在这七条建议中,尽管路德没有呼吁屠杀犹太人,但是他已经呼吁要对犹太人进行残酷的压迫,禁止他们放高利贷,强迫他们种地为生,焚毁犹太会堂,没收犹太书籍,包括圣

① 马丁·路德:《犹太人与他们的谎言》,见《马丁·路德全集》,第53卷,第482页。
② 马丁·路德:《在艾斯莱本最后的布道》(In Letzten Eislebener Predigt),见《马丁·路德全集》(Werke),第51卷,魏玛1883年版,第195页。
③ 马丁·路德:《犹太人与他们的谎言》,见《马丁·路德全集》,第53卷,第446页。
④ 同上书,第479页。
⑤ 同上书,第523-526页。
⑥ 同上书,第526页。

经,并将其驱逐出境。这与后来的纳粹政权下达的处置犹太人的指令极为相似。尽管路德与希特勒两人身处不同的时空,但是他们对犹太人的憎恨却是如出一辙。路德在这种极度狂怒状态下所爆发出来的恶毒话语,似乎证明了:"德国第一位伟大的民族预言家、德语的锻造者……给犹太人这个词赋予了带有绝对侮辱性质的、恶毒的意义。"①但是,路德的反犹思想与现代反犹主义之间存在着明显的区别,那就是:路德是从新教神学的观念出发来反犹的,而现代反犹主义者是从种族生物学的立场出发来反犹的。

结语

综上所述,马丁·路德对犹太人的态度及立场之所以几经反复、几经变化,是由他所处的社会历史环境和他发起的宗教改革运动的具体局势所决定的,从中也可以窥探出路德个人的思想发展轨迹。1517 年宗教改革以前,在欧洲各国迫害和驱逐犹太人的大背景之下,他对犹太人的态度没有超出传统中世纪的偏见,基本上是反犹的立场,但是不太激烈。1517—1524 年,他对犹太人的态度比较友好,尤其是在他宗教改革活动的影响力达到最高峰的 1523 年。由于他希望在整个世界发展他的宗教改革事业,希望连同犹太人在内的所有人都能信仰福音新教,因而他发表了极为罕见的亲犹言论,这时他是坚决反对迫害犹太人的。1524—1534 年间,随着路德在犹太人中传播福音新教的希望日趋破灭,以及犹太人开始与路德的对手站在一起,他对犹太人的态度逐渐由亲犹向仇犹转变。1534 年以后,由于路德发起的宗教改革运动不仅导致了整个基督教阵营的分裂,而且在他看来已出现了一种犹太教"复苏"的可能性时,他便开始了偏执狂式的仇犹,甚至在 1543 年的《犹太人与他们的谎言》一文中,提出了残酷迫害犹太人的种种建议。

马丁·路德对犹太人的态度、立场变化经历了由反犹到亲犹,又由亲犹到仇犹的过程,如果人们孤立地看待路德对犹太人态度中的这种变化,就会形成一种关于路德的错误概念,仿佛路德仅仅只对犹太人发出了偏执狂式的仇恨。而事实上,路德是一个基督徒而不是种族主义者,而且他首先是一个宗教改革家,而并非首先是一个反犹主义者。只不过在犹太人身上,他看到了除罗马教会和施洗者之外的第三大敌人,也看到了这三大对手的共同之处:他们都拒绝他的辩护理论和两个帝国理论②,都坚持通过一种自由意志和自身善行来达到人的自我辩解的可能性,都想建立一个尘世上的神权国家。面对这三大对手,

① Paul Lawrence Rose, *German Question/Jewish Question*: *Revolutionary Antisemitism from Kant to Wagner*, Princeton, N.J.: Princeton University Press, 1990, p.7.
② 两个帝国:简而言之,一个是世俗帝国,一个是宗教帝国。

路德曾想通过和平劝说的方式来赢得他的胜利,但是当这种希望破灭时,他与这三大对手的关系也就尖锐化了,所以,最终他叫嚷要"把教皇及其追随者钉在绞架上",呼吁新教国家当局要"歼灭施洗者",将那些不愿意皈依福音新教的犹太人驱逐出境。

在早期新教阵营中,路德的仇犹言论无疑是最具代表性的,但绝非只有路德一人在反犹。在犹太人问题上,绝大多数的德意志和瑞士的宗教改革家都追随着路德的观点,也都作出了与他相同的表态。例如,梅兰西顿直到晚年都一直追随路德的反犹观点,还有奥格斯堡宗教改革家乌尔马努斯·雷吉尤斯(Urbanus Rhegius)、斯特拉斯堡宗教改革家马丁·布塞尔(Martin Bucer)、康斯坦茨的宗教改革家阿姆布洛修斯(Ambrosius)和托马斯·布劳勒尔(Thomas Blaurer)都赞成路德的反犹观点,慈温利(Zwingli)、布林格尔(Bullinger)和加尔文(Calvin)在反犹的原则性观点方面也与路德没有区别。

事实上,反犹在当时的基督教世界中是一种极为普遍的现象,其根源能追溯到犹太教与早期基督教之间传统的宗教斗争,只不过在 16 世纪前期的宗教改革时代,由于整个基督教阵营发生了分裂,而犹太教似乎又有"复苏"的迹象,因此,传统宗教上的反犹情绪迅速传导到正在组织起来的新教阵营之中,并以更尖锐的形式表现出来。

路德等人的反犹思想及其建议固然在新教教会的圈子里极有市场,但在当时的德意志还没有变成国家当局的行动,因而也没有产生出直接的实际意义。例如,信奉新教的萨克森选侯就没有听从路德的建议,而是解除了 1536 年颁布的犹太人过境禁令。同样信奉新教的黑森公爵菲利普,在马丁·布塞尔提出"取缔犹太人的现金交易,判决他们去干最沉重、最低贱的、体力上的强制劳动:凿石头和打木桩,烧煤,打扫烟囱和下水道,清除动物腐烂的尸体"①等残忍建议时,也认为这些建议与基督教的博爱义务相矛盾,因而严加拒绝。

尽管路德的这些思想和建议在当时的德意志都没有变成国家行动,但是路德描绘的那种害怕劳动、寄生虫式的、靠投机买卖获取金钱的"金融犹太人"形象,却在以后的数百年间笼罩并毒化了犹太人的生存环境,并参与造就了 19 世纪晚期以来的德意志反犹主义运动。

---

① 恩斯特-威廉·科尔斯:《宗教改革时期黑森的犹太人问题》,达姆施塔特 1973 年版,(Ernst-Wilhelm Kohls, *Die Judenfrage in Hessen während der Reformationszeit*)第 98 页。

The Dark of the Giant: An Analysis of Martin Luther's Attitude and Standpoint Towards the Jews

LUO Henglin

【Abstract】 Martin Luther's attitude and standpoint towards the Jews experienced contradictory and repeated changes, from traditional medieval prejudice and anti-Semitism in religious sense to pro-Semitism regarding the Jews as close relatives of Christ, and then from pro-Semitism to extreme anti-Semitism, which had deep social and historical reasons and Luther' personal thought development track behind them. Luther was above all a religious reformer, not an anti-Semite.

【Keywords】 Martin Luther, Jews, Attitude, Standpoint, Analysis

后习俗视阈下美德伦理的定位及创造性①

——从明智到商谈

刘 科 赵斯琪②

【摘要】 后习俗是伦理规范进化的程度和阶段,这一阶段是以商谈伦理作为主要手段辩证地重构道德的规范性结构。这项工作中,美德是以何种形态存在于商谈伦理中的?美德伦理学的发展历程印证了后习俗社会阶段性进化的轨迹;在对道德世界的剖析过程中,美德伦理不断被人们关注,而美德也至少在两个层面上被需求;通过阐明美德伦理与正确行动的关系,可以看到美德伦理虽然独具优势但也存在根本性解释困难。美德伦理虽然是后习俗伦理规范建构的补充,但是何种补充仍可细分。本文从明智到商谈的过程呈现了美德伦理在后习俗层面的动态实践形式,它对伦理规范朝向未来的意义做出了创造性的诠释。

【关键词】 后习俗,美德伦理,明智,商谈

一、问题的提出

随着宗教——形而上学的世界在当代西方社会的逐渐祛魅,社会习俗形态进入了后习俗时期,它表现为在多元价值的撕裂与冲撞之下,伦理规则为道德行动提供指南的神圣性和普遍性丧失了根本的价值依据,人们开始重新关注伦理规范建构的可能性并证成其合法性。

后习俗的说法源于美国心理学家和教育家劳伦斯·科尔伯格(Lawrence Kohlberg)提出的道德意识的几种发展阶段。而后由哈贝马斯(Jürgen Habermas)和阿佩尔(Karl-Otto Apel)将后习俗概念引入规范伦理学,从而提出后习俗责任伦理的构想。后习俗的视阈下,道德主体不断自我突破并通过商议和对话达成新的共识,同时在认可普遍道德原则的情形下,美德伦理也以各种形态嵌入进来。一直以来,美德伦理以何种形态与规范伦理共存乃是一般意义上的伦理学讨论。然而在后习俗形态下,美德伦理将怎样被理解,是否更

---

① 本文为国家社会科学基金后期资助项目"当代能力理论研究"(项目编号:20FZXB052)研究成果。
② 作者简介:刘科,上海理工大学马克思主义学院教授。赵斯琪,上海理工大学马克思主义学院硕士研究生。

有可能形成与规范伦理的互文性,则是我们讨论的问题。后习俗伦理的确标识着一种道德意识的推进,那么美德伦理是否能够为道德意识的再完善提供更多的空间与合理形态?

谈到后习俗的研究,关注点显然聚焦于阿佩尔、哈贝马斯的规范性论证以及共同体的建构等问题。比如考察从交往共同体到法律共同体的演变①;对从语用学和普遍性论证的系统梳理考察后习俗责任伦理中商谈和对话的思想基础②;后习俗背景下以学习机制到道德商谈的道德规范的有效性证成;③也有从政治哲学视角通过讨论主体的相互性特征考察共同体的规范性原则。④ 而本文以后习俗中的规范伦理作为参照系,反观在对话商谈而达成道德共识的进程中,美德伦理存在着哪些问题以及它还可能做什么。

本文将从以下方面展开论证:其一,美德伦理的发展印证着后习俗社会阶段性进化的轨迹;其二,人们对美德伦理的需求存在两种层面;其三,美德伦理对正确行动的说明存在根本性的困难;其四,美德伦理在后习俗社会中作为规范伦理的补充,这一论断既导向了动态的实践形式,又推展了开放性的理解。

二、后习俗与美德伦理的演进

"习俗"一词在德语中是 Konvention,英文是 convention,指的是俗成、规约或传统的意思。在《交往与社会进化》中,哈贝马斯按照规范进化的程度将社会分为四个阶段:新石器时代、早期文明社会、发达文明社会以及现代社会。他运用科尔伯格的道德意识发展程度,将相应的时代与人们道德意识的进化程度关联起来。这就有了他对后习俗伦理的界定和阐发。他认为,在新石器时代,道德规范还与前习俗时期的神话密切相关,早期文明社会和发达文明社会一般行动规则是按照习俗化的行为系统为指导;而到了现代社会,行动的一般结构开始由后习俗结构支配。后习俗阶段的特征就在于,对道德和法律有决定性作用的世界观结构演变为普遍发展起来的合法化原则。⑤ 从人的道德意识活动而言,这意味着人们从遵循俗成的道德和法律转而主动反思多元冲突,探寻并认可普遍伦理原则。

(一)后习俗社会道德认知水平的发展历程

科尔伯格的道德心理学是从社会心理和道德心理机制来看规范的社会建构、约束力

---

① 严宏:《从交往共同体到法律共同体——哈贝马斯对现代西方国家的演进式重构》,《华中科技大学学报》(社会科学版),2019 年第 3 期。

② 罗亚玲:《贡献与挑战:在当代哲学语境中再思阿佩尔先验语用学》,《复旦学报》(社会科学版),2020 年第 6 期。

③ 黄秋萍:《后习俗社会道德规范的有效性证成》,《世界哲学》,2019 年第 2 期。

④ 李长成、陈志心:《论后习俗社会视域下哈贝马斯共同体思想中的相互性问题》,《四川师范大学学报》(社会科学版),2020 年第 4 期。

⑤ Jurgen Habermas, *Communication and the Evolution of Society*, Beacon Press, 1979, pp.157-158.

和协调功能的。科尔伯格指出,道德发展心理学的水平可以分为三个水平:前习俗水平、习俗水平和后习俗水平,每个水平中包含两个阶段。① 而且三个水平分别代表着三个道德阶段,也对应着三种社会观点。前习俗阶段社会中,道德规范和社会期望都是自我之外的东西;习俗社会中,社会成员自身已经认同并且内化了道德规范和相应的社会期望;而后习俗社会中,个体已经能够将自我从社会规范中剥离出来,从而反思这种社会期待,最后遵守自己的伦理视角。

而从伦理学的讨论来看,可以这样理解习俗阶段和后习俗阶段的变化。在习俗社会,人们基于对启蒙理性的笃信,毫无保留地接纳并遵循这种具有准自然向度的道德规则。而后习俗社会的到来,不仅让宗教律令丧失了神圣性,而且也挑战了那个生活世界内部重构的道德普遍性,价值的统一与整合遭遇了质疑。后习俗中的道德行动者具有了反思的主体性,他要在诸冲突的价值之中策略性地行动并选择,这就需要道德运思既要诉诸共同生活的理解,同时也将寻求在特定的生活世界中走出道德困境,达至自我理解和自我实现。

从这个意义上,寻求普遍可遵循的规则已不再是后习俗社会唯一的道德理想,而思想的流向寄托于对生活世界的理解和反思,怎样的认知可能获得更普遍的道德共识,从而形成道德意识的共同实践? 这是习俗之后伦理学更迫切探讨的话题。

(二) 后习俗社会美德伦理学的发展演变

美德伦理在伦理学史上的发展暗合于后习俗伦理认知水平的进化轨迹。这种契合是哪方面的? 美德伦理学秉持着一种前习俗的道德观念,是基于古希腊伦理学中的目的论传统的。以亚里士多德为代表的古代伦理学思考的核心问题是:"我应该如何生活?"这个问题提醒我们注意到,道德主体发掘德性的活动只有在好生活的语境中才能被完整理解。柏拉图和苏格拉底给出"有德行的生活",亚里士多德则指出"最值得过的生活是幸福生活",盖是如此。因而"什么样的生活值得过?"这类问题引发的行动是,人在道德认知中模仿、拥有和展现各类美德,以此作为如何生活的指引,这种思维意识呈现了一种儿童式的以自身以外的价值标准为参照的道德心理模式。

随着历史推移,古希腊的思维传统逐渐让位于新型的道德观。基督教的兴起导致了一种法律主义的道德模型。托马斯·阿奎那(Thomas Aquinas)将希腊四主德结合了神学的理解,在强调德性在神学主体中的作用时,更倾向于习惯就是德性的论证。如果说将习惯和习俗作为德性的外显,托马斯的法律主义充分体现在他对神性德目的秩序分析上,通

---

① 科尔伯格:《道德发展心理学》,郭本禹译,上海:华东师范大学出版社,2004 年,第 165 - 166,602 - 614 页。

过将生活习惯秩序化、制度化,最终神性德目自然嵌入了他的自然法体系中。① 从而在基督徒这里,上帝充当了道德立法者的角色,过正确生活的重要性远远大于过美好的生活,正确的行动就是服从上帝的命令。由此,美德的内容只有在神圣律令的框架下才得以理解,且以行为者为中心的美德伦理被置于次一级的考虑,基督教伦理以行为为中心优先于以行为者为中心的伦理考量推动了规范伦理学的诞生。

文艺复兴的世俗化并没有让伦理思考回归到古希腊人关切品格和幸福的思维传统,反倒是托马斯将神性德目进行世俗化,使规范模型在道德生活中备受欢迎。即使去除了神圣律令的上帝之眼,以遵循规则为形式的道德生活从来没有被质疑,哪怕是从文艺复兴到启蒙运动,正如理性能力在那个时代不曾被质疑一样。

在经历了受外在价值标准支配的他律状态之后,人们对既定规则的遵守逐渐转入对规则本身有效性的反思。当这种反思开始出现时,也就进入了后习俗层面。后习俗层面分为两个阶段:第一阶段,人们已经能够思考道德主体在创造和建构规则时的契约关系,而且遭遇了价值和观念的冲突;后习俗层面的第二阶段,人们基于道德的视角认可普遍的正义原则,通过理性的建构人们从自我开始论证道德规范性的依据,并认同或内化了社会规则和期望。② 一定程度上,习俗层面对应着规范伦理的时代特征,而后习俗伦理在认识到价值冲突和理性的局限性后,规则伦理的种种努力也出现了裂隙。

20 世纪 50 年代后期,当代著名哲学家安斯康姆(G. E. M. Anscombe)的《现代道德哲学》一文对规范伦理学的批评,几乎被视为美德伦理复兴的标志。它们描述了不同规范体系间的价值对抗,也骤然揭示了习俗社会的巨大危机。后习俗伦理一开始就在应对这样一个猝不及防的致命问题,那些致力于行动正当性的伦理学体系具有不可理解性,因为在不相信存在一个神圣立法者的前提下没有统一价值认同,依托于规则体系的个体生命无法解决那些伦理冲突和悖谬。后习俗层面要求将特定的生活方式、个人的内在情感和精神生活都纳入系统的反思,从而美德伦理对生活之"善"的追求,恰恰在规则伦理脱离人的生活难以自辩之际再次复兴起来。那么,美德伦理在何种意义上被需要,它在后习俗伦理的规范论证中究竟意味着什么?

三、两个层面看美德伦理被需求的程度

美德伦理学批判规范伦理学弊端的过程也是一种积极的自辩过程,它归纳了美德伦

---

① 参考 John Finnis, *Aquinas. Moral, Political, and Legal Theory*, Oxford: Oxford University Press, 1998.
② 科尔伯格:《道德发展心理学》,郭本禹译,上海:华东师范大学出版社,2004 年,第 511–513 页。

理的综合优势,指出美德在何种意义上是被需要的。这里不仅罗列了美德伦理被需要的程度,也对美德伦理与后习俗层面在道德认知上的可能关系做了评价。

(一) 美德作为规范伦理的辅助工具

从经验角度来说,美德是一种稳定的感受和行为习惯,一旦培养出美德,它就能帮助人们抵御恶行而去做正确的事。所以,无论对同为规范伦理学的功利主义还是道义论而言,美德都能适时且恰当地嵌入在这些道德原则中,帮助人们更好地实现规则所要求的行动。举一个例子来看美德是如何融入规范体系的。

休谟曾经对霍布斯建立的契约论体系表示担忧,因为霍布斯的道德方案是基于人有自我保存的需求,加上担心在资源匮乏时人会因虚荣自负、互相倾轧而暴死,于是确立了自然法为名的一套道德行动体系。霍布斯解释人为什么一定要遵守法则和承诺,理由乃是个人的自私动机。然而当代伦理学家约翰·麦基指出,相对于自私动机作为我们的第一本能,天然的同情和怜悯是人的"第二本能","我们已经看到了道德执行着什么有益的功能,我们也可以理解为什么应该存在着——正如实际上明显存在着——这样的第二本能或者持久稳固的社会传统"。① 麦基不是美德伦理学家,但他用第二本能来解释美德在自然法的规范中如何推动利他行为的。

有学者在休谟的基础上,提出用德性的方式改进这种框架。有人在霍布斯的理论中寻找他试图用正义的良好品性来维系道德规范的证据。其实在规则与行为之间有一个环节容易被人们忽视,那就是一个恪守规则的行动的背后动力是什么? 这只能回到行动主体——人本身,去看一个人的品性和美德。正义不仅仅是符合规则的行动,而且还是作为"正义之人"的良好倾向。因而他们指出,霍布斯的理论中涉及对自然法的论述都可以还原为一种美德理论。② 从这个意义上,道德规范就不再是一种原则约束,而是在描述一种出于理性而培养的良好秉性。美德在行动中起到辅助的作用,它帮助人们实现道德上正确的行为并形成长期稳定的品性。

就上述规范性框架需要美德伦理的现象,伦理学家沃诺克(G. J. Warnock)做出类似评价,"强制是需要的,但没有好的性情倾向,强制是不够的,它给予好的性情倾向一种优先权"。③ 沃诺克的说法无疑是在说,德性这种性格倾向可以作为一类价值,从它们产生、

---

① 约翰·L. 麦基:《伦理学:发明对与错》,丁三东译,上海:上海译文出版社,2007 年,第 110 页。
② David Boonin-Vail, *Thomas Hobbes and the Science of Moral Virtue*, Cambridge:Cambridge University Press, 1994, pp.56 - 72. R.E.Ewin、J.Raz 等人都主张美德在权利理论中的重要地位,以 Boonin-Vail 的论证最为典型。
③ G. J. Warnock, *The Object of Morality*, London:Methuen, 1971,p.17.

发展的过程来看,都可以将它们视作遵守规则的品性,从而构成道德生活的重要部分。美德确实得到了规范伦理的重视,然而从规范伦理的立场上看人们对美德的需求,它们充当了在规范应用时的辅助角色,简单而言是作为工具被需求的。

(二) 美德作为自在价值

规范伦理这样认定美德,正如罗尔斯所说,"美德是各种情感,也就是说……是一个从相应的道德原则出发来行动的欲望"。① 这样表述有一定道理,却隐含了美德是由道德原则而派生的意义,相比之下,亚里士多德的美德则是人对价值和幸福的直接追问。美德伦理的理由在于,现代道德哲学缺乏的就是对整体人生的考察和价值思索,而美德能引导人们重新回到这里。

对于美德自身就是值得追求的价值,亚氏给出的论证很充分。第一步,他指出对人类而言,在世间最值得追求的善就是幸福(well-being)。② 亚氏告诉人们要获取幸福需要拥有哪些要素,这些要素来自人的理性能力并能在行动中展现他独有的人类本质的功能。而美德就是人类功能的卓越发挥。第二步,他再论证美德之于幸福的巨大作用及其内在一致性。它"既可以产生幸福,也因为自身就是善的","只有那由自身而选择,而永不为他物的目的才是最完满的。不论我们选择的是荣誉,是快乐,是理智,还是所有的德性,都通过它们自身(即或一无所得,我们还是选择它们中的一个)"。③ 第三步,亚里士多德明确区分了出于实现幸福之目的而选择美德与出于美德自身之缘故而选择美德。他很清楚各种人类美德对生活幸福和繁荣产生了巨大助益,但他仍然强烈表明,任何一种美德即使脱离了它们所产生的社会助益也是值得拥有的。④

这种坚持美德自身具有价值的辩护显然与现代人的视角是不同的。但这一辩护提醒我们,得出美德本身就是幸福的实现活动这一判断,其前提是对"善"寓于一种宏大背景的丰厚理解。西季威克在《伦理学方法》中说道,对现代伦理学来说,道德价值本质上是命令。相反,在古代伦理学看来,道德在本质上是吸引力。⑤ 美德成为一个宽泛且动态的

① John Rawls, *A Theory of Justice*, Harvard University Press, 1971, p.192.
② 本文限于篇幅不再赘述诸词在翻译上的内涵差异,古希腊语 eudaimonia 也有翻译成 florishing,但通常意义上的福祉由 florishing 来表达是不够明确的。另外 Well-being 也区别于 welfare,特别要说明的是,当代福利主义通常把两者等同起来指狭义的"好生活",这个语词的外延部分排除了自由的内涵,所以本文强调的亚里士多德意义上的 well-being 是尽量在宽泛与狭隘之间取一个恰当的表达。
③ 亚里士多德:《尼各马可伦理学》,廖申白译,北京:商务印书馆,2003 年,1097a – 1097b。
④ J.L. Ackrill."Aristotle on Eudaimonia," in Amelie Oksenberg Rorty ed., *Essays on Aristotle's Ethics*, Berkeley:University of California Press, 1980, pp.15 – 34.
⑤ Henry Sidgwick, *The Methods of Ethics*, London:Macmillan, 1963, p.112.

概念,是包含着一个社群对共同价值的识别和判断,也包含着现代以来缺失的包容主义式的关怀和情感。

后习俗伦理既然要考虑协调各方价值和利益冲突,在反思之后达成某种普遍性的价值认同,不仅要关注如何达成一种普遍的正义原则的途径,而且有必要重新审视一种新的视角,在人们都秉持"善"的生活理想之下,"社会伦理学不是寻找所有人都可以诉诸的中立原则,而是基于一种复杂的道德判断观点,这种道德判断观点将日常经验、善的信念以及赞许感和羞耻感融为一体,成为人际关系和社会结构的一个有机整体。这是一种哲学方法,它将道德领域置于人类生活的一般目标之中,人们在不同的文化、种族与历史的情境中共享这个目标"。① 这样的转变才是亚里士多德的思想当代可能提供的启发,从根本上回答了美德在后习俗伦理中不仅仅补充了道德原则的应用环节,而且在达成道德共识的视角和过程中就应该发挥作用。

但要注意的是,尽管美德伦理的深度辩护超越了工具性,且指出美德本身就是值得追求的价值,这一点是能够得到认可的,但这一事实并不表明美德伦理学必然是一种完整的伦理理论。因为一个伦理理论是否具有指导行动的实效性,与一个伦理理论提出的核心观念是否价值自足,这是两码事。

四、作为美德的明智与正确行动的关系

尽管上述论证中,美德伦理学家给出了内在目的性的回答,但是美德伦理学的论证方法不能产生明确的规则,难以找到正确行动的尺度。那么,如果不是一个独立的伦理学类型,是否妨碍美德伦理学在后习俗中发挥自己的优势? 美德的根本性要素与正确的行动之间有着什么样的关系?

(一) 明智在后习俗伦理中的优势

在讨论美德与正确行动的关系之前,回顾一下美德的几个优点如下。② 首先,是具体性。规范伦理学通常把道德建立在抽象的道德原则上,在大量的实际情况下,这些原则因为过于抽象而并无用武之地。而美德理论则尊重人们特定文化传统与文化心理,能够与特定的美德搭配做出比规范伦理原则更具体的决定。其次,是丰富性。规范伦理学的道德原则通常建立在单一因素上,如功利主义的"功利最大化",如康德主义的实践准则是

---

① 克利福德·G.克里斯蒂安斯:《阿格妮丝·赫勒的社会伦理学》,刘欣宇译,《学术交流》,2020 年第 1 期。
② 陈炼:《伦理学导论》,北京:北京大学出版社,2008 年,第 206 页。

否"可普遍化"等，往往导致冲突陷入选择困境。但是美德伦理的优势是能够避免规则伦理单一原则，而在包容多元价值的情形下进行道德考虑。最后，是有机性。规范伦理学一旦产生普遍道德规则，就很容易把规则抽象出来置于道德活动的首位。它成为脱离情景和文化的道德算法，其机械和僵硬不言而喻。美德依附于行动者的品性，有机融合了主体的内在状态、外在生活情景，擅长于在特定环境下做出更符合直觉的道德抉择。

我们认为，相比于主流伦理学的规范化形式，美德的确具有一些优势。正如纳斯鲍姆指出，"康德和主要的功利主义思想家确实有他们自己的美德理论；所以，在一个明显的意义上，说'美德伦理学'是一种与其他两种方法截然不同的方法就涉及一个范畴错误"。① 从范畴错误而言，上述优势仅为美德而非美德伦理学，且这些美德的现象在规范伦理的自我优化的过程中也能寻到端倪。美德伦理学实质上有别于规范伦理学之处，一则是源自古典目的论体系关联幸福和美德的独特见地，另则在于将幸福和美德保持内在同一的精髓，即明智（phronesis）。②

要认识明智，则必须了解亚里士多德对实践（Praxis）的看法。在他的文本中，实践表示的是人的伦理和政治的交往活动。而美德是这种交往活动中灵魂的卓越不凡，亚氏将之分为伦理美德和理智美德：伦理美德是关于行动选择的品质，理智美德则是在实践上合乎逻各斯欲求的真。③ 也就是说明智本质上归属于知识，是求真的实践品质。它既能以审慎能力指导伦理美德，在具体情景下权衡利弊，把握分寸；也能在理智美德的意义上，作为关于好生活以及如何获得好生活的实践知识，从而关涉生活的终极目标。④ 需要注意的是，当明智被归为理智美德的时候，它通常被看作一种理性，但它并非价值无涉的，正因为明智是以实践活动本身作为目的，做得好或成为幸福之人这一价值涵摄在明智之中。

正因为明智的建议总是关于如何获得幸福以及何为幸福的思考，而规范伦理自产生起就逐渐放弃将幸福作为第一位考量，何为正当，怎样做符合普遍道德原则才是伦理学思考的问题。明智在康德这里被看作仅具有工具性、经验性的策略，"如果有人只在那些所喜爱的趣味里寻找道德，那么一会儿是人性的特殊规定，一会儿是理性本性自身的观念，

---

① 纳斯鲍姆：《善的脆弱性》，徐向东译，南京：译林出版社，2007 年，第 18 页。

② 亚里士多德：《尼各马可伦理学》，廖申白译，北京：商务印书馆，2003 年，第 172 页。本文不再赘述 prudence、practical wisdom 等词在翻译时内涵上的差异，参见注释中对格兰特翻译的评述。此处不再对逻各斯、努斯和明智做语词上的细分。大致而言，亚氏依据灵魂是否具有逻各斯的部分来划分美德的两种类型，而在有逻各斯的部分又分两种：静止的和运动的。在理智德性中除明智之外，诸项都是关于静止的事物，而明智所包含的理智和真是与实践相关联的。

③ 亚里士多德：《尼各马可伦理学》，廖申白译，北京：商务印书馆，2003 年，第 168 页。

④ 同上。

一会儿是道德完善,一会儿又是幸福……如果这些原则完全是先天的,不沾带一毫经验,只能在纯粹理性中找到"①。明智在康德那里仅是经验性和偶然性的事物,不具备导向普遍价值的能力,在马克思·韦伯看来,明智的属性则演变为目的合理性,于是明智与道德价值渐行渐远,而美德与明智的分离过程也是美德伦理学的范式在习俗社会逐渐弱势的过程。

总之,美德伦理在社会形态的变迁中存在着适用上的困境。原因至少有两类:一类是现代道德哲学对美德伦理在理解和采纳上的问题;另一类则是美德伦理自身的问题。后习俗伦理对价值体系的建构和对普遍原则的有效整合不能忽视这两类的原因。

(二) 实践智慧与指导行动的困难

就第一类问题,应该审视传统规则伦理学对明智的忽视和抛弃。从康德开始,这种忽视一直都在。规则伦理学对美德的理解仅保留了亚里士多德的伦理美德的部分,即描述性的部分,而否定了它作为价值理性的属性,即规定性的部分。也就是说,关于美德理论的描述性部分通常都被规范伦理采纳了,但是美德对于价值的内在指向则被抛弃了。如果进行道德判断的依据不是根据行为的内在责任或者行动的最终后果,而是依据美德的规定性部分,也就是构成美德的意义和价值,后者在多元价值并存的今天是做不到的。在古典时代的前习俗层面,那些构成美德的意义和价值是稳固且始终先于经验的,而在后习俗层面,人们只有重启明智,在一个非古典的语境中探寻道德与善好生活的关联,从而在解释上给出为什么一个行动是对的。

当代美德伦理学中所讲的美德,从内涵上仅是亚里士多德所指的与理智德性相对应的伦理德性。这里可能更需要的是重新审视作为理智美德的明智。亚氏曾强调,理论理性高于实践理性,理智美德指导伦理的美德。因而,如果忽略了明智的存在,在评价道德行为时就只能给出循环论证,这貌似是美德的问题,但其实是当代对美德狭隘化理解造成的。

第二类问题则是美德伦理自身的困难。当代美国伦理学家盖里·华特生(Gary Watson)曾指出美德伦理中存在着几个两难。② 其中一个是,如果我们决定提供一种美德理论,那就面临着怎么说明美德的问题。"亚里士多德主义者是通过人性概念来说明美德的,即美德是使人成为真正的人之品质。这里,假如他们提出的人性理论是一种客观的理

---

① 康德:《道德形而上学》,苗力田译,上海:上海人民出版社,2002 年,第 27 页。
② 黄勇:《当代西方美德伦理学的两个两难》,《中国社会科学报》,2010 年 4 月 1 日。

论,那么这种理论就缺乏美德这个伦理概念所具有的规范性,因为人本质上是什么样的存在物,并不隐含着人应该成为这样的存在物。但另一方面,如果他们所提出的人性理论本身就是一种规范的理论,即人应该成为如此如此的人,而美德能够帮助我们成为这样的人,那么这样一种人性理论就缺乏客观性,即它无法说明我们为什么应该成为这样的人。"①限于篇幅,我们暂且无法详谈这个困难。② 但我们可以大致得出一个结论,就是美德似乎无法对正确行动提出规范性的要求,否则其自身的存在价值就会遭到质疑。这是第一个困难。

美德伦理另一个显见的困难在于,它无法提出一个明确的规则。尽管当代美德伦理学家为了维护美德伦理的独立性,提出通过语法规则来描述美德的约束力和道德行为的指导价值。③ 然而,美德伦理的语法规则让美德伦理在这个方向上的努力有些徒劳。规范伦理中的规则以概念推理的方式一经提出,就避免了道德标准的主观性和相对性,它在结构上类似于神令论的原则,先在地就为行动提供了某种规范。这是现代以来的社会体系更愿意接受规范伦理的原因。相反,美德伦理即使将具体的美德进行规则化,但它本质上是对某一具体德目的经验描述。美德伦理即使规则化,仍无法"精准地指导行动",它产生于行动之后,是对诸多情感动机、行动和习惯的经验性归纳。而事实上,人们需求规则"关心的是道德原则的实用性而不是可靠性。功利主义原则也有抽象的一面,无论是快乐还是欲望的满足都存在如何量化的问题……这使得功利主义原则有了可应用性"。④ 从这个意义上说,美德伦理试图将自己规则化,是在向一个自己并不擅长的方向努力,反而丢掉了明智这个更具开放性和未来指向的道德能力。

总之,美德伦理学家应该认识到,规范伦理批评美德伦理所谓在指导行动中的循环论证是一种刻意的误解,它使得一些美德伦理学家急于在正确行动的问题上自我澄清,甚至走向更强辩护。但实际上更应注意的是,美德的定义本身就是独立于正确行动的,美德并不需要正确行动来为自己背书,它直接关联于具体的价值而无须建立在正确行动的概念上。如果这样,我们将在明智中获得一些新的启发。

---

① 黄勇:《当代西方美德伦理学的两个两难》,《中国社会科学报》,2010 年 4 月 1 日。
② 参考约翰·塞尔:《心灵、语言和社会》,李步楼译,上海:上海译文出版社,2006 年,第 44 - 46 页。努斯鲍姆会认为,这个很显然是客观的人性概念,因而也具有规范性。因为既然把人与动物区分开来的是理性,那么一个人就必须过一种理性的生活,而不能只追求肉体的快乐,过一种浑浑噩噩的生活。但在塞尔关于知识的客观性和行动的规范性上,这两者的一致是需要条件的。
③ 罗伯特·罗伯茨:《美德与规则》,欧诺拉·奥尼尔、伯纳德·威廉斯等:《美德伦理与道德要求》,徐向东编,南京:江苏人民出版社,2008 年,第 183 页。
④ 参考陈炼:《伦理学导论》,北京:北京大学出版社,2008 年,第 207 页。

五、美德的创造性价值：从明智到商谈

在哈贝马斯看来，规范性的行动话语转变为商谈伦理是后习俗社会要达成的广泛共识。通过自由地交换意见，个体能够诉诸一种交往理性获得对反思规范的理解。那么，明智是在何种意义上走向了商谈，或者说被理解为一种具有商谈性质的要素的？

（一）从静止到时间上的延展

康德意义上的规范伦理是事先给定的、静止的道德原则，哈贝马斯提出了交互主体，以商谈这种动态的方式解决后习俗对道德规范的有效性和普遍性论证。它将道德主体自身的衡量和选择能力变成了主体之间的社会交往方式。这就能将康德式的抽象理性的沉思转入到对各种现实性的考量中来。交往是主体间对利益或价值的商议和权重，而明智恰恰不是先天预设道德原则，而是在过程中获得真理的能力。甚至可以说，哈贝马斯的商谈伦理使伦理智慧在历史性的演进中获得了全新的形式与品格特征。

亚里士多德赋予了实践智慧以实质的道德内涵，所以用托马斯·阿奎那的话说："正义只有同时也是明智之时，才是正义的。"①实质道德内涵都要求时空的具象性，明智就是在具体的时空中把握正义这种伦理美德的。明智不仅包含着对价值的把握与反思，而且隐含着审时度势的思量，是对具体时间、时机以及观念在经验认同上的忖度。需要承认的是，任何道德价值不仅指向道德本身，更关乎道德世界与人之间的关系，寄托了与特定时期的生活意义、时代重大问题的互文性关联。它在时间上是"面向未来"展开的，因而实践智慧必然地会促进商谈对话这种同样开放的、朝向未来的外在形式，从而在彼此递进的阶段性共识中保持道德世界的动态和鲜活。

（二）从独白的个体到集体使命

尽管实践智慧这种能够权衡反思价值的能力是属于个体的，但需指出的是，实践智慧的思维方式是非个体性的。哈贝马斯曾经批评康德哲学的独白式的检验程序，通过独白式的思想实验来确立和检验道德原则。客观而言，以亚里士多德时代对人的存在方式的理解，也根本不存在"独白的"认识。但如若设想亚氏置于当代，那么他一定具备破解"原子式个人"的智慧。明智，亚氏认为它不仅是一个人寻求良善生活的智慧，而且这种需求

---

① Frank Grunert, Klugheit, in：Peter Prechtl/ Franz-Peter Burkard（Hg）：Metzler-Philosophie-Lexikon, Stuttgart 1999, S.283.转引自甘绍平：《自由伦理学》，贵阳：贵州大学出版社，2020 年，第 118 页。

系于城邦之整体。明智在《政治学》中可以作为集体的行为主体所依托的方法，这是当代解读。① 当代学者卢克纳对亚氏明智的解读是："'明智伦理传统的应用领域一方面关涉有关生命历程以及自我导向的个体伦理性的追问，另一方面关涉政治伦理。'在涉及社群的重大道德冲突的问题时……不能仅依靠个体的审慎权衡，而是更需要诉诸一种所有当事人和利益相关方都参与的理性商谈。"②哈贝马斯在指出康德哲学问题的同时，就在构想社会政治领域对话伦理所能推进的程序。商谈的方式可以说是唯一体现实践智慧或明智的运作程序。

（三）从责任到关涉后果的共同责任

明智作为一种独特的知识，是关于行动和实践的。这就决定了后习俗中的商谈程序若要取得有效成果，彼此对话商谈的道德主体应该是具有对交互关系、当下与未来关系的整体价值的考量。在新技术迅猛发展的当下，人们所面临的已经不是彼此间冲突战争那般的传统风险，而是作为个体无法对抗的庞大而隐性的新威胁。明智是个体的，但其思维方式是非个体的，它能够促使人关注人际和群体的关系性，从而最快速地适应并理解后习俗层面新的道德风险，从而建立一种共同行动的责任。

后习俗最突出的特征即是为了解决价值和利益的矛盾冲突，不得不诉诸商谈和对话来寻求一个大家都认可的方案。在阿佩尔以及约纳斯提出责任伦理的同时，哈贝马斯也意识到商谈和对话达成的价值共识在很大程度上纳入了对整体利益的考量，从而也把人与风险社会的关系作为道德行动的对象。这不是单纯的功利主义的量化计算可以达到的，而恰是需要在规范伦理中的程序中融入后果与完整人生的价值考量，最终才将权利—义务对应转向负有使命感和责任感的共同行动。因此，我们似乎可以归纳美德伦理在后习俗责任伦理中的作用，明智激发出的关怀和价值思索产生了一种新的普遍规范，商谈可以说是明智的一种程序式的外化，而它所依据的价值与行动即是一体的思维方式，最终为我们带来了新的普遍规范。

乐观地看，后习俗责任伦理是一种美好的预设，这种预设意味着后习俗层面人们的道德认知仍然还有提升的空间。思及人类与未来，明智给予了道德生活以充分的开放性和延展性。然而，消极意义上，既然商谈程序的美好是预设的，那么同样于现实中可能暴露

---

① 亚氏在《政治学》第三卷第 4 章提到，明智在城邦政治中是适合治理者的唯一德性，是在处理国家事务上的实践智慧，而明智将城邦整体作为道德主体的这种理解是当代学者的阐释。

② Christoph Hubig, Andreas Luckner, Klugheisethik/ Provisorische Moral, in：Armin Grundwald（hg.）：Handbuch Technikethick, Stttgart 2013, S.148. 转引自甘绍平：《自由伦理学》，贵阳：贵州大学出版社，2020 年，第 120 页。

出问题,商谈对话基于道德共识的权威性存在一种明显的局限。因为道德共识作为主体间协商和妥协的产物,其正确性都只是相对于有限地域以及有限时间来说的,毕竟当下的共同抉择也可能是一种"集体短视"和"有组织的不负责",这种情况在现实中屡见不鲜。也就是说,商谈伦理在某些条件下未必能够经得起历史的检验而作为一种普遍性的道德原则指导人们行动,这一点才是商谈伦理所面临的实践上的最大难题。

总而言之,当我们从商谈伦理回顾明智,也能发现理智美德的最大问题,也就是它不可能不具有一种相对性,它虽然在权衡与协调的过程中使最基本的道德要求得到满足,但却无法担保道德共识的最终真理性。从这个意义上说,在美德伦理与规范伦理的相处过程中,美德更像是道德内涵的开放性倡议,它并不寻求道德原则。在道德规范遭遇质疑和反思的后习俗伦理中,美德确实大有用武之地,然而它依然只限于道德探究和提供建议。

结论

如上所述,我们仍然坚持美德伦理在社会道德规范的建构中始终占有很大权重,这一点不因为它作为辅助和补充就被抹杀。

本文通过上述论证得出如下结论:

其一,美德伦理的优势在于能够提供一种看待和实现整体生活的见地,美德不仅是对道德行为在应用环节的补充,而且也是对建构伦理规范的视野和商谈过程的补充。

其二,实践智慧作为美德伦理中的理智部分,曾经被理解为经验直觉或是工具理性,但实践智慧在后习俗层面充分启发开创一种朝向未来的、动态的道德,为推动人们理解这种见地设计了独特的要素和运思方法,而作为实践智慧的美德要素与构成体系成为处理后习俗社会道德规范性内容的方便法门。

其三,在后习俗社会中,明智以商谈伦理的社会程序幻化出新的形式,虽然是充当着规范伦理的辅助和补充,但这并不意味着美德伦理没有独立性就不具有更高权重。美德伦理之于规范伦理无论是何种位置,都会推动后习俗社会中道德规范的创造性建构,这种在学习中创造和改变的性能,唯有美德伦理的思维方式能够提供。

最后,后习俗视阈带给美德伦理的启发在于,美德伦理的理论抱负不应止步于论证其是不是独立的理论形态,而更应关注道德要素间因为关系改变而引发的理论形态的当代适应性问题,最终它的扩展与更新能否为完整人生和好生活推展出更有创造性的策略。

The Orientation and Creativity of Virtue Ethics from the Perspective of Post-Convention: From Practical Wisdom to Negotiation

LIU Ke, ZHAO Siqi

【**Abstract**】 According to the evolution of ethical norms in post-conventional society, social ethics reconstructs the normative structure of morality through the means of discourse and negotiation. This work is faced with the problem of how virtue ethics coexists with normative ethics. To a certain extent, the development of virtue ethics confirms the ethical track of stage in post-conventional society. Virtue ethics is constantly concerned and demanded by people at least on two levels. By clarifying the relationship between virtue ethics and correct action, people can see that although virtue ethics has unique advantages, it is also faced with fundamentally difficult to explain itself. In post-conventional, although virtue ethics is take as supplement and assistance of normative ethics, the process from practical wisdom to negotiation developed by virtue ethics evolves individual moral capabilities into forms of social cooperation. Its fundamental value lies in the fact that virtue ethics not only guides the dynamic form of practice, but also makes a creative interpretation with a external expression.

【**Keywords**】 Virtue Ethics, Post-convention, Practical Wisdom, Negotiation

亚里士多德的普遍主义德性伦理学①

［德］奥特弗里德·赫费②（著）

袁　辉③（译）

【摘要】人们通常认为亚里士多德的德性伦理学已被康德的义务伦理学所超越，但事实并非如此。亚里士多德的中道不是一种工具理性，而是和康德的道德性一样，是驾驭感性激情的原则，它也包含从合法性向道德性的提升。亚里士多德和康德一样，也以一种超越个人、传统和社群的普遍主义原则为基础和标准，只不过前者的原则是幸福，后者的则是道德法则。两人同样认为道德需要一种面向经验的判断能力。造成两人差异的根本原因不在于普遍主义，而在于不同的行为理论。亚里士多德从行为指向的目的出发寻找普遍的道德原则和标准，康德则从导致行为的意志决定根据出发。亚里士多德已经注意到了幸福和道德的不一致性，但他所处的时代和经历导致他无法对两者的关系进行更为深入的研究。

【关键词】亚里士多德，康德，德性伦理学，普遍主义，幸福

一、要亚里士多德还是要康德——反对一种肤浅的二选一

Eudaimonia，即幸福，是亚里士多德作为标准的核心概念，人们基于这个概念而将他的伦理学称作幸福主义的。自康德对它的反驳以来，尤其是《实践理性批判》的"分析论"以来，人们认为亚里士多德的伦理学已经失去了信誉。人们普遍相信，亚里士多德展示了伦理学的一种传统路线，该路线从哲学上看是前启蒙的，在政治上是保守的——它被现代路线，即康德的自律理论或者意志的自我立法理论直接超越。

但是，任何关注今天的学术争议的人，都会质疑以上普遍的观点。因为在伦理学以及与之相邻的研究领域中，即在行为理论和政治伦理学中，对亚里士多德的关注是如此的广

---

①　本文受华中科技大学人文社会科学发展专项基金项目"德国哲学研究"资助（项目编号：5001406007）。

②　作者简介：奥特弗里德·赫费（Otfired Höffe），退休前在德国图宾根大学担任教席教授，华中科技大学荣誉教授，德国国家科学院院士，海德堡科学院院士，亚历山大·洪堡基金会成员，德国政治哲学研究处负责人。研究方向为德国古典哲学、伦理学和政治哲学。

③　译者简介：袁辉，华中科技大学哲学学院副教授，研究方向为德国古典哲学、伦理学。

泛,以至于人们已经可以谈及一种伦理学的再亚里士多德化(Rearistotelisierung)了。另外,这种再亚里士多德化不是直到最近几年,例如在对抗约翰·罗尔斯的、受康德启发的正义理论时(1971 年)①才出现。相反,当战后实践哲学在广阔的前沿领域开始复兴时,亚里士多德从一开始就扮演了一个重要角色。在不同的语区和不同的思想传统中,他是被人们引用的最重要的作者之一,毫无疑问比康德还要重要。以亚里士多德为依据的学者有约阿希姆·里特②和赫尔穆特·库恩③,另外还有埃里克·沃格林④和威廉·亨尼斯⑤、伊丽莎白·安斯康姆⑥、菲利帕·福特⑦和安东尼·肯尼⑧,最后还有皮埃尔·奥本克⑨和高蒂尔、乔利夫⑩,他们对亚里士多德产生了体系性的兴趣(下述思考参考了我的相关著作⑪)。

一般而言,当代种种再亚里士多德化的尝试不受战后的学术争议的影响。即便相互之间有着松散的关联,这些尝试也没有以一个共同的源头,而只是以种种家族相似性为特征。它们有些是关于对亚里士多德的诠释本身⑫,时而和一种将亚里士多德认定为社群主义者始祖的解读相关⑬,还有些是对现代性方案的批判。基于一种对启蒙和自由主义

---

① John Rawls, *A Theory of Justice.* Cambridge, MA: The Belknap Press of Harvard University Press, 1971.

② Joachim Ritter, Metaphysik und Politik. Studien zu Aristoteles und Hegel. Frankfurt a. M: Suhrkamp Verlag, 1969,S.9 – 179.

③ Helmut Kuhn, "Der Mens.ch in der Entscheidung: Prohairesis in der Nikomachischen Ethik," in Helmut Kuhn, Das Sein und das Gute, München: Kösel Verlag, 1962, pp.275 – 295. Helmut Kuhn, "Aristoteles und die Methode der praktischen Wissenschaft,"Zeitschrift für Politik NEUE FOLGE, Vol. 12, No. 2, 1965, pp.101 – 120.

④ Eric Voegelin, *Order and History. Bd. 3: Plato and Aristotle*, Baton Rouge, LA: Louisiana State University Press, 1957.

⑤ Wilhelm Hennies, Politik und praktische Philosophie. Eine Studie zur Rekonstruktion der politischen Wissenschaft, Neuwied/Berlin: Luchterhand, 1963.

⑥ Elizabeth Anscombe, "Modern Moral Philosophy," *Philosophy*, Jan., 1958, pp.1 – 9.

⑦ Philippa Foot, *Virtues and Vices.* Berkeley, CA: University of California Press, 1978.

⑧ Anthony Kenny, *The Aristotelian Ethics*, Oxford: Clarendon Press, 1978. Anthony Kenny, *Aristotle's Theory of the Will*, London: Duckworth Books, 1979. Anthony Kenny, *Aristotle on the Perfect Life*, Oxford: Clarendon Press, 1992.

⑨ Pierre Aubenque, La prudence chez Aristote. Paris, FRA: Presses Universitaires de France, 1963.

⑩ Rene Antoine Gauthier, Jean Yves Jolif, L'Ethique a Nicomaque, Louvain-la-Neuve, BE: Publications universitaires de Louvain, 1970.

⑪ Otfried Höffe, Aristoteles oder Kant - wider eine plane Alternative. [Zit. als: Höffe (1995a).] In: Höffe (1995) S.277 – 304.参见 Otfried Höffe, Aristoteles, München: Beck Verlag, 1996。

⑫ 例如 Otfried Höffe, (Hrsg.): Aristoteles. Die Nikomachische Ethik. Berlin: Akademie Verlag, 1995. Richard Kraut, Aristotle on the Human Good, Princeton, NJ: Princeton University Press, 1989。

⑬ 参见 Sarah Broadie, *Ethics with Aristotle.* New York, NY: Oxford University Press, 1991. Nancy Sherman, *The Fabric of Character: Aristotle's Theory of Virtue*, Oxford: Clarendon Press, 1989。批判性的观点参考 Julia Annas, *The Morality of Happiness*, New York, NY: Oxford University Press, 1993。

的怀疑,阿拉斯代尔·麦金太尔①和其他所谓的社群主义者②质疑人们是否有可能为道德提供一个不依赖历史和文化的奠基;据他们所说,甚至对正义而言也没有普遍的原则。和一种普遍主义的道德相反,他们捍卫自然生长出来的某个共同体的生活形式("社群",因此名为"社群主义")。他们以亚里士多德为依据,因为他重视关系,而且还谈及城邦公共的善,此外还谈及城邦公民的友爱以及种种德性,这些德性被他们视为存在于传统之中的东西的表达。

奥多·马奎德③研究的结果与此相关,但其发展却不受社群主义者影响,他对人们保留下来的传统、习俗提出了辩护(还可以参考克鲁森对风俗伦理学的辩护④),该辩护以黑格尔的实质性伦常思想为背景,同时被视为是针对法兰克福学派遗忘传统的做法的批判。第三种形式的再亚里士多德化是所谓的德性伦理学(Virtue ethics),它——时而讥讽康德的义务伦理学⑤,时而反对自由主义⑥——强调坚定的品格的重要性,这种品格即德性⑦。而赫尔曼·吕贝为意念(Gesinnung)战胜了判断力而惋惜,这种胜利受到了康德的影响,不过他没有援引亚里士多德⑧。最后,而且同样重要的是,人们现在又一次在亚里士多德的名义下复兴了善的生活理论或者生活艺术理论,还让这些理论和义务论道德理论形成了鲜明的对照,义务论道德理论追随康德的主张,赋予了应然或义务决定性的价值。

可以预料的是,以上的再亚里士多德化运动并非毫无争议。人们拒绝赞扬一种停留在社群界限之内的道德,拒绝道德上的地方主义,而是捍卫康德的普遍主义。至少,人们不应该期待一个源自古代欧洲圈子的理论能够提供道德或者道德理论上的建议。

任何自己读过亚里士多德的伦理学的人,都很难接受当代许多再亚里士多德化的动机。亚里士多德既不是一个风俗伦理学家,也不是一个社群主义者,更不是一个出现在康德之前的反康德主义者。他辩护的对象不是那些不能事先就和普遍的责任保持一致的传

---

① Alasdair MacIntyre, *After Virtue*. London:Duckworth Books, 1985. Alasdair MacIntyre, *Whose Justice? Which Rationality?* London:Duckworth Books, 1988.

② 例如 Micheal Walzer, *Spheres of Justice*. New York:Basic Books, 1983. Micheal Walzer, Sphären der Gerechtigkeit. Frankfurt a. M:Campus Verlag, 1992。

③ Odo Marquard, Apologie des Zufälligen:Philosophische Studien, Stuttgart:Reclam Verlag, 1986, S.122ff.

④ Wolfgang Kluxen, Ethik als Ethos. Freiburg i. Br. / München:Carl Alber Verlag, 1974.

⑤ Gregory Trianosky, "What is Virtue Ethics all about?" *American Philosophical Quarterly*, vol.27, no.4, October 1990, pp.335 – 344.

⑥ Ronald Beiner, "The Moral Vocabulary of Liberalism," Virtue(Nomos. 34.), 1992, pp.145 – 184.

⑦ 对比的论述有 John William Chapman, William Arthur Galston, Virtue(Nomos. 34.), NY:New York University Press, 1992. Otfried Höffe /Christof Rapp.: Art. »Tugend (Neuzeit)«. Erscheint in:Historisches Wörterbuch der Philosophie. Bd. 10. Basel, 1997。

⑧ Hermann Lübbe, Politischer Moralismus:Der Triumph der Gesinnung über die Urteilskraft, Berlin:Lit Verlag, 1987.

统,不是种种地方的习俗。因此,尽管再亚里士多德化的批评者们相信他是前现代性和反现代性在哲学上的权威,但事实并非如此:亚里士多德不提供对消逝了的社会圈子、对褪色了的传统的回忆。至少他完全会毫不犹豫地赞同启蒙的种种重要标记,例如对基于神学的道德论证的抛弃。不必首先等到康德,亚里士多德就已经拒绝了一种神律的道德,即以神的律法为依据的道德。亚里士多德已经看到,道德责任的根据不在于神的意志,而在于包含在人自身之中的元素:eudaimonia,幸福,它被理解为人的内在欲求的完善(《尼各马可伦理学》,下文缩写为 NE,I 5),在于作为人的典型功能的逻各斯(ergon tou anthrōpou:NE,I 6)。

另外,亚里士多德还削弱了他自己所在的社会的传统的重要性。他懂得不同种类的善和正义;而且他没有仅仅援引习俗(nomos)作为依据,而是支持先于和超越实证的实体(physis)。他不曾在任何地方为不能在事先和普遍的责任、在事后和被称为幸福的无条件至高的目标保持一致的习俗作辩护。此外,人们在亚里士多德这里也能找到种种应然的元素。而且在种种德性的范围内,正义拥有一个特别的位置,这个位置和康德的理论相似,即法权伦理学拥有高于德性伦理学的优先地位。即便亚里士多德也知道,真正的友爱太稀缺了,它不足以为社会秩序的建立提供基础。

亚里士多德在其他地方和康德也很接近,接近得超出了今天种种流行的脸谱化解读所能容忍的程度。例如,判断力不但在亚里士多德那里扮演了重要角色,而且在康德那里也是如此,而且这一点不仅适用于康德与之相关的著作《判断力批判》,而且也适用于他的伦理学。此外,人们在康德这里也能谈一种善的生活;而且可靠的人生态度,就是说德性,也被康德赋予了重要的意义,因为他在"深思熟虑和果断的决定"中看到了"真正的力量"(《德性论》导论,第十六节)。

尽管将亚里士多德和康德对立起来的命题在今天颇受欢迎,但只是对文本初步的考察就引发了人们对它的怀疑,所以是时候让我们告别这个命题了。人们部分地简化亚里士多德,部分地简化康德,甚至经常对两位思想家同时都进行简化,这当然使得具有精彩修辞的辩论成为可能,此外还允许人们摆出一种号召道德和道德哲学上的皈依的先知般的姿态。但是,这种简化和两者事实上所持的立场以及他们思想宝藏的丰富性不符,同样还和他们的概念与论证的明确性不符,这些概念和论证又与道德经验重新结合这一事实不符。

下文的种种思考选取了几个视角,尽管伦理学的一些洞见归功于康德,但在这几个视角中,亚里士多德迄今依旧应该得到人们体系性的兴趣。人们首先必须赞同的是亚里士多德的一个观点,即伦理的目标不(仅仅)在于认识,而且还在于行为,就是说,人们赞同他关于一门实践哲学的想法(NE,Ⅰ1,1095a 5f.)。一门伦理学,一门不打算仅仅进行智力上的弹珠游戏的伦理学,尽管不是唯独的,但还是在本质上追求一个实践的目标,更准确地说,追求一个道德实践的目标。此外,该伦理学还遵循了亚里士多德的另一个思想,即 typô-(i)知识——轮廓性知识的思想(NE Ⅰ,1094b 16‑22)。这种伦理学不提供道德实践的具体药方,而只是展示出其作为标准基本元素,并把对具体的内容决定权留给行为者①。

二、作为道德贵族的德性

自马克斯·舍勒起②,价值哲学和现象学中出现了一场德性的复兴③,这场复兴至少为一个合适的德性概念准备了丰富的材料。因为近来人们流行忘记传统的做法,所以这些材料不再出现了,既没有出现在一直可以被回溯到安斯康姆的英语区的德性伦理学,也没有出现在受其影响的德语区的研究中④。

德性理论以对工具的、功能的和道德的德性的区分为第一个元素。专注、准时、守序、节俭和勤奋,这些工具性的德性如其概念所透露的那样,并非自身就是善的,关键在于它们被用来干什么。尽管如马克斯·韦伯所指出的那样,这些德性作为"职业中的精明"而标志着"资本主义精神",但从体系上看,它们仅仅是次要的意义上的德性,而道德的德性,如乐于助人、勇敢、正直以及宽容,享有首要德性的地位。⑤ 但是,次要意义上的德性有着将自己装扮成以自身为目的东西的倾向。人们面临着——这是德性理论的第二个元素——那种错位的危险,即将次要的德性而非首要的德性置于中心位置⑥。

---

① 参考 Otfried Höffe, Aristoteles oder Kant - wider eine plane Alternative. [Zit. als: Höffe (1995a).] In: Höffe (1995) S.277‑304。
② Max Scheler, "Zur Rehabilitierung der Tugend" (1913). In: Max Scheler, Gesammelte Werke. Bd. 3: Vom Umsturz der Werte. Bonn 5, A. Francke Verlag, 1972.
③ 例如 Nicolai Hartmann, Ethik. Berlin / Leipzig: de Gruyter, 1926.Dietrich Von Hildebrand, Sittliche Grundhaltungen, Mainz: Matthias Grunewald Verlag, 1933.Otto Friedrich Bollnow, Wesen und Wandel der Tugenden. Frankfurt a. M: Ullstein Verlag, 1958. Ramano Guardini, Tugenden. Meditationen über Gestalten sittlichen Leben, In: R. G.: Werke. Bd. 5. Paderborn 4, 1963.Vladimir Jankélévitch, Traité des vertus, Paris: De Gruyter, 1968。
④ 关于更大范围内的近代概念史,见 Otfried Höffe /Christof Rapp.: Art. »Tugend (Neuzeit)«. Erscheint in: Historisches Wörterbuch der Philosophie. Bd. 10. Basel, 1997。
⑤ Max Weber, "Die Protestantische Ethik und der Geist des Kapitalismus," Max Weber, Gesammelte Aufsätze zur Religionssoziologie, Tübingen: Mohr Siebeck Verlag, 1986, pp.17‑206.
⑥ 见 Otfried Höffe, Sittlich-politische Diskurse, Frankfurt a. M: Suhrkamp Verlag, 1981 (Kap. 4: Grundwerte als verbindliche Erziehungsziele)。

　　亚里士多德没有犯这种错位的错误,因为他只按照他的如幸福这样的道德原则,研究种种首要德性。他从种种德性中辨别出两类根本不同的德性,品格的德性(aretai ēthikai)和智力或理智的德性(aretai dianoētikai),而后一类德性中的一种——phronēsis,主管着道德实践。品格的德性负责正确的生活态度和目标,而 phronēsis 则相反,关注与这些态度和目标相符的手段和途径,这一区分展示了德性理论中的第三个元素。

　　一个进一步的区分也许能够成为第四个元素,它也源于亚里士多德。从幸福原则出发,他阐述的种种德性当然全都有助于自身的幸福。但是,作为一个社会存在者,人只有在同时考虑了其他人的时候——这里不考虑 bios theōrētikos,即科学—哲学的生活——才能成功地拥有自身的幸福。亚里士多德的德性是同时利己和利他的德性。

　　亚里士多德规定第一类德性时,即规定品格德性时,使用了学院式定义的一种经典形式:属加种差的形式。从属上看,德性被视为是一种生活的姿态或者态度(hexis),从种差上看是一种对我们而言的中道(meson pros hêmas)。现在,谁的生活如果以一种姿态为出发点——按照德性理论的第五个元素——不管他怎样行动,他的行动都不是偶然或者幸运的巧合的结果,而是源于他的人格性的一种坚定的组成部分,他的行动完全是可靠的。人们当然肯定有一种形成这类生活姿态的自然禀赋(NE VI 13,1141 b 1 ff.)。但是,真正的德性——这就是第六个元素——却要归功于一种学习,但这种学习的性质不是理论的。针对种种误解,亚里士多德不厌其烦地强调,人们不是通过哲学思考,而是通过反复的训练才变得有德性:正直要通过正直的行为,审慎通过审慎的行为,等等(NE II 3, 1105b 9 以及更多的地方)。当人们找到和他的激情相处的尺度并主动地追求目标的时候,学习的过程就圆满结束了。

　　不只是康德一个人因误解而拒绝了亚里士多德的德性定义中的一个元素,即对我们而言的中道概念,根据这个误解,亚里士多德认为德性是一个"中道",即"两种恶习"之间的妥协(《道德形而上学》第二部:《德性论》,导论,第十三节)。但在事实上,对亚里士多德而言,德性和恶习的区分不仅仅是程度上的。对他而言,就像对所有古希腊人而言,中道指的不只是数学上一个离两个给定的点或者两个直线同样远的点;除此之外,它还指诸如完满这样的东西。正是在后一个意义上,亚里士多德将品格的德性规定为一个最善的东西(NE II 3, 1104b 28)和一个最高的东西(NE II6,1107a 7),这毫无疑问同样也适用于理智的德性。德性的这一最高级此刻已经明确地指出,关键不在于一个程度上的区分,而在于一个质上的差别;这个关键指的就是人的生存在最高级形式意义上的中道。被亚里士多德当作主题来研究的种种德性——第七个元素——和强调意义上的人性有关,和完满的人的存在有关。

让我们以勇敢(andreia)为例。勇敢被规定为蛮勇和怯懦之间的中道(NE II 9—12)，该规定的确说明了蛮勇拥有的东西太多了一些，而怯懦则太少了一些。尽管如此，更重要的是两者都委身于自然的偏好，这时，一方不畏惧任何危险，另一方却逃避所有的危险。相反，"勇敢"意味着一个人在危险中的表现是不被吓倒并保持坚定，意味着他因此懂得如何有把握地彻底驾驭风险。但是，究竟应该准确地摆出怎样的生活姿态，却不能说——附加词"对我们而言的(中道)"暗示道——与主体无关。这个洞见是人们理应作为第八个元素而保留的东西：人们可以料到，宁可逃避种种危险的人，和更情愿"闭上眼睛往前冲"的人是不同的；此外，这种不同在于危险的种类和程度；但是，勇敢的人因为和他的激情处在一个合理的关系之中而得到了一种中道的姿态，既不承担所有的危险，也不在所有危险面前退缩。人们也可以说，他按理性组织了起来；有德性的人和他的激情保持了一种经过了妥善考虑的关系，此外，在和激情的关系中他占据了主动。因为他通过这种方式摆脱了受激情摆布的状态，因此以一定的无激情状态(apatheia：NE II2，1104b 24 – 26)为特征，但这种状态不是一切生命和情感的缺失，而是对纯粹情欲的克服。

其他两种德性的情况是一样的。就身体的惬意而言，自然偏好要么存在于放纵之中，要么存在于一种很少出现的情况中，即出现在迟钝中，而有节制的实践则相反，存在于审慎之中(sōphrosynē：NE III 13 – 15)。在金钱问题上，自由人(eleutheros)应有的生活状态，即慷慨(eleutheriotēs：NE IV 1 – 3)，既和浪费不同，同样也和吝啬不同；谁只有既不把钱"洒出窗户"，又不将他的钱财谨小慎微地抓在手上不放，他才在个人的意义上是自由的。亚里士多德甚至为极其慷慨的态度引入了一种独特的德性——伟大的心灵(megaloprepeia：NE IV 4 – 6)。

在亚里士多德对德性的说明中，最令人印象深刻的篇章刻画了那种对名誉、认可和声望，对尊严(timē)的感受力远远超乎寻常的人，即伟大的灵魂(megalopsychos：NE IV 7 – 9)。人们完全可以从该理论的背景中辨识出一位贵族的等级意识。但是，贵族将名誉和出身捆绑在一起，亚里士多德却彻底剪断了两者的纽带；世袭贵族被道德贵族所取代。对荣誉的权利唯独建立在个人成就的基础之上；而尊严被视为德性的胜利才赢得的奖赏(NE IV 7，1123b 35)，因为"事实上只有善人才配得上尊严"。因此，亚里士多德的观点明确地和后来的斯多亚学派的理想不同，因为在他看来，占上风的道德人格性并没有退出政治和商业领域。伟大的灵魂肯定是积极的，但他只专注于具有重大意义的少数东西。此外，出自对他自身价值的意识，伟大的灵魂有节制地对待诸如财富和权力这样的外在的善;他既不在顺境中过度地狂喜,也不在逆境中抱怨。而且,伟大的灵魂不会对仇恨耿耿于怀,而且对就自身而言善的东西的爱远远超过对利润和好处的爱。亚里士多德式的伦理学的一个视角在伟大的灵魂这里尤其清楚地显露了出来:"事物的准线和标尺"是"善人"(NE III 6, 1113a 32f.;相似的有 IX 4, 1166a 12f. 以及 X 5,1176a 17f.),是单数形式,即单个的人,尽管和他周围的人们相联,但在他的道德观中,他却不依赖于他们。

众所周知,道德上的德性可以被工具化,因此举例来说,诚实能带来借款①。亚里士多德因而可能没有充分区分工具性的和道德的德性,人们还需要进行一个提升。康德合理地引入了这个关于提升的概念,甚至借助了同一种德性,即诚实的德性(《道德形而上学的奠基》第一章),即从和义务的单纯相符、从单纯的合义务性或者(道德的)合法性,上升到内在的赞同,上升到出自义务或出自道德性而行动。

康德主义者拘泥于"亚里士多德还是康德"的二选一,他们通常断言,以上这个提升仅仅出现在康德这里。德性伦理学的支持者们则被"义务伦理学还是德性伦理学"的二选一所束缚,他们相信,只有德性伦理学才能使行为者成为道德评价的首要对象。但事实上,德性伦理学也和康德的义务伦理学遥相呼应,因为它也以道德性为出发点,以行为者为出发点,就是说,以行为者的生活态度为出发点。此外,亚里士多德这里实质上也出现了——德性理论的第九个元素——一种从道德视角看带有必然性的、从合法性到道德性的提升。因为亚里士多德期待人们只是为了品格的德性自身而追求品格的德性,而绝不是只将它当作获取某个外在于道德的目的的手段来追求,由此他像康德一样,要求人们赞同德性的纯粹性和严格性。之前所说的最高级已经蕴含了这一点。另外,这一点极其明确地出现在关于正义的篇章的卷首(NE V),亚里士多德在这里将三个功能归给了正义。借助一个不断提升的过程,他解释说,人们(a)通过这个提升有行正义之事的能力,(b)正义地行为,以及(c)此外还意欲正义之事(NE V 1, 1129a 8 f., 参考 V 10 - 13)。

因此,对亚里士多德而言,正义远不只是一种和正义之事的相符,远不只是纯然的"合法性"。正义还需要这样一种自由的赞同,即使合法权的行为成为法权的意念(Rechtsgesinnung)或者道德性的赞同。与此相似,不义不是指人们在偶然的意义上行不义之事,而是从不义的生活姿态出发这么做(NE V 13, 1137a 22f)。亚里士多德同样认为,只是按一定的规则而正确地行为是不够的,人们还必须乐意做正确的事情(NE I I2, 1104b 3ff., 参考 III 12, 1117a 17)。在最后一章中,我也读出了一种从合法性向道德性的

---

① Max Weber, " Die Protestantische Ethik und der Geist des Kapitalismus," Max Weber, Gesammelte Aufsätze zur Religionssoziologie, Tübingen: Mohr Siebeck Verlag, 1986, pp.17 - 206.

提升,根据这一章的内容,在多数人这里,培养德性的教育只有借助相应的法律才是可能的(NE X 10, 1179b 4ff.);因为一种"基于法律的德性"一方面和合法性相符,另一方面还只被视为是和德性的次优的关系①。

康德做出了一个理应被人们确认为第十个元素的区分,即法权义务和德性义务之间的区分,对前一种义务的认可是人们彼此之间亏欠的,后一种义务则"仅仅"是有功德的,而在这个区分中,亏欠的义务理应享有先于有功德的义务的优先权②。不需要了解专业术语就可以知道,亚里士多德并不对这种区分感到陌生。因为在讨论正义的框架内,他谈及 allotrion agathon("他人的善")(NE V 3, 1130a 3;参考 V 10, 1134b5),我将这种善理解为他人有权利要求的、属于他人的善。这样,看起来正义要求的是亏欠他人的东西,因此就自身而言先于种种其他非亏欠性的德性。

三、亚里士多德的普遍主义

在一点上,无论社群主义亚里士多德主义者,还是倒向康德的亚里士多德的批评者都能取得一致:他们都相信,亚里士多德缺少康德典型的普遍主义。社群主义者在这一点上看到了一个优点,而批评者则看到了一个缺点;但事实上,这种缺陷说法根本站不住脚。

亚里士多德的伦理学在何种程度上是普遍主义的? 为了回答这个问题,人们必须区分两个层面,一个是道德理论的普遍主义,一个是道德的普遍主义。谁打算把握纯粹的道德,就必须根据康德的说法,将属于人类学的东西彻底清除掉(《道德形而上学的奠基》"前言"),康德在这一点上主张一种"超越人的普遍性"。因此,出自道德理论的理由,道德不仅能够对所有人都有效;它的概念还超出了我们的族类的界限并触及了每一种理性存在者。就像今天的本体论所说的那样,一些基本的陈述"在一切可能的世界都是真的",康德要求道德在一切理性的世界对一切理性的存在者都有效,更准确地说:根据康德的观点,道德自身就要求具有这种有效性。

一个论据完全值得人们关注,它支持这种超越人类的普遍主义。亚里士多德至少也在他的伦理学的某些部分主张以上这种普遍主义,无论如何,他主张以追求幸福为责任的生活的最高形式,主张 bios theōrētikos。因为极少有人和纯粹的精神("天使")打交道,所

---

① 亚里士多德在 NE X 10 中的意思似乎是说,法律的作用也是有限的,只能使人被动服从,而且法律只有从青少年开始才可以有效地使人具备德性。而相对于大多数人,只有少数人才主动地有德性,是从幼时起就具备良好的禀赋,所以这些人在青少年时期不需要严格法律的管束也能够成为有德性的人。——译注
② 康德将法权义务归为亏欠的义务(geschuldete Pflicht),德性义务归为有功德的义务(verdienstliche Pflicht)。——译注

以今天的伦理学只考虑作为"拥有理性和意志的存在者"的人。该伦理学仅仅研究这样的问题，即道德的概念和原则是否对所有"人"有效，还是只对一定的群体、社会和时代有效，因此，它只满足于"族类特有的普遍主义"。根据这种普遍主义，道德被限定在我们的族类之中。尽管如此，它却没有被文化、传统或者社群所束缚，而是超出了一切政治、宗教或者语言集合体的界限。

当然，只有原则才能作为普遍的东西而有效。因为原则不排斥不同情况下的应用，所以，今天伦理学中的普遍主义的典型形式，即一种族类特有的原则普遍主义，不仅允许个人层面的，也允许社会层面的特性存在，甚至允许不同寻常的行为举止。这种典型的普遍主义绝不会拒绝种种传统和习俗；它仅仅削弱了它们在道德上的地位，因为它只留给了它们一个次要的位置。因此，尽管据说对传统的遗忘是导致当代的道德危机的原因之一，但是人们既不应该将此归罪于原则普遍主义，也不应该将此归罪于归给它的典型的形式；康德的原则普遍主义不仅对传统，而且对事情发生的具体背景保持开放。

当然，这种开放性还是有界限的。因为普遍主义让种种习俗服从一个标准，因此它包含着一种批判性的潜质，这个潜质帮助人们既在个人这里，也在机构这里，尤其还在法权关系和国家关系这里将"正当的"和"不正当的"习俗区别开来。例如，诚实的生活态度在康德看来是正当的，不诚实的则是不正当的，即便人们如若经常这么做，以至于可以谈起一种不诚实的习俗。康德认为作为国家形式的专制和作为国家间的实践的战争是应该受到谴责的，同时他积极地支持共和国，共和国通过民主的法权国家和宪政国家而符合了他的标准。最后，他为了国家之间的共存而要求建立一个和平的联盟。

一门类似于原则普遍主义的伦理学，它所包含的批判性潜质，现在我们在亚里士多德这里都能发现这两者。因为两者被明确地给予了我们，所以人们能够质疑社群主义式的亚里士多德的教义的彻底性：无论在《尼各马可伦理学》中还是在《政治学》中，亚里士多德都对一切社群提出了普遍的有效性的要求。对亚里士多德来说，以下这一点不言而喻：道德，个人道德和政治道德，提出的要求是超越主体和超越传统的，人们能够依据这种道德而对种种习俗提出批判。

普遍有效的首先是他的核心原则，即幸福，连同幸福作为完满的和自足的目的的形式性规定在内。在亚里士多德看来，如下这点适用于任何文化和时代的任何人：典型属于人的行为是一个指向目的的运动，只有在存在一个目的的时候，而该目的"因其自身之故而被当作目的，我们以别的事物为目的都是为了它"的时候，就是说只有在存在幸福的时候，该运动才不是"空洞的和无意义的"（NE I 1, 1094a 18 f.）。普遍的东西其次也是质料性的规定,尽管人们害怕从这种规定之中产生出一种充斥着作为标准的内容的人性构想,一个所谓的人文主义的本质主义,这种本质主义没有给现代社会的多元性留有一席之地。但是,亚里士多德和质料相关的规定却谨慎地保持了节制。他寻找的是人的典型的功能(ergon tau anthrōpou),并将之等同于——经验科学强化了这一点——灵魂的一种符合理性(kata logon)的活动,或者无法没有理性的活动(NE Ⅰ 6)。

在社群主义的反普遍主义伦理学中,生活形式概念扮演了一个特别的角色,不管它是作为"特别的社会性秩序"中的生活①,还是作为"地方主义认同"的形式②,或者作为"人的社群中的成员"③。对社群主义者而言,生活形式是文化特有的,而且受到了社群的限制;存在诸如古典的或者现代的生活方式,而且在现代的生活方式中存在如北美形式这样的案例。亚里士多德与之相应的概念是一个他在其中展开了他的德性论的概念,一个我们可以确定是德性论第十一个元素的概念,即 bios(生活),它与社群主义者相反,产生自人的存在这个一般的基本事实。合乎逻辑的是,人们不仅能在古代雅典,而且还能在各种的社会和不同的时代找到在第 1 卷第 2 章④阐明的四种生活形式或者存在方式。

针对这四种生活形式,幸福原则分两个步骤展开它的批判性潜质。首先,在第 1 卷第 2 章,针对两种生活形式,即享乐的生活(bios apolaustikos)和牟利的生活(bios chrēmatistēs),亚里士多德指出,它们的有限性是结构性的,因此它们在不依赖传统和社群的情况下就错失了人的普遍的核心目标——幸福。针对第三种生活形式,即针对政治的生活的批评也不依赖于社群,只要人们仅仅是从荣誉(timē)而不是从德性(aretē)出发来定义这种生活的话。这样,人们还能当作适合于获得幸福的生活形式就只剩下两种了:政治的生活,只要它不取决于荣誉而取决于德性;还有一方面道德政治,另一方面沉思的生活。而针对这两种生活形式,他在第 10 卷第 6—9 章又指出——并又一次使用非地方主义的论据指出这一点——沉思的生活比政治的生活在更高一级的意义上适合于获得幸福。简言之,亚里士多德比较、权衡了不同的生活选项,拒绝了在许多人那里占主流的生活目标——惬意、财富、荣誉,并断言剩下的两种生活目标——(品格的)德性和沉思——

---

① Alasdair MacIntyre, Ist Patriotismus eine Tugend? In: Axel Honneth, Kommunitarismus. Frankfurt a. M: Campus Verlag, 1993. pp.84-102.

② Charles Taylor, *Sources of the Self*: *The Making of the Modern Identity*, Cambridge, MA: Harvard University Press, 1989.

③ Micheal Walzer, *Spheres of Justice*. New York: Basic Books, 1983. Micheal Walzer, Sphären der Gerechtigkeit. Frankfurt a. M: Campus Verlag, 1992.

④ 作者可能指的是《尼各马可伦理学》第一卷第 5 章,亚里士多德在这一章首先区分了三种生活:享乐的生活、政治的生活和沉思的生活,并在最后又提到了第四种生活,牟利的生活。——译注

具有优先性，而该断言将"社群的生活"（bios politikos），连同它的品格德性，放逐到了次要的层次，并赋予了那种 bios theōrētikos 优先性，它作为纯粹沉思的生活需要理智的德性——需要科学（epistēmē）、精神（nous）和智慧（sophia）——因而超出了社群性。

社群主义非常乐意援引如下情形佐证其反普遍主义观点，即人们不是从一个抽象世界的社会，而是从各自的社群内部学到种种德性的。这个观察当然是正确的，而且它明确地向我们指出了一个具体的社群的道德价值。但这个从观察却无法推论说，人们只适应在各自社群的种种习俗中的生活。习得德性的方式受社群约束的，因带有地方主义特征，社群主义者在这里将它和德性的普遍概念混淆在一起，同时还将它和同样普遍的对德性的辩护混淆在了一起。人们通过持续的练习而习得了种种德性，因此德性是在人们各自的社会内部习得的，而且这时候人们还附带地习得了一些完全依赖于社群的特性，这一点并没有使普遍的伦理学成为可疑的东西，相反，人们在看到德性染上了种种社群的色彩的同时，不能忽略其普遍有效的内核。为了实现德性的目标，人们必须像亚里士多德合理指出的那样，将自己从基于自然激情的生活中（kata pathos zēn）解放出来，并和他的种种动机保持一个理性的关系（kata logon zēn）。德性的核心不依赖社群而有效：人们面对危险时的反应既不是胆怯也不是莽撞，而是勇敢；人们在处理金钱事务的时候既不浪费也不吝啬，而是慷慨；人们在面对痛苦和惬意时因审慎而与众不同，等等。一般而言，亚里士多德的命题，即人们只有在各自的社群中才能习得德性，以另一个方向为突破口，即我们前面所说的第六个元素：人们必须通过持续的练习才能学会道德的行为。因此，人们不像学习如何弹钢琴一样，也不像学习音乐史一样学习德性；人们欢迎的不是对道德的学院式的学习，而是那种只有在一个社群内部才能练习的、反复进行的道德实践。

普遍有效的东西还有相关德性所要应对的情况的类型。人们需要勇敢，这一点同样也不依赖于特别地属于古希腊的种种条件，但却依赖于人类学的种种条件：人是一种会陷入危险的存在者。相同的情况也适用于慷慨：在处理金钱事务时，人们要么倾向于吝啬，要么倾向于浪费，等等。对德性的分类形成于古希腊哲学，即便它的有效性也不特属于某个文化。因为作为德性的基础的应用条件对人而言普遍有效，所以我们能在其他文化中找到类似的"德性目录"。亚里士多德的确使用了一定的以传统为内容的德性目录。但这个目录涉及的却不是一个道德的传统，而是一个道德理论的传统。此外，它谈的只是责任的顺序，而不是责任的根据。德性的有效性根据不在于习俗，而在于它对幸福的适用性，或者说在于它和理性的一致性：对亚里士多德而言，品格的德性不是种种习俗导致的后果，而是道德实践在历史中生长出来的模式化，在考虑幸福原则时，人们针对一定的情欲的类型或者行为的领域而进行这一模式化。

让我们将以上这点当作第十二个元素来总结：(1)人普遍的激情以及生活领域产生各种挑战(和危险、金钱打交道,等等);(2)每个人的核心目标,即幸福,还有人的属性,即理性,导致了对这些挑战的应对;(3)另一个普遍属于人的元素:人们必须学习如何实践理性,并坚定地面对情欲的威胁,该元素导致了一个附加的任务,即对以上应对的稳固化和内在化①。

对于社群主义简化亚里士多德的教义做法,还有最后一个反对性的论据:在麦金太尔看来——就像标题所说的那样:Whose justice?(谁的正义?)——不存在普遍有效的正义原理②;亚里士多德主动地反驳了这类观点。在《尼各马可伦理学》中,他准数学地将正义定义为"事实上的中道"(meson pragmatos)。此外,他在一个城邦之内的法权(to politikon dikaion)区分了超越实证的"自然的"(physikon)部分和实证的(nomikon)部分,并强调自然的部分"在任何地方都具有同样的权威,而且不取决于人的意见"(NE V 10,1134b 18 ff.)。另外,他虽然没有列出一个关于基本权利或者人权的目录,但通过禁止偷窃和抢劫,禁止暗杀和凶杀,禁止虐待、剥夺他人自由和侮辱他人(NE V 5,1131a 6-9),他支持了财产权、保护人身和生命的权利与名誉权。而且无论如何,他认为政治上的参与权是不言自明的。

四、作为德性的机智

一种受过经验磨砺的判断力是对品格伦理学的一个必要补充,在关键词"phronēsis"之下,亚里士多德对它进行了研究。由此我们又回到了德性理论的第三个元素:人们最好将 phronēsis 译为机智,而无论如何不能将它译为"道德洞见"。因为亚里士多德甚至认为动物也是机智的,就是说,那些拥有做预先准备的能力的动物(NE VI 7,1141a 27f.),因为它们要么如蚂蚁和蜜蜂一样搜集补给(Historia animalium I, 参考 Metaphysik I 1,980b 22),或者像鹤一样在风暴来临之前采取预防措施(Historia animalium IX 10,614b 18 f.)。

任何人如果拘泥于"要么道德的德性,要么工具的德性"的二选一,他就面临着将亚里士多德的机智归入工具领域的危险。亚里士多德当然辨认出了一种蛇的机智或者狐狸的狡猾,他甚至辨认出了两种形式的机智:作为不关心道德的、纯然工具性的判断力的敏

---

① 关于德性的不可简化的特征,还可以参考 Martha Nussbaum, "Non-relative Virtues. An Aristotelian Approach," Amartya Sen, *The Quality of Life*, New York, NY: Oxford University Press, 1993, pp.242-276.

② Alasdair MacIntyre, *Whose Justice? Which Rationality?* London: Duckworth Books, 1988.

锐(deinotēs),以及作为那种潜在的非道德的判断力的狡猾或者狡诈(panourgia),后者后来被称作马基雅维利式的东西,当人们想要的是自身利益的时候,它就会将道德束之高阁。但是,他的 phronēsis 却指向当事人的善和利益——前提是人们在此受到种种道德上的预先规定的约束。亚里士多德强调说,谁如果不同时还具有德性,因而不同时具有品格的德性,他就不可能是机智的(NE VI 13,1144a 36)。

机智被亚里士多德规定为狡猾和天真的中道(euētheia:Eudemische Ethik II 3,1221a 12;NE VI 5,1140a Z4 f.),它尽管只负责主管手段和途径,但这种手段却不指向随便哪个目标。它的定义包含的东西中,首先有对那种以整体上成功的生活为内容的目标的指向,并包含一定的条款(NE VI 13,1145a 6 以及 VI 5,1140a 27 f)。品格的德性负责针对幸福的基本指向,与此同时,理智的德性,即机智,则以该指向为前提条件,它负责根据具体情况将该指向具体化。谁拥有机智,谁就善于进行旨在追求核心目标——幸福——的思考。在这一点上,机智具有一种实践而非理论的特征,因为与理智(synesis)以及极其理智(eusynesia)不同,它不仅必须做判断,而且必须执行这些判断。由于机智告诉人们应该做或者不做什么(NE VI 11,1143a 8 ff.),它有一种规定着行为的能力。但是,它不能约束那种能够模糊对正确的目标的视野的东西,即激情,而正因为如此,人们还要求它与品格的德性展开合作。让我们举一个例子:在勇敢者这里,德性负责使人们面临危险时既不怯懦又不蛮勇,而是作出勇敢的反应,与此同时,人们借助机智考虑更具体的行为。因此,这里不存在一种真正道德的判断力,但也不存在一种对道德无所谓的判断力。因此,phronēsis 和道德实践的判断能力相比并不多一些,也不少一些。而一种在道德的生活态度间进行决断的判断力,一种真正道德的判断力,首先要到康德才开始得到研究,该判断力是德性伦理学进一步的元素——此时,这已经是第十三个元素了。

和判断力这里的情况不同,亚里士多德德性伦理学的另一个局限性是康德也具有的,这个局限性触及的不仅仅是 phronēsis 这一方面。当代的种种道德问题的困难是结构性,这些问题要完成的任务是在不同的道德责任之间进行权衡,而无论亚里士多德还是康德的伦理学,都没有对这个问题给予恰当的重视。亚里士多德没有对德性的种种要求相互冲突的情况进行说明,在该冲突中,人们不仅需要一种第二层次上的品格的德性,即一种形而上学的德性,还需要一种主管解决德性间的冲突的判断力。康德的伦理学同样也没有在体系中为义务之间的冲突问题预先规定好一个位置。当然,人们可以在他这里找到某些理论工具,例如亏欠的义务高于有功德的义务的优先性,以及关于"某种自身虽然不许可的东西为了防止一种更严重的违背(仿佛宽容地)成为许可的"某种东西的思想(《道德形而上学》，Akademie Ausgabe，Bd. 6，S.426），进一步说，康德还谈及一种"紧急法权"，根据这种法权，一定的伤害他人法权的行为不是不该被惩罚，但却无法被惩罚（S. 235 f.）。最后，而且同样重要的是，他承认在发生冲突的情况下，一种较强的责任根据要优先于更强的责任（S.224）。因为这样一种工具还有待进一步的发展，而它在康德这里已初见端倪，却没有出现在亚里士多德这里，所以在这个领域——人们能在这个领域见到德性伦理学的更深层次的元素——通过援引亚里士多德，通过一种"伦理学的再亚里士多德化"，人们无法获得一种更高层次的判断力的理论。

五、行为理论背景

尽管当代德性伦理学以它和现代性的对比为关键，它没有探讨古希腊和现代的根本差异，这是令人惊讶的。但如果以亚里士多德和康德作为这两个时代的主角，那么人们首先会发现一个共同点，一个为所有道德实践奠定基础的概念。但是，和人们通常预料的道德基本概念相比，这个概念的形式性要强很多。道德的根源对康德而言不在于自律或者善良意志，而对亚里士多德而言不在于 Eudämonie（幸福），甚至不在于这种或者那种的德性，而在于两人共同的一个最高级形式，即由卓越法①构造的无限善的理念。

在《奠基》的著名的开卷语中——"除了一个善的意志之外，不可能设想任何东西能够被无限制地视为善的"——康德为伦理学预先规定了一个语义学上的标准："道德上的善"意味着"无限制的"或"无条件"的善。此外，他还提出了一个排他性的要求：只有善良意志才满足了"无限制的善"的标准。

类似的观点也出现在亚里士多德对幸福的断言中。作为因其自身之故而被当作目的的目的，作为我们以别的事物为目的都是为了它的目的（NE I 1，1094a 18f.）；作为所有实践的和可以实践的善中的最高的善（NE I 2，1095a 16 f.）；作为自足的东西和作为就自身而言唯一值得愿望，而不需要增加什么其他东西的东西（NE I 5，1097b 14ff.）；以及首先作为最具有目标特征的目标，作为无条件完善的目标（telos teleiotaton：NE I 5，1097a 30），幸福因其堪比善良意志的最高级特征而与众不同。它是所有假定的善成为事实的善的条件。此外，因为这种善不可能只是有限的善（参考 NE I 5，1097a 30 ff.），进一步说，只有幸福才拥有这种最高级，因此它可以要求拥有第二种最高级，即排他权。

现在，借助具有作为真正标准的特征，借助至善的理念，人们不仅在亚里士多德伦理

---

① via eminentiae，卓越法，又称积极法，源于神学方法，指人们得知关于上帝存在、上帝是什么的方法，又称积极法。——译注

学这里,而且还能令人惊讶地在康德伦理学这里找到一个目的论元素。亚里士多德用这样的一个概念系列指出,首先只有在无条件的或者不可超越的善的理念中,对实践进行评价的那些人抛出的问题才能得到彻底的回答,而这个概念系列开始于(a)(随便哪个)目标(telos),然后搁置过渡性的目标并上升为(b)纯粹的目标(teleion),并最终上升到(c)完善的目标(teleiotaton, NE I5,1097a 25ff.)。在康德这里,目的论元素包含在一个论证过程中,该论证超出了两个假言的评价阶段,即技术性的和实用的理性,走向了第三个不能再被超越的阶段,即定言的理性。

此外,借助目的论的元素,人们还能在两位伦理学家这里找到一个形而上学的元素,不过是在实践的同时还非常有限的意义上。不但在追求完满的目标的时候,而且在根据定言理性行动的时候,人们都没有听从自然的("物理的")推动力,如本能、欲求或者激情,而是超越了这些推动力,在这个意义上,他们出自一种超越自然的、一种超越物理的决定根据而行动。

首先要在以上共同点的背景下,亚里士多德代表的古典时代和康德代表的近代之间的差异才呈现了出来。两个时代的区分不在于无条件或者不可超越的善的理念,而在于它们和这个理念相联系的行为概念。因此,导致相应的阵营转变的原因不在于标准,而在于行为理论。亚里士多德将行为——不仅仅将人的,而且将动物的行为:De motu animalium 6—7——理解为一种朝向目标的伸展,一种欲求(ephiesthai 或 orexis)。符合逻辑的结论是,他看到了最高级的地方是不可想象还能被其他目标超越的目标,是不可想象还能被其他幸福超越的幸福。康德改变了对行为理论的看法,而且他的改变是彻底的。他不再关注行为指向的目标,相反,他将行为的开端视为关键。对康德而言,典型的人的行为按照法则的表象而得以实施;这种行为成为一种由意志构成其基础的,根据种种原则得以实施的行为。与之相应的最高级在于种种法则或原则,它们的来源并不外在于意志,而在于意志自身。在这里,康德的陈述同样也是前后一致的:意志自己为自己立法,而原则叫作自律。

因为亚里士多德和康德在作为标准的元素上,即在最高级上是一致的,但在行为概念上却是不同的,所以人们必须开始进一步研究两位作者的行为概念。造成亚里士多德和康德之间的区分的,不是对德性概念的赞同或者拒绝,而是欲求理论和意志理论的不同框架。第十四个元素:亚里士多德的德性主管的是欲求理论的道德原则——幸福,而康德的德性主管的则是意志理论的道德原则——自律。通常的区分——亚里士多德的是关于善的生活的伦理学,而康德的则是关于德性伦理学以及义务论——反而只具有次要的意义。

此外,这个通常的区分还只是有限度的正确。因为亚里士多德的伦理学也包含着义务论的元素,而在康德看来,谁遵守自律原则,谁就在过着善的生活。

六、善的生活优先?

在展开他的德性伦理学时,亚里士多德弱化了被欲求伦理学预先规定的幸福原则,因此上一节提到的和康德的差异相应地被缩小了。根据近代伦理学的基本思想,在一定的情况下,就道德而言,我们能够预料到人们会与人的核心目的,即幸福,背道而驰。这一点看似在亚里士多德这里是不可设想的,因为在他这里,所有责任的根据都在于eudaimonia,在于幸福。但事实上,例如在面临危险的时候,幸福也期待人们会采取一种由之可能会走向死亡的反应方式,即勇敢(NE I 1,1094b 17—19)。某人承担了死亡的代价,这尽管给他带来了荣誉,但这和幸福原则并不一致。因此,亚里士多德肯定看到了德性和它的核心原则幸福之间的矛盾。因此,他提醒读者注意普里阿摩斯①(NE I 10,1100a 5 - 9,vgl. I 11,1101a 8)。但他从中只得出了一个科学理论(大体有效的陈述)上的结论,但它并不同时是原则理论的结论或者伦理学理论的结论:幸福绝不是人的行为的无条件最高的和普遍的原则。人无法仅仅依靠自己的力量实现一种幸福的生活,这种实现归根到底仰赖的是命运或诸神的一个馈赠。

亚里士多德没有出于种种"体系"上的理由而隐瞒以上和幸福相悖的现象,这标志着他是一位不拘泥于教条的、对经验持开放态度的思想家。当然,他没有彻底地、全面地掌握相关事实的顺序,这显示了他的局限性。他虽然弱化了幸福原则,却不允许人们告别该原则,这种告别一定程度上等于幸福主义伦理学的崩溃。关于亚里士多德这么做的理由,我只能提出一个猜测:为了告别幸福主义伦理学,人们需要的不只是德性和幸福之间偶然的矛盾,幸福从属于外在的幸福和不幸福的个例的特点导致了这种偶然的矛盾。为了告别幸福主义伦理学,人们还需要两样东西:一方面是对道德恶的体验,另一方面是一种比普里阿摩斯还要惨痛的不幸体验,这种体验是圣经《约伯记》的主题②,人们还在欧洲的里斯本地震(1755 年)中以另一种方式得到了这种体验。人们必须对于即便是完全正直之人(约伯)或者成千上万的无辜之人(里斯本)也会遭受的不幸有着体会,才会使得自己对

① 特洛伊城的最后一个国王,据说有 50 多个儿子和许多女儿,曾被希腊人视为最幸运的人,但在特洛伊战争中,他的许多儿子战死,他自己也在城破后被阿喀琉斯的儿子所杀。——译注
② 《约伯记》记述了主人公约伯的信仰历程,约伯敬畏神,行事为人总凭良心按善意,尽量不亏欠人,但天灾人祸突然降临,夺去他所有儿女、家产、富有,甚至他的健康,最后约伯因回转而比受苦之前更加蒙福。——译注

幸福原则产生深刻怀疑,以至于必须用另一个原则替换它。

Aristotle's Universalistic Virtue Ethic

Otfired Höffe

【Abstract】 It is generally thought that Aristotle 's ethics of virtue has been surpassed by Kant's ethics of duty, but this is actually not true. The "mean" in Aristotle is not an instrumental rationality, but a principle taking hold of emotional passion like the morality in Kant, and it contains the promotion from legitimacy to morality. Like Kant, Aristotle agrees with a universal principle as the foundation and standard, which transcends individual, tradition and community; the difference is only that the principle of Aristotle is happiness, and that of Kant, moral rules. Furthermore, they both agree that morality requires a judgement ability facing the experience. The essential discrepancy between them doesn't lie within their universalism, but their act theory. In looking for the universal moral principles and standards, Aristotle starts from the aims of an action, but Kant starts from the will that decides the action itself. Aristotle has already noticed the inconsistency between happiness and morality, but his epoch and experience limits his further research into the relationship between them.

【Keywords】 Aristotle, Kant, Virtue Ethic, Universalism, Happiness

德性①概念的困境

——德性的歧义

［德］马丁·霍耐克②（著）

徐贤樑③（译）

【摘要】德性伦理学或德性论重新成为当前伦理学讨论的焦点。回顾伦理学史，亚里士多德首先规定了德性概念的基本轮廓，并使之普遍化。托马斯·阿奎那则在其神学思想的发展中将亚里士多德的伦理学和基督教的恩典论内在地融合在一起，这构成了天主教德性论的传统。宗教改革中，马丁·路德尖锐批判天主教德性论，从根本上打破了德性论与恩典论的一致性。而在尼采尝试颠覆整个德性论的传统之后，德性论一度淡出了人们的视野。麦金太尔和斯托克试图在当前语境中复兴德性论。德性论虽然能补充规范伦理学的某些局限，但也并不能满足当今伦理学所需的一切要求。我们仍需审慎地看待德性论或美德伦理学在伦理学建构中的作用和局限。

【关键词】德性，伦理学，德性论，复兴，批判反思

一、德性之复兴

德性（Tugend）一词最近复又流行起来。在口语中，德性一词无疑甚少受到尊重。它

---

① Tugend 和 Tugendethik 是本文中最重要的术语。首先，在当前有关伦理学形态建构的语境中，Virtue Ethics（Tugendethik）无疑更应该译为"美德伦理学"，但考虑到霍耐克此文是对 Tugend 及整个 Tugendethik 发展历程的回顾和反思，不局限于当前伦理学建构的语境，从 Tugend（Virtue）的希腊源头来看，似乎译为"德性伦理学"有更好的兼容性，因此本文将根据语境灵活地翻译 Tugendethik 一词，以"德性伦理学"为主。其次，"Tugenden"作为德语"Tugend"的复数，正如霍耐克在论文中提到的"gibt es Tugenden konkret jeweils nur im Plural"（美德只具体地存在于复多之中），它描述的是各种具体的好品质，因而本文倾向于将"Tugenden"译为"美德"。最后，在表概念规定时，本文统一将"Tugend"译为"德性"，以区别于作为具体好品质的"美德"。——译注

② 作者简介：马丁·霍耐克（Martin Honecker，1934—2021），德国新教神学家。霍耐克从 1969 年到 1999 年担任波恩大学新教神学院系统神学和社会伦理学教授。霍耐克的研究以神学伦理之基础、新教教义学为核心，旁涉教会与国家的关系、政治伦理和生命伦理和个人权利等，代表著作有：《作为形态和事件的教会：作为教义学问题的教会之可见形式》（Kirche als Gestalt und Ereignis：Die sichtbare Gestalt der Kirche als dogmatisches Problem. Kaiser, München 1963）、《一种社会伦理理论的概念：新教社会伦理学的基本问题》（Konzept einer sozialethischen Theorie：Grundfragen evangelischer Sozialethik，Tübingen：Mohr Siebeck，1971）、《传统和理性之间的社会伦理学》（Sozialethik zwischen Tradition und Vernunft，Tübingen：Mohr Siebeck，1977）、《社会伦理学大纲》（Grundriss der Sozialethik，Berlin & New York：De Gruyter，1997）等。

③ 译者简介：徐贤樑，博士，复旦大学中文系讲师，研究方向为德国古典美学。

通常只是反讽地在习语的意义上被使用:"贤良淑女""卫道士"。弗里德里希·黑贝尔(Friedrich Hebbel)写道:"我们的美德(Tugenden)大多数是我们罪孽的私生子。"有句俗话说:"翻来覆去道德经,没钱我是穷先生。"尽管落伍的德性概念存在如此广泛的批评性保留意见,但在公共讨论中它又一次重获尊重并风行起来。著名电视台记者乌尔里希·维克特(Ulrich Wickert)出版了一部卷帙浩繁的著作——《美德之书》(Das Buch der Tugenden, 1995),其中摘录了许多道德、伦理学和伦理相关作品的片段。开头就有这样一句话:"美德(Tugenden)是现代的。"(第25页)针对那些将德性视为陈旧的与过时的质疑,维克特激烈地维护德性。然而他却将德性、道德、价值和规范等词用作同义词。从论及贞洁之德性(第25页)出发,维克特就强调"概念亦为风尚所左右"(第26页),他以德性概念的诸多用法和各类不同的问题情境进行例证说明。但如今"进步和个人主义"如同神像被揭开了面纱,显露无遗的是,没有伦理学,民主社会也就无法存在。是以维克特认为,伦理学同样规定了在社会中什么被视为善,什么被视为恶:"……如果公民视道德为陈词滥调,视德性蒙尘而视义务(Pflicht)落伍,那么这些内容也不再适合放在一起。"(第31页)一方面拒绝将道德与德性视作过时的、尘封已久的概念,另一方面又必须要以伦理学为导向,他认为,正是两者间的矛盾促使了德性与道德二词的重新回归,以及对其内容进行更精确的规定。"人们必须将德性这样的词重新归入自觉认可的伦理学的体系之中,这样方能更好地发挥其效用,而非仅仅停留于愿望与观念上。"(第31页)。故而,维克特不仅要恢复德性、伦常(Sitten)、伦理学和道德这些词语,而且将许多东西纳入德性之中:真理和真诚;理性、智慧和明智(Klugheit);正义;自我约束(Selbstverpflichtung)和责任;团结、博爱和仁慈;勇气和公民勇气(Zivilcourage)——这个词应该是对勇敢(Tapferkeit)这一古典德性的新改写;宽容;可信和忠诚;恭顺、谦逊、勤奋与耐心。其意图正在于激活伦理主体。因此,恢复作为伦理学基本概念的德性,就应当将注意力集中于行动着的人的自我约束与自我归责之上。现代伦理学的目标应当是"一个负责任、自由和公正的社会"(第37页)。为了达至这一目标,维克特甚至模糊了古典德性与"市民阶层的"美德之间惯常的界分,(后者)即所谓的"次要美德",如守时、节俭、勤奋、细致、精确。总而言之,德性唯有以这种方式才被视作实用的。它在自身之中并无其意义与特质,而要依据其社会功用与目的来评价。

这样的考察使人回想起马克斯·舍勒(M. Scheler)为德性之复兴而做出的努力,[1]针

---

① "德性的复苏",见马克斯·舍勒:选集第三卷《价值的颠覆》(Zur Rehabilitierang der Tugend),伯尔尼,1995年,第15-31页。

对那将德性丑化为"老掉了牙而尖声叫嚷的处女"(第15页)的漫画形象,以及那种虚伪的德性论激情,舍勒试图赢得对德性的理解,将之视为"人格自身的一种品质"(第16页),而不仅仅是个人行动和作为的能力。与其说德性是单纯的卓越,毋宁说是"为善内在的高贵"(第16页)。舍勒认为,这个词关乎正当(das Rechte)和善(Gute),它自由地从人类自身中涌现而出。然而,舍勒在世纪初①为德性之复兴所做出的努力仍未获得共鸣和认可,事实上是失败了。而现今,革新德性概念的时机——"德性是现代的!"——是否就更好、更有利呢? 这仍有待考察。诉诸德性可能也只是表明了伦理学的窘境,只是为掩盖与弥合现实道德的缺陷与疏漏所作的至少是口头上的努力。

二、德性思想的起源

伦理学将德性的概念与思想归功于亚里士多德。对亚里士多德而言,德性(aretē, virtus)是一种品质(Eigenschaft),一种富有个性的人的才能。它并不单单意味着人的单纯性情,而表示一种可靠的习惯的常态,一种习性。灵魂的激情在德性的帮助下得到克制,并按照实用理性的尺度加以引导。除了理智德性(dianoetischen Tugenden)之外,亚里士多德熟知作为二分法灵魂学说之结果的伦理德性。德性是可以培养和掌握的。它们塑造了一个人的性格。借助于正确的中道(mesotēs),亚里士多德规定了德性的内在轮廓:慷慨大致介于吝啬和挥霍之间,勇敢则介于鲁莽和胆怯之间,等等。因此,德性是一种避免极端态度的内容上的规定,并由此成为人类成功行动的最高形式。"Virtus est medium vitiorum et utrimque reductum"[贺拉斯,《书信集》(Horaz, epistulae)1.18.9:"德性是缺陷、两种极端的中点。"]当然,中道并不意味着中等(Mittelmäßigkeit)的原则。所以确切地说,德性"就其本质以及就其所是的规定而言,是一种中道;但按照其卓越性和完满性而言,它是最高的"(《尼各马可伦理学》,1107a5)。因此,有德性的生活方式更像是在走钢丝,而非回退到平庸之中。亚里士多德所理解的德性是使城邦公民能够正确且适当地履行他们作为公民的公众责任。对他而言,德性的场所乃是城邦(Polis)。而直到斯多葛学派的"世界主义"(Weltbürgertum)才第一次将德性关涉的领域扩展至全人类。

这种德性概念的普遍化,使得古代教会的神学家们能够将古典哲学中的德性论纳入基督教伦理学之中。柏拉图所命名的四枢德——明智、节制、勇敢和正义——作为基本美德(Kardinaltugenden)与基督教的三种神恩(Charismen, 即 Gnadengaben):信、爱、望(哥林

---

① 指20世纪初。——译注

多前书.13)关联在一起。按照教父哲学家奥古斯丁的说法,没有神所赐予和唯凭基督恩典所作成的爱,就没有真正的德性。

在托马斯·阿奎那那里,亚里士多德的习性学说与基督教恩典论的联结在神学意义上完成,并臻于完满。他对德性的定义如下:"德性使具有之者成为善的,并使其行为成为善的。"(圣·托马斯,I/II 55a 3;亚里士多德,《尼各马可伦理学》II 5, 1106a 15 – 25: "virtus est quae bonum facit habentem, et opus eius bonum reddit")同时,托马斯将德性置于对恩典的理解之中,因此,遵循德性的伦理行动也同时是爱的道路。"德性是天主(Gott)在人内,但不靠人而造成的心灵上之善良品质,使人正直生活,无人用之于恶"(圣·托马斯,I/II 55a 4)①。通过对爱作为一切美德之"形式"(Form)的论述和对恩典之有效性的描述,以及对在灌输习性(habitus infusus)的看法中基督徒被赦免的现实的描述,托马斯将道德生活的德性与神之恩典效用的思想联系起来。因此,自托马斯·阿奎那起,天主教道德神学首要在德性伦理学中讨论人的行动。② 这一问题聚焦于行动的内在善性,以及行动与本真规定、人的"幸福"的相一致。

三、宗教改革对德性的批判

在进入对德性概念的现代批判之前,至少还应简要提及神学上对德性论的反对与保留态度。中世纪的神学将神的称义行动(Rechtfertigungshandeln)描述为一种恩典论:通过恩典的灌输(gratia infusa),使人得以切近信仰,同时在爱之中证成信仰,行善工(gute Werke)。这种对恩典的理解使得恩典论与德性论的联合成为可能。自托马斯·阿奎那以来,亚里士多德的自然伦理学和柏拉图的四枢德,即明智、勇敢、节制和正义,就以这种方式与显现为"信、望、爱"之神学"德性"形态的圣经伦理学达到了协调。

因此,自然伦理学就被纳入爱的诫命之中,同时爱的诫命也反过来在德性概念的帮助下得到了生动呈现与阐明。恩典的确使基督徒得以实现美德。德性成为人的行为(Werk)。

马丁·路德则在根本上打破了德性论与恩典论之间的一致性,他对作为神之行为的

---

① 经查,此处原出处应为STh I/II 55a 4《神学大全》[第二集·第一部]第五十五题:论德性之本质,第四节 德性之定义是否适当,而非原作者标注的STh I/II 35a 4《神学大全》[第二集·第一部]第三十五题。——译注。

② 参见:Karl Rahner / Bernhard Welte(Hrsg.),Mut zur Tugend. Von der Fähigkeit menschlicher zu leben(《德性之勇气,更人道生活的能力》),Freiburg i. Br. 1979;Dietmar Mieth, Die neuen Tugenden. Ein ethischer Entwurf(《新美德——一份伦理学草案》),Düsseldorf 1984;J. Pieper, Das Viergespann,(《四驾马车》)München 1964;E. Schokkenhoff, Bonum hominis. Die anthropologischen und theologischen Grundlagen der Tugendethik des Thomas von Aquin(《善的荣耀——托马斯·阿奎那德性伦理学的人类学和神学根基》),Mainz 1987.

称义提出了全新见解。宗教改革的因信称义学说否认了德性思想在神学上的有效性,连同否认了对人之行为的嘉许。凭借他对罪与恩典的理解,路德由此发问:"如果仍有罪孽存在,德性又有何用呢?因此,如果对基督的信仰未能得到教导,我们就应视其为一种对恶的掩盖。"(《路德全集》,魏玛版2,458,13-16)宗教改革的思想因而否认了德性论作为被救赎者之伦理学的可行性,这种德性论将美德理解和实践为有功绩的(即被称许的)行动之可能性和保证。① 这就是为何路德着重强调了圣经对正义的理解与哲学性的、亚里士多德的理解之间的差异:"在日常生活中,人们将正义称为给予每个人应有之物的德性;而在圣经中,对耶稣基督的信仰就是正义。"(《路德全集》,魏玛版2,503,34-37)

宗教改革关于信仰与行为(Werke)的区分对理解德性产生了深远的影响:德性非关宗教,而变得世俗、凡俗化。宗教改革对恩典论之为德性论的发展提出批评,认为这种德性论会在宗教改革的领域内将基督徒的生活方式导向一种实用主义的行事:"基督徒比其他任何人都能更好地教授正确的转向与一切美德,因为他们在如此行事时接受了信仰。"(《路德全集》,魏玛版40,11,59,29-30)就此而言,尽管宗教改革对信仰的理解并没有造成德性之废弃,但确实导致了一种德性思想的相对化。在实践中起决定性作用的仅仅是对德性和伦理秩序的正确应用与恰当的处理。路德为教会秩序与宗教法规所制定的内容同样适用于道德秩序:"所有秩序的生命、尊严、力量和德性就在于正确的运用,否则就是失效且全然无用的。"(《路德全集》,魏玛版,19,113,8-18)

由此,德性论在路德教神学术语上的位置就为善工(gute Werke,"好行为")②学说所取代。然而,德性概念针对的是行动着的人的状态、习性,而善工则指向为邻人谋福利。唯有做帮助邻人的事是善的,而伤害他人的行动则是坏的,是"恶"。这就是基督教功利主义的开端,它从行动的意图和结果出发,而确立起动机(Beweggrund),即基督徒在信仰中行动的动机。当然了,个别的具体的行动则要根据它们引起的结果加以检视。用路德的话来说就是,行为(Werk)不应当"闪耀"。应用伦理学的任务被委托给实践理性,即"ratio"(理性),并成为主体间互相理解的问题。在这方面,宗教改革的伦理学并未将德性思想放在中心位置。而鉴于基督教与德性概念的关联,所以说宗教改革伦理学与天主教

---

① 有关宗教改革神学对托马斯主义伦理学的批判参见:Josef Klein, Skandalon um das Wesen des Katholizismus(《迷津和天主教的本质》), Tübingen 1958, S.332-365; Die thomistische Ethik als Grundlegung der katholischen Sittenlehre(《托马斯主义伦理学作为天主教伦理论的根基》); S.393-421; Die Verwirklichung des Christlichen in katholischer und protestantischer Sicht《天主教和新教视野下做基督徒》); ders., Art. Tugend, in: Religion in Geschichte und Gegenwart(氏著:《好行为.德性》,见《历史和当代的宗教》), 3. Aufl., Bd. 5, Tübingen 1962, S.1080-85。

② 路德对"gute Werke"一词的使用,在很大程度上依据《圣经》,"你们的光也要这样照在人前,叫他们看见你们的好行为,把荣耀归给你们在天上的父"(马太福音5:16)。——译注

伦理学在传统上就是不同的。

在康德身上发现路德派对德性之理解的回响,他(康德)对德性的定义处于宗教改革的德性评判之传统中:"德性就是人在遵循自身的义务时的准则的力量。"①在康德那里,德性观念被义务这一主导概念相对化了。它是"严格履行自己的义务这种有坚实基础的意念(Gesinnung)"②。

四、揭开德性的面纱——弗里德里希·尼采

然而,针对德性最尖锐的论战出自弗里德里希·尼采③。在有德之人身上,他瞧见的是道学家的化身:"一个有德性的人之所以属于一个较低贱的种类,乃是因为他并非'有格之人'(Person),而倒是依照一个一劳永逸地确立的人的模式存在的,由此获得自己的价值。"(III, 604)尼采挖苦地问道:"让'最可尊敬的'也即最无聊的人的种类留存下来,这是值得想望的吗?剩下那些正人君子、有德性者、老实人、规矩人、正直者、'傻瓜笨蛋'?"④针对亚里士多德以"中道"为尺度来规定德性的做法,他大加嘲弄:"但居于两种恶习之间,并不总是德性,而常常是懦弱,是疲沓的软弱,是无能。"(I,194)尼采以他的批判揭露出德性概念中的诸多弱点。

他曾正确地指出,在宗教中,德性并非通往救赎之路:"无论是印度的,还是基督教的思维方式之中,这种'救赎'都不是可以通过德性、通过道德上的改进达到的,尽管二者都将德性的催眠价值设定得如此之高。"(II, 873)随后尼采恰切地将德性评判为一种"理性对情感(Affekt—冲动)的胜利"(1,1050,《朝霞》)。因而在他看来,德性就成为驯化强者的手段。故而德性源于对懦弱的怨恨。不过尼采对德性的态度也是模棱两可的。他要求:"不是德性,而是卓越(文艺复兴时期风格的德性,virtus,非道德的德性)。"(II, 1166)"比任何一种恶习都更有害的是什么?——行为上对于所有失败者和柔弱者的同情——基督教……"(II,1166)德性应当是振奋人心的:"virtù est enthousiasmé(德性是热忱的)。"(II,751)强者"强大得足以不需要德性命令之暴行(僭政)"(II,691)。"这乃是力量的尺度,可以衡量人们能够在何种程度上放弃德性;而且,或许要设想一个高度,在此

① Immanuel Kant, Metaphysik der Sitten, Einleitung Tugendlehre IX(《道德形而上学》德性论导论 IX); Werke, hrsg. von Wilhelm Weischedel, Bd.4, Darmstadt 1956, S.525. 参见同上. XIII; Werke 4, S.53 f. ——德性是"一个人在遵从其义务时意志的道德力量"。德性因而不是一种熟练,如此它将"仅仅是一种使用力量的机制";相反它是一种道德力量(Anthropologie in pragmatischer Hinsicht(《实用人类学》); Werke 6, S.437)。
② I. Kant, Religion innerhalb der Grenzen der bloßen Vernunft(《纯然理性界限内的宗教》); Werke 4, S.697.
③ 引自:Friedrich Nietzsche, Werke in 3 Banden, hrsg. von K. Schlechta, München/Darmstadt 1954—1956。
④ 参见同上,III,S.691:"任何德性都倾向于愚蠢,任何愚蠢都倾向于德性。"

高度上,对'德性'概念的感受会完全改变,以至于它听起来就像德性(virtù),文艺复兴时期的德性,非道德的德性。"(III,627)这种对德性的批判视其为一种统治的工具。此乃一种"德性之政治",人们借此以统治他人。"如果人类实际上赞成对德性的维护,那么他之所以这样做,就是为了那样一些原因,也即在德性中让人看出一种精巧、狡诈、利欲形式和权力欲形式的那些原因。"(III,627)在这种情况下,甚至还能为德性作经济学辩护:"它的任务就是尽可能地像利用机器那样去利用人。"(III,630)卓越之人自然不需要德性。

因此,对德性的批判同时也在为德性的工具化服务:新贵族一方面可以放弃德性——"我们不再需要德性:因而我们就失去了它们"(III,859)—— 另一方面,则有意识地反对德性说教者来捍卫德性,德性说教者乃是德性最坏的敌人。德性不是"所有人的理想",它具有一种"高贵的魔力"(III,596)。"德性具有平庸之人反对自己的全部本能;它是无益的、不明智的,它具有隔绝作用,它与激情相近而难以为理性所通达;它败坏性格、头脑、感官——总是以不好不坏的中等人为尺度来衡量;它发起对秩序的敌视,对隐藏在每一种秩序、制度、现实之中的谎言的敌视——假如人们根据它对他者的作用的危害性来评判它,那它就是最糟糕的恶习了。"(III,596)通过德性之为一种非道德性形式这样的辩护,它得以编排归类,并分担了"一切此在的基本非道德性——作为第一流的奢侈形式,最目空一切、最昂贵和最稀罕的恶习形式"(III, 597)。尼采在他对时代的诊断之中揭露了德性的歧义。虚无主义的迫近中,他是目光如炬的释者与先知。在虚无主义的地平线上,对德性的重估也成为必要的。而在英语世界,德性概念仍继续不受约束地被使用。

五、对德性概念之革新的兴趣

鉴于这样一段贬低德性概念的历史,现在又到底是什么促使人们重新回到对德性概念和事件的思考?在回答这一问题时,对恢复德性观念的普遍的伦理学兴趣必须与具体的新教神学性思考区分开来。

(a)阿拉斯戴尔·麦金太尔①已经用他的副标题"论当前的道德危机"表明了自己道德批判的着力方向。麦金太尔意在促进文化批判。对此他谈道,道德言说"失序"了,道德在总体上被"摧毁",当今的道德和基于启蒙运动哲学预设的道德理论已然失败了(第58、61、75页及以下,89页及以下等)。在他的书中,麦金太尔对分析哲学式的道德哲学这一他牛津时期就已然了解的进路做了清算。他认为这种以科学性奠基的、普遍主义道德

---

① 麦金太尔:《追寻美德:道德理论研究》,伦敦,1981年;„Der Verlust der Tugend"德译本,美因河畔的法兰克福,1987年。

的理想是无法实现和令人误解的。对他而言,不存在客观的、纯然科学合法化的、普世主义的道德。相反,人们总是要顾及社会背景,顾及每种道德各自的历史与社会来源。道德植根于生活世界,并为社会群体风俗伦理的环境所塑造。历史进程通过道德理论史阐明了这一点。如果没有历史的认知,没有道德社会学的考量,就完全不可能理解现今的道德理论。启蒙运动所要求的那种能够纯粹由理性奠基的普遍的道德理论是站不住脚的,在历史和经验层面都可以予以驳斥。麦金太尔就此提出了一种道德的意识形态批判史。首先,麦金太尔批判性地研究了功利主义(第89页及以下)。道德上的矛盾恰恰是无法理性地解决的。理性的论证之外,情感因素、感受(Gefühl)和冲动倒是对道德行动和伦理行为起着决定性的作用。因此,美德(Tugend)在性格的塑造中扮演着关键性角色。角色和个性在性格中融为一体。根据麦金太尔的论点,从理性中推导出普遍有效之道德的计划已然失败。今天,一种要求理性化、永恒生效的伦理学建构被差异化的叙述所取代。道德理论成为描述性的。随即在一种描述性的道德中,美德作为生活态度与生活方式的生动呈现重新被发现。然而,美德会随着生活世界与生活实践的变化而变化:在古代城邦中,在中世纪修道院中,在个人主义和市民阶层的自由主义中,在每种情境中,美德都是不同的事物。在最后,麦金太尔以选择作结:"美德之后:尼采或亚里士多德,托洛茨基或圣·本尼迪克特!"(第341页及以后)麦金太尔看来,无论是自由—个人主义还是马克思主义的道德基准点都被驳倒了。再者,道德的复兴不可能借助一种理性建构取得成功,而是需要道德社团的复兴与实践。麦金太尔由此成为社群主义的倡导者。在这种情况下,求助于德性论存在三方面的意图:首先,道德理论不应当抽象地被反思,而是要反映各自社会的生活世界,并与其各自具体的历史语境相关联。此外,在不同的行动情境(Handlungszusammenhängen)中,还存在着关于人格同一性的问题。在这方面,对美德的沉思应当是防止道德的去主体化(Entsubjektivierung)、去人格化(Entpersonalisierung)。自我唯有在自身之人格中才有其同一性。因此,美德的主题就产生于这样的问题:我想如何生活,我想成为什么样的人? 而规范伦理学讨论的问题则是:在具体的情形下我应当做什么,在这种情况下哪些行动才是正确的? 最后,麦金太尔重新发现了美德—传统同时也是一种社会现实。因而传统乃是美德得以于其中实践生存的行动空间。不是理性的、道义逻辑(deontische Logik)的模态计算,而首先是传统使好的生活之实施、实践成为可能,又或是导致与共同生活相关的美德实践之缺乏。故而伴随着对美德的追问,也可以思考哪些行为与思维模式可以维护和巩固传统,抑或是破坏与削弱传统。一种道德论证的逻辑并不必然依赖于美德,相反,对于一种如麦金太尔所假设的社群主义伦理学而言,美德构成了共同生活的公共实践之根基。

麦金太尔以此论证成为范式转换的代表人物。规范伦理学的合理性论证被一种以历史性、多元化和语境化为导向的美德理论所取代。

（b）与之相反，一种复兴新教德性论的尝试确立了其他的重点。近来，康拉德·施托克（Konrad Stock）①从追问信仰与行动、基督教信仰与生活方式之间的神学关联问题出发，一种新教德性论的转向，首先发生在他（施托克）对于卡尔·巴特（Karl Barth）将新教伦理学锚定于上帝学说的争辩中。由于一种人类学转向，基督教伦理学之神治（theonom）的设定被体验的、情感经验的理论所取代。简言之，信仰经验的心理学感知及其对基督教式生活的影响是启示理论的替代。基础人类学取代了"教会"的教义学。美德作为基本的伦理态度与保罗所说的"圣灵的果子"相关联："圣灵所结的果子，就是仁爱、喜乐、和平、忍耐、恩慈、良善、信实。"（加拉太书.5:22，引自施托克，第11页）美德作为圣灵的果子，使基督徒能够"喜悦于将要发生的事"。因而"德性"概念被理解为，"在我们以恰当方式与他人互动的过程中，以自发的、创造性的、持久而安全的方式实现我们普遍承认之目标的那种力量"（第144页）。斯托克的主题就是这个问题：基督徒是如何又以何变得有行动能力，信仰的内在确定性与基督徒的行动能力之间又有何种关联？这导致了天主教德性论与康德伦理学义务论的主导性视角之间的争辩。因此，这既是重新思考德性的起点，也是与规范理论取向的争论处。但由于其所涉及的神学解释，重点讨论了源自"所有自我活动性之被动基础"（第18页）的宗教改革恩典论之德性论。创造神学对于被给予之善，尤其是神之恩慈（die Güte Gottes）（第58页及以下）的反涉，以及在情感经验理论帮助下对恩典经验的生动呈现（第58页及以下）确保了这种来源。情感经验总是具身性的（leibhaft）（第29、31页及以下）；它是一种对"本真具身化"（Eigenleiblichkeit）的前反思的规定性（第51页）。行动乃是意图之结果；行动能力通过个人本真具身化的活动，使可能成为现实。斯托克所设定的神学德性论的目标在于"展开德性形成之条件"。因此，德性的问题概念被思考为"伦理力量的概念……它作为一种不自觉的夙愿，在自我感觉的深层产生行动"（第165页）。此外，在宗教改革神学的基本洞见的帮助下，从信仰与爱关系的规定中，从对信仰的洞察与情感生活的转变中所产生的真理确定性中，一种新教的德性论就与哲学的，以及罗马天主教的道德理论区分开来（第166页）。

斯托克的意图在于修正与补充理性道德，这与麦金太尔的意图有着相当的可比性和

---

① 康拉德·施托克：《新教德性论的基础》，居特斯洛，1995年。

类似性。本着这一意图,他借助情感经验的理论来解释行动能力,并将基督徒的这种情感经验与信仰联系起来,尤其是经由耶稣基督的内在形象与基督徒的塑造重新联系起来。以情感的感知来补充理性的反思是必要且有意义的。

尽管如此,针对这种能被理解的新教德性论,仍存在着质疑与批评的反对意见。首先,宗教改革对被拯救者的特殊伦理学的批判——正如其提出中世纪的德性论乃是对人类的赦免学说,就全没有被这一论证驳倒。信仰事实上是"力量"(Kraft),还是才干(Befähigung),抑或它本身并不归功于道(das Wort)的赋权?其次,德性理论实际上并不能提供规范伦理学或制度理论所提供的东西,即对善的内容(der Inhalte des Guten)的描述。因此,在结论中我们必须再一次从整体上评价德性伦理学的意义与局限所在。

六、德性伦理学的意义和局限

回归德性作为伦理学不可或缺的前提有着完全充分的理由。首先,理性道德的局限变得愈发明显。与此相反,苏格拉底则断言,洞见与知识自身就会导向德性,导向善的行为,现在情感联结的重要性、积极性的重要性已经得到了承认。伦理的基本态度并不是通过教导,而是通过践行,通过情感学习而产生的。故而道德行动者的资格、能力就需要得到特别关注。对德性的沉思提醒了我们这一事实。

其次,个体性的重要性有效地被用来反对千篇一律的、普世性的道德理论。对行动者,即主体的漠视将我们引向了对传统,如德性论的关注。同时这也阐明了责任的承担者及其能力与才干的问题,还包括责任的任务与情境问题。在这方面,德性的复兴指明了伦理学中规范性概念的缺陷。但另一方面,它并未消除传统德性论的诸多歧义与弱点。德性一词和单一的美德具有强烈的感情意义元素。谁一提到恶习,就传达出厌恶;而使用德性一词,就意在表达认可、赞美。然而,德性概念的这种情感内容不能用以反对由理性论证为伦理行动的奠基,即反对批判性审查的原则。

此外,美德只具体地存在于复多之中。它们描述了正确伦理行动特殊的,自然也是普遍的类型。不过伴随着基本态度在历史中不断变化,如何表达德性的观念也随之改变。这里可以借用所谓的"市民阶层"美德,即次要美德来加以具体阐明。个体性也正意味着德性观念的多元主义。这一点在对骑士、英勇的武士或正派的商人、真正的基督徒或绅士之美德的预期的变化中变得清晰可见。

最重要的是,想要通过对德性论的革新来解决所有的伦理问题是不可能的。主体、人的资质与组织、行动框架、秩序架构不能相互取代。例如,有德性的医生的理想并不能为卫生事业与医疗系统中的秩序问题提供令人满意的解答。诸如环境保护、人口增长、武装冲突、贫困等世界性问题也不能仅靠呼吁德性来克服。因此，仅凭一种能够为纯粹的态度伦理学或单纯的义务论提供支撑与奠基的德性思想，已不能满足现今对伦理学的要求。对规范伦理学的反思，一种涉及政治、经济和社会环境及伦理责任的制度理论，或一种"诸善论"（Güterlehre）都是同样必要且不可或缺的。对什么是善的规定，不能只凭个人行为之善加以衡量，而要从结果上，从人类可接受的生存和相关好生活的成就上加以证明。故而德性论的有效性也是有局限的。它并不包含对以下问题的全部回答：什么是应该的，什么是必须的，什么是要做的。尊重和保障人类共同生活的诸善与个体权利像社会和人权是同样必要的。而诸善和权利并不等同于美德与态度。个人与社会的相互依存，个体的生活形态与普遍承担的义务（Verpflichtung）的相互依存也不能仅仅借助于德性论来把握。

满怀着对伦理学回顾德性论而获得思想启迪的敬意，最后仍留下一个开放式的问题：是否并非每种德性伦理学都必然是局限的和片面的？可以期待哪一种类型的伦理学更具整合力与解释效力，这个问题仍是开放的：是否诸善伦理学（Güterethik）①、不可侵犯的人权之伦理学基础、对个人与建制共属性的反思并不比德性伦理学更具有整合力？② 诚然，德性论以统一的生活实践为目标，为此它在伦理能力的展示方面尝试重新获得行动主体的视角。但行动主体的任务与要求最初产生于行动主体自身，或者并非由周遭之人（Mitmenschen）、周遭世界（Mitwelt）和周围环境（Umwelt）从外部加诸其上？好的生活形态及其实现的问题，以及当前全人类所共同面临的种种挑战，得以在一个相较于只是态度意象与德性观念的视野更为全面和广阔的视域下呈现。伦理学还涉及其他，比给出和描述伦理生活中自由的自我占有（Selbstaneignung）的概念更多，而德性伦理学则局限于其中。

---

① 在马克斯·舍勒的《伦理学中的形式主义与质料的价值伦理学》中，该词被译为"善业伦理学"，参见：[德]马克斯·舍勒：《伦理学中的形式主义与质料的价值伦理学》，倪梁康译，北京：生活·读书·新知三联书店，2004年。——译注

② 在《神学伦理学导论》（Einführung in die theologische Ethik）（柏林 & 纽约，1990）中讨论了有关伦理学的"基本概念"，提出了"德性"之后，我据此将社会伦理学设计为"诸善论"，参见 Martin Honecker, Grundriß der Sozialethik（《社会伦理学大纲》），Berlin/New York，1995。

Difficulties with the Concept of Virtue:
The Ambiguity of Virtue

Martin Honecker

【Abstract】 The word virtue has recently come back into vogue. Ethics owes the concept and thought of virtue to Aristotle. Aristotle determines the intrinsic profile of virtue. Such universalisation of the concept of virtue then enabled the theologians of the ancient church to integrate the philosophical doctrine of virtue of antiquity into Christian ethics. In Thomas Aquinas, the linking of Aristotle's doctrine of Virtue and the Christian doctrine of grace finds its theological conclusion and completion. The concordance between the doctrine of virtue and the doctrine of grace is fundamentally broken up by Martin Luther, with his new conception of justification as an act of God. Nietzsche's critique exposes several weaknesses in the concept of virtue. Nietzsche made the appeal to virtue questionable. Alasdair MacIntyre and Konrad Stock's effort to rehabilitate virtue has currently remained with resonance and approval. In this respect, the rehabilitation of virtue points to deficits in normative ethics. But it is wrong to want to solve all ethical problems by renewing the doctrine of virtue. We still need to be cautious about the role and limitations of virtue ethics in the construction of ethics.

【Keywords】 Virtue, Ethics, Doctrine of Virtue, Rehabilitation, Criticism and Reflection

美德伦理的一些弊病

[美]罗伯特·劳登①(著)

郭　成②(译)

【摘要】 近年来,哲学和神学伦理学家都在宣扬一种美德伦理的复兴。然而,在发起美德运动的过程中,理论家们并没有注意到美德伦理的某些缺点——这些缺点恰恰在结构上与他们所指责的以规则为导向的对手所犯的错误有着很大的相似性。本文概述了美德伦理的一些弊病,对这些弊病的哲学来源做出推断,并在最后提出关于未来道德理论建构的建议。这些弊病根源于规范性理论建构中的单项式或单一原则策略,根源于一种还原主义的概念方案,后者曲解了我们道德经验的某些必要方面。本文建议放弃这种策略,因为道德领域不是单一的——单项式方法并非理论家的最佳工具。

【关键词】 美德伦理,还原主义,作风,实质,乌托邦主义

如今众所周知的是,近来有关伦理学的哲学和神学著作体现出对美德兴趣的明显复兴。然而,所谓的美德伦理究竟有哪些独有的特征? 它对我们理解道德经验是否有着特殊的贡献? 我们是否只能以某种代价来采用它特有的观点——如果是的话,那么,付出这样的代价又是否值得?

当代教科书中的伦理学分类体系仍旧倾向于将规范伦理理论的领域划分为目的论和义务论阵营。尽管这两种理论类型有着清晰的差别,但它们的共同之处却在于,它们的目光都集中在行为,而非行为主体的品质上。这两种理论旨在回答的中心问题是:我应当做什么? 对道德困境的正确分析和解决途径是什么? 目的论和义务论理论的另一个共同特征则是概念上的还原主义。这两种理论类型都是从一个首要的、不可还原的原理出发,然后通过引入次要的、派生的概念进行展开,这些概念是根据它们与首要原理之间的关系来定义的。现代目的论者(其中大多数是功利主义者)从善的概念出发——这里是基于事情的状况而非当事人来定义这个概念的。在善的这种标准确立下来之后,才基于这个出

---

① 作者简介:罗伯特·劳登(Robert B. Louden),美国南缅因州大学哲学系教授,研究方向为伦理理论、伦理学历史、哲学史、康德、启蒙运动和现代性。

② 译者简介:郭成,浙江大学哲学学院博士后。

发点对其他的伦理范畴进行定义。因此,按照经典准则,始终应当追求最大多数人的最大的善。换言之,义务是基于"行为的目的"这一原理来定义的——人们始终应当使效益最大化。美德和权利的概念也同样被当作次要的派生范畴;可以基于功利对它们进行定义。对于古典功利主义者来说,"只要维持一项权利在整体上对社会有利",那么就可以保留这项权利,而美德则被理解为"一种使所有幸福的总量得到净增长的趋势"。①

另一方面,对于义务论者而言,义务概念是不可还原的出发点,他们从一开始就拒绝任何将这个核心概念定义为"一种基于要实现的善而对某个行为进行的道德约束"的企图。义务论者坚持认为,某些行为本身就内在正确的。善的概念在这里只是一个派生的、可以基于正确性来定义的范畴。我们应当推进的善则是因其自身之故的正确行为——即为义务而义务。同样,对美德的定义也倾向于以对自身义务的支持态度为基础。美德之所以重要,只是因为它有助于我们履行自己的义务。

然而,美德伦理又是什么情况呢? 规范伦理学这种进路的特征是什么呢? 任何着手分析新美德伦理所有细节的人都会遇到的一个障碍是,在近来的文献中并没有足够全面的例子。这个领域的大多数工作并非以建设性为主,而是以批判性为主——它们的主要目的是抨击传统及其对手的研究工作,而不是建设性地、严谨地阐述自己的替代方案。第二个障碍是,有关美德伦理的文献似乎有些模糊不清和老套。例如,虽然不能总是确切地说明希腊人提倡的到底是什么,但人们还是常说他们曾提倡一种美德伦理。因此,要描述当代的美德伦理,我认为有必要做一些涉及其概念轮廓的侦查性工作,以及从现有能用的、少得可怜的论述中进行推断。

为了说明问题,我将简明扼要地探讨当代两位哲学家——伊丽莎白·安斯康姆和菲利帕·福特(Philippa Foot)——的一些关键结论,她们的名字常常与美德伦理的复苏联系在一起。安斯康姆在她被广为引用的《现代道德哲学》一文中写道:"人们可以在没有它[义务概念或'道德上的应当'(morally ought)概念]的情况下从事伦理学,亚里士多德就是一个例子。当人们不是用'道德上错误',而是用诸如'不正直''不正派'或'不公正'等类别进行评判时,那么将会是一个很大的进步。"②在此,我们发现的是一个相当早期的、口号式提出的美德伦理纲领,它将建立在当代哲学心理学和行为理论研究的基础上。

---

① 权利的定义引自 Jeremy Bentham, "Anarchical Fallacies," in A. I. Melden ed., *Human Rights*, Belmont: Wadsworth, 1970, p.32。美德的定义引自 Bentham, "The Natur of Virtue," in Bhiku Parekh ed., *Bentham's Political Thought*, New York: Barnes and Noble, 1973, p.89。

② G. E. M. Anscombe, "Modern Moral Philosophy," *Philosophy* 33, 1958, pp.1 - 19; 重印于 J. J. Thompson & G. Dworkin eds., *Ethics*, New York: Harper & Row, 1968, p.196。

在安斯康姆的这个模型中,义务和责任这种核心的、不可还原的概念完全被忽略,取而代之的是"不正派"或"不正直"等恶习。难道我们要从字面上理解这一论断并真的尝试构建一种没有任何义务概念的道德理论吗? 以我之见,安斯康姆并非真的打算完全放弃诸种道德上的应当(moral oughts)。假设人们听从她的建议,用"不正直""不正派"等来代替"道德上错误",那么,这难道不就是一种简略的说法,认为行为主体应当正直和正派,而不正直和不正派的行为之所以道德上错误,是因为好人不会做出这样的行为吗? 换言之,如今对道德上的应当这一概念的解释似乎是基于一个好人的所作所为来进行的。①

福特在她的一些文章中也采取了相似的策略。在她最近出版的论文集《美德与恶习以及其他道德哲学论文》的导言中,她指出,贯穿她整个研究的两个核心主题之一乃是"这种思想,即健全的道德哲学应当从一种关于恶习和美德的理论出发"②。如果将该思想结合着她在《道德作为一种假言命令系统》一文中的核心论点进行详加考察的话,就会发现,这里呈现的是另一种基于美德的道德理论。因为在这篇文章中,福特设想的是一个由"志愿军"——即自愿致力于真诚、正义、慷慨和友善等道德理想的行为主体——所组成的道德共同体。③ 在这样一个道德共同体中,所有的道德命令都变成了假言命令,而非绝对命令:如果一个行为主体希求真诚、正义、慷慨和友善,那么就存在着他或她在道德意义上应当做的事情,但如果他或她不是首先致力于这些(或其他的)道德理想,那么就没有什么应当做的事情。福特的模型(正如在《道德作为一种假言命令系统》一文中所展示的那样)与其竞争对手的模型的不同之处在于,道德主体在此被设想为是出于一种完全直接的欲望而行动,而不是首先认为他或她在道德上应当做出那种行为或具有那种欲望。然而,在最近的一篇文章中,福特表现出对其之前试图确定应当(oughts)和欲望(desires)之间关系的怀疑。她在其文章《威廉·弗兰克纳的卡鲁斯讲座》中声称,"关于何谓可恶、可耻或卑鄙,或者反过来,关于何谓可敬、光荣或高尚的思想④,或许能让我们关键性地解决理性道德行为的难题"⑤。然而,无论她现在是以欲望还是以思想为出发

① 安斯康姆似乎还认为,道德上的应当和道德上的责任只有在神圣法律的背景下才有意义,这就会意味着只有关于神圣戒律的伦理学理论使用的才是有效的责任概念。然而,我认为没有理由接受这种狭义的责任概念。参见她的文章《现代道德哲学》第 192 页和 202 页。对她这种限定在神圣法律下的道德责任进路的反驳,见 Alan Donagan, *The Theory of Morality*, Chicago:University of Chicago Press, 1977, p.3.

② Philippa Foot, *Virtues and Vices and Other Essays in Moral Philosophy*, Berkeley and Los Angeles:University of California Press, 1978, p.xi.

③ Foot, "Morality as a System of Hypothetical Imperatives," *The Philosophical Review* 81, 1972, pp.305 - 316;重印于 *Virtues and Vices*, pp.157 - 173. 尤其参见 1977 年补充的大段结论性脚注。

④ 此处为本文作者所强调。——译注

⑤ Foot, "William Frankena's Cams Lectures," *The Monist* 64, 1981, p.311.

点,似乎显而易见的是,她的策略也没有完全放弃"应当",而是使用略微弱化的、派生的"应当"。

换言之,概念上的还原主义也运用在美德伦理中。正如功利主义和义务论双方各自是从善的事情和内在的正确行为这种首要概念出发,然后从它们的出发点引出次要概念一样,美德伦理也是如此:它从道德上的好人这一核心概念出发,然后引入一系列其他的次要概念,这些概念是基于它们与首要原理的关系来定义的。虽然首要概念和次要概念的顺序在不同的模型中有所不同,但它们的整体策略相同。从这个角度来看,美德伦理绝非独一无二。它采用了传统上规范伦理的单项式(mononomic)策略。而它与其他进路的区别还是在于它严格以行为主体为导向。

因此,对美德伦理而言,道德判断的首要对象并非行为或其后果,而是行为主体。而在概念上分别以行为主体或行为本身为中心的伦理学出发点,也导致了其他的根本性差异,它们可以归结为以下几点。首先,这两个阵营使用不同的实践上的推理模式。行为理论家专注于单一行为和道德困境,因此,他们自然特别感兴趣的是为实际决断制定决策程序。在他们的概念方案中,行为主体需要一个指南——希望是一个明确有效的决策程序——以便找到走出困境的方法。另一方面,以行为主体为中心的伦理学则专注于长期的、品格上的行为模式,并刻意淡化过程中的原子式行为和个别的决策情况。这里并不像在一个基于规章的、可应用于具体个案的程序中那样,涉及对实际原因的描述。

其次,两个阵营对道德动机的评判方式不同。提倡义务论的行为理论家偏向于将义务概念本身看作道德行为的动机,而对支持功利主义的行为理论家来说,行为动机乃是为所有的有情生物谋求幸福的意愿。然而,对于美德理论家来说,首选的动机因素是美德本身(这里指的是在非还原主义的意义上)。完全出于友爱之心而正确行事的人,之所以如此,(在美德理论家看来)不是因为这能使效益最大化,也不是因为这样做是他的义务,而是因为他认可友爱本身所具有的价值。

尽管我很欣赏近来对长期受到忽视的美德概念进行复苏的努力,但是我在本文中的目的并非继续鼓吹美德。相反,我想要对美德现象进行更加批判性的审视并追问,是否存在着某些重要的道德特征,它们被一种基于美德的伦理学要么糟糕对待,要么完全无视。在下文中我将概述一些反对意见,(我认为)它们指出了美德伦理学进路的真正弱点。我在这里的目的并非对美德伦理进行一次全面的甚或彻底系统的批判,而是审视道德领域中的某些琐碎之处,并首先要问的是,一种美德伦理对此会说些什么,其次,它的话是否显得令人满意。

行为主体与行为之争

正如前文所言,一个普遍的现象是,美德理论家关注的焦点是行为主体的好坏,而非行为的对错。由于美德理论家们关注的是行为主体的好坏,所以他们不得不淡化单一行为,而偏重长期的、品格上的行为模式。这种特别的、概念上的探究导致美德伦理出现一系列相互关联的问题。

(a)案例分析和应用伦理学。人们常说,美德伦理的核心问题不是"我应当做什么",而是"我应当是什么样的人"。① 然而,人们总是期望伦理学理论能告诉他们应当做什么,而在我看来,美德伦理由于其结构原因,对此几乎说不出什么来。如果我的观点正确的话,那么这种情况的一个后果就是基于美德的伦理学在案例分析和应用伦理学领域会特别无力。因此,不久以前一位对福特《美德与恶习》一文的评论者指出,"必须转换思路才能理解她的美德观"。"令人惊讶的是,"他补充说,"对堕胎和安乐死的研究在这里没多大用处。"②而且,如果将福特对应用伦理学的明显兴趣与前文所引用的她的话"健全的道德哲学应当从一种关于恶习和美德的理论出发"联系在一起看的话,那么就令人感到奇怪了。然而,一种基于美德和恶习的进路能对特定的道德困境说些什么呢?正如自亚里士多德以来的美德理论家们恰当强调的那样,美德不只是对总有现成规章可循的、特定方式的行为的倾向。美德还需要洞察能力和表达能力,以及特殊情况下的"技能"(know-how),而只有通过在具体发生的道德情景下认识和践行关切之事,才能培养这些能力。道德洞察和实践理性的这些能力并不能完全惯例化,因此也不能作为任何决策程序的"一揽子协议"从一个行为主体转移到另一个行为主体身上。恰恰由于美德伦理的本质,在道德困境问题上,从一种以美德为导向的进路中能够得到的合理建议相当有限。当然,一个有德行的人会如何行事,我们也应当如何行事,然而,要确定这个假定的道德榜样处于我们的位置会如何行事,这并非总是易事,有时候他的所作所为甚至可能只是品格使然。此外,如果问他为什么会这样做,或者他是怎么知道该做什么的,答案——如果真能得到一个的话——也可能并不怎么富有教益。因此,也许不必指望他能给出可能对其他人也有用的规则或原则。

---

① 关于"是或做"二者之争的背景见 Bernard Mayo, *Ethics and the Moral Life*, London:Macmillan & Co., Ltd., 1958, pp.211-214, 以及 William K. Frankena, *Ethics*, second ed., Englewood Cliffs, N. J.: Prentice Hall, 1973, pp.65-66.

② Arthur Hemming, "Reviving the Virtues." Review of Foot's *Virtues and Vices* and James Wallace's *Virtues and Vices*, *Ethics*, 90, 1980, p.588.

我们可以在亚里士多德的意义上说,有德行的人是为了高尚(*tou kalou heneka*)之故而行事,他不会做任何卑鄙或道德败坏之事,等等。不过在我看来,我们无法明智地声称:"一个有德行的人(他为了高尚之故而行事)也会主张应当(或不应当)将所有八个月大的智障胎儿打掉,必须一直(或者不必一直)遵守医患之间的保密原则,等等。"这听起来极其古怪,并且其古怪之处在于,美德和荣誉这样的动机不可能完全惯例化。

美德理论并非一种以解决问题或困境为导向的伦理学进路,它只是附带地谈到行为的规则和原则。而且对于尚未获得必要的道德洞察力和敏锐力的人来说,它所附带的行为戒律经常极为模糊且毫无裨益。因此,我们不能指望它在应用伦理学和案例分析中发挥多大作用。而现代社会中伦理学的这两个分支越来越重要,这对美德伦理的复兴无疑是个打击。

(b)悲剧人物。另一个确保我们的伦理学理论能允许我们剥离行为主体及其对自身行为的观念来谈论行为的特征和后果的理由是,即使是最好的人,有时也会做出错误的决定。在有些情况下,虽然某人的决定是基于最好的信息,其行为动机也高尚,而且行为本身绝对符合其品格,但是所有这些崇高的意图可能会导致糟糕的结局。亚里士多德在其《诗学》中认为,悲剧之源恰恰在于:我们面对的是一个杰出的和受人尊敬的人,"他并非由于恶习(*kakia*)或堕落(*moktheira*),而是由于某个判断失误(*amartia*)而遭受厄运"(1453a 8-9)。每个人都会在道德上犯错,因为我们每个人心中都有一个小俄狄浦斯。所以亚里士多德的观点是,不管品格如何,任何人都可能犯那种引发悲剧的错误。然而,美德伦理由于其概念方案根植于好人这一概念,因此也就无法准确地评估人的行为造成的偶然的(难以避免的)悲剧后果。

劳伦斯·贝克尔(Lawrence Becker)在其文章《对美德的忽视》中,似乎从对美德伦理和悲剧的类似思考中先是得出了一个相反的结论,因为在他看来,美德伦理对我们理解悲剧有着不可或缺的贡献。贝克尔说,"有时候问题恰恰不在于造成了多少损害,或者是否值得原谅犯错的人,或者冒犯行为是否有意,而是在于行为所揭示的那种品格是否是'可接受'——或许甚至是理想的——以至于'错误的'行为必然被简单地视为是这种品格不可避免的一个缺陷"。① 依贝克尔之见,从行为理论家的角度来看,俄狄浦斯不过是一个问题太多的愚人罢了。只有专注于行为主体的美德伦理,才能让我们区分悲剧英雄和愚人,并恰当地考量每种品格类型中的行为。而就悲剧英雄而言,这意味着他的品格有不可避免的缺陷,尽管这种品格代表着一种人类理想。虽然贝克尔的观点逻辑清晰,但这并不

---

① Lawrence Becker, "The Neglect of Virtue," *Ethics* 85, 1975, p.111.

能消解我的批评。在我看来，美德伦理面临的危险是，它可能会对俄狄浦斯式行为中的错误举止视而不见，仅仅因为它把这个世界上的俄狄浦斯式的人视为可敬的人，以及因为它关注长期的品格表现而非单一的行为。要认识到俄狄浦斯式行为的错误所在，需要的是这样一种理论，它的概念工具能使人聚焦在单一的行为上（顺便提一下，贝克尔本人的论述正是致力于此）。

（c）无法容忍的行为。第三个坚持认为我们的道德理论能够让我们剥离行为主体来评判行为的理由是，我们必须有能力确定哪些行为会造成巨大的损害，比如会破坏社会凝聚力和导致道德善（至少暂时地）无法实现。在每个传统的道德共同体中都有一些"行为禁令"，它们清晰地指出在诸如杀害无辜、性关系以及根据当地法律和习俗进行司法审判等方面的界限。① 必须要有这些规章才能教育民众哪些行为不仅是坏的（对此，一个恶习目录就够了），而且是无法容忍的。② 道德理论家必须诉诸特定的罪行清单，才能明确哪些行为应绝对禁止。而只参考品格上的行为模式，我们并不能明确提出这样的绝对禁令。

作为反驳，美德理论家可能会回应说："美德伦理不需要明确提出这些禁令——让法律用其强令和禁令清单去做这事。"然而在我看来，这里强令和禁令的意义在本质上是道德性的而非法律性的。道德虽然可以（而且经常就是）在这样的情况下援引法律的帮助，但如果我们问为什么会有比如反对强奸或谋杀的法律，正确的答案是这些行为在道德上无法容忍。在回答为什么一个行为会被禁止或无法容忍的问题时，如果只是指明某个法律条例，那么这会引发比此前还多的问题。

（d）品格变化。第四个坚持认为道德理论能够剥离行为主体及其对自身行为的观念来评判行为的理由是，人的道德品格有时候会发生变化。色诺芬在《回忆苏格拉底》的开头（第一卷第二章第 21 节）引用了一位不知名诗人的话："啊，一个好人却时而高尚（esthlos），时而邪恶（kakos）。"色诺芬本人也同意诗人的观点："如今一些所谓的（phaskonton）哲学家或许会说：一个公正（dikaios）的人永远不会变得不公正；一个自制的人（sophron）永远不会变得放纵（hubristes）；实际上学会某种知识的人（mathesis）也永远不会变得对其一无所知。我并不这样认为……因为以我之见，如同诗歌不经常重复就会遗

---

① Stuart Hampshire ed., *Private and Public Morality*, New York：Cambridge University Press, 1978, p.7.

② Alasdair MacIntyre, *After Virtue*, Notre Dame：University of Notre Dame Press, 1981, p.142.

忘一样,教诲若不再听从就会从脑海中消逝。"①

色诺芬是个偏重实践的人,并不经常热衷于思辨,然而在为苏格拉底辩护时他却明确表达了他关于品格变化的观点。色诺芬认为,苏格拉底陷入困境的原因之一可归结为他与年轻人克里提亚(Critias)和阿尔喀比亚德(Alcibiades)的交往。因为在所有其他的雅典人中,"没有任何人对城邦做过如此多的恶"。然而,色诺芬的结论却是,一旦这两个人不再与苏格拉底密切交往,那么苏格拉底就不应该为丧失对他们的良好影响而备受责备。

在我看来,如果技能会生锈,那么美德也会生锈。如果我们不经常练习,那么我们就可能会失去相关的能力。虽然我们不怎么可能全忘(部分原因是,练习美德的机会在日常生活中非常多),但是我们会丧失某种敏锐性。相对而言,人们的确会变得道德迟钝——在错过他们以前本该注意到的机会时,虽然也许在面对一个错误时,他们可能会认识到他们已经错了,表明他们至少并没有在字面上"忘记正确与错误的区别"。如果道德上的美德是养成的习惯,而不是天生的才能,那么人们总有可能在这些习惯中丧失相关能力。正如一个人的兴趣和能力在生活中有时候会由于新的经验和影响而改变一样,我们道德品格的各个方面似乎也会发生变化(请注意宗教皈依后的经历)。一旦我们允许道德品格有这些变化的可能,那么显而易见的是,必须要有一种更加"与品格无关的"评判行为的方式。品格并非永久固定不变,而是可塑的。有时候需要的是一个更为可靠的标准。②

(e)道德上的失察(*Moral Backsliding*)。最后,关注行为主体的好坏而非行为的对错会导致某种道德上的失察。因为以行为主体为导向的伦理学强调长期的、品格上的行为模式,所以其倡导者面临的危险是,他们可能会忽视偶尔的谎言或自私的行为,因为他们认为这些行径只是暂时的反常现象——是其品格之外的行为。即便公正的人有时也会有不义之举,那么,为什么要在小事上争执呢?美德理论家的任务不是参与这种法利赛式的斟酌。但是只要他明确地声称,对道德价值的评估并非只与我们行为的对错有关,那么就

---

① 有趣的是,当代两位迥异的哲学家吉尔伯特·赖尔(Gilbert Ryle)和伽达默尔(H. G. Gadamer)都反对色诺芬和我,认为品格不会发生变化。见 H. G. Gadamer, "The Problem of Historical Consciousness," in P. Rabinow and W. M. Sullivan eds., *Interpretive Social Science*, Berkeley and Los Angeles: University of California Press, 1979, p.140 以及 Gilbert Ryle, "On Forgetting the Difference Between Right and Wrong," in A. I. Melden ed., *Essays in Moral Philosophy*, Seattle: University of Washington Press, 1958。

② 这里或许有一种可能,就是分离出特定的品格特征,然后要求有德行的人在任何品格变化中都应保持这些特征。(例如:"一个好人,不管他是基督徒、犹太人还是无神论者,他都不会行卑鄙之事。")但我认为,如果有的话,也只有极少数的道德特征才具有这种"超越品格"的地位。看看不同的传统就会发现,恰恰是关于什么算美德或恶习的观念本身发生了根本性的变化(请比较亚里士多德将 *megalopsuchia*,即骄傲,称赞为"美德之冠"和《新约圣经》对谦逊的强调)。另外可以预料的是,关于什么是卑鄙或高尚的基本观念本身会在传统的变迁中经历其意义的变化。

可能会导致失察的后果:"一些人不管多么成功,他们仍然觉得自己本质上'是'诚实的。"①在某种程度上,这种失察必定会导致自欺欺人。

我已经证明,所有这些弊病都有一个共同的来源。美德理论家明确地声称,道德评价的首要对象不是行为或其后果,而是行为主体——尤其是行为主体的那些被评判为与道德相关的品格特征。这并不是说美德伦理从未关注过行为的对错,而是它只能以间接的方式关注。然而在有些时候,道德评价的主要焦点明显应是行为,而非行为主体。

谁有美德?

还有一个认识论上的问题,即当人们关注人的特征而非行为的特征时会遇到一些麻烦。简言之,困难在于我们似乎没有任何把握确认谁真有美德,以及谁邪恶。因为到底该如何去确定一个行为主体的真正道德品格呢? 这里的标准策略可称作"外在主义者"策略:我们试图通过观察行为来推断品格。虽然我不否认品格和行为之间存在某种联系,但我认为这种联系并不像外在主义者所认为的那样紧密。这并非一种必然关系,不过是偶然罢了。虽然美德理论家也不得不向这种观点低头,但他们并非总能意识到这一点。因为"存在与行动之争"(Being vs. Doing)背后的一个核心问题乃是美德理论家们主张,"存在"的道德价值不能归结为或取决于"行动",对一个行为主体品格的评判并非局限于甚或取决于他可能做出的行为的价值。从这个角度来看,最重要的道德品质可以说是"精神上的"(spiritual)而非"行为上的"(actional)。②

精神美德最著名的例子也许是柏拉图对正义(dikaiosunē)的定义。众所周知,柏拉图曾论证说,基于人的行为来定义 dikaiosunē,这种努力的方向是错误的并且会误入歧途。相反,在柏拉图看来,dikaiosunē 关涉的是灵魂的三个部分之间正确的、和谐的关系:"它不在于一个人的外在行为,而在于一个人在其自身中(tēn entos)的行为方式,真正关涉的是自己和自己的内在(peri eauton kai ta eauton)。"(《理想国》443d)其他的精神美德可能包括诸如自尊和正直等态度。这些品格特征确实对我们的行为有着重大影响,但其道德价值不能完全从它们可能导向的行为中得出。

如果存在这些精神美德的话,如果它们也属于最重要的美德的话,那么,外在主义者的策略就会遇到麻烦。对于那些接受精神美德的人来说,内在不能归结为或取决于外在。

---

① Becker, "The Neglect of Virtue," p.112.
② 术语引自 G. W. Trianosky-Stillwell, *Should We Be Good*! *The Place of Virtue in Our Morality* (Doctoral Dissertation), University of Michigan, 1980。

我们不能总是通过评价一个人的行为来确认其品格的道德价值。

不过，假设我们拒绝外在主义者的进路，并反过来选择内在主义者所谓的直接路径，那么要假设的则是，我们可以真正"看到"行为主体的"内在"，并且能够以某种方式观察到其品格特征。（最简单的设想方法是，假定某种基于道德心理学和神经生理学的同一理论在原则上是正确的。为了避免读者在此反对说这只是一个现代唯物主义者的愚蠢妄想，我想补充的是，至少有一位评论家曾声称亚里士多德严肃地认为，美德和恶习的出现取决于大脑和神经系统的某些变化，以及伦理学中相应的心理过程是伴随着身体状态而产生的。）①这里的目的是将特定的美德和特定的化学状态相匹配，就像同一理论家们曾经试图将其他类型的心理活动和其他特定的神经生理活动相匹配一样。但是，即便我们对内在主义者的策略进行唯物主义式的解释，只要谁具有哪种美德这个问题悬而未决，那么就无法通过化学分析来确定美德的任何内容。因为我们首先要知道的是谁具有且在其行为中表现出哪种美德，然后才能寻求他身上所特有的、其他行为主体所缺乏的身体特征。但我在之前讨论外在主义者的策略时已经指出，这正是我们知识的盲区。这可以类比为想要确定哪些物体有哪些颜色。不管我们对物体的物理成分知道多少，我们必须先要对颜色进行判断。然而，在这一点上这个类比就失效了，因为对颜色进行判断的认识论问题远不如对美德进行判断的问题那么棘手。②

对我们能否辨别谁有美德的疑问，也将怀疑主义带入美德伦理的内核中，因为我们以此恰恰是在怀疑我们确定自己研究对象的能力。这与近来诸如伯纳德·威廉姆斯（Bernard Williams）和托马斯·内格尔（Thomas Nagel）等作者所从事的怀疑主义不同，他们思考的问题是，"令人不安的是，道德评判的自然对象是个运气问题"③。他们的怀疑主义是一种关于道德的怀疑主义，而我的则是道德内部的怀疑主义。我心目中的那种怀疑主义发生在这种情况下，即人们确信：存在着真正的道德行为主体，他们确实在主动地做事情而非事情发生在他们身上。由此可见，我的怀疑主义虽然比较狭义，但在道德上更为具体：它不涉及因果关系和自由意志的问题，而是怀疑我们辨别自身行为动机的能力。正如康德所言："因此，行动的真正道德性（功与过），哪怕我们自身行为的道德性，对我们都

① W. F. R. Hardie, *Aristotle's Ethical Theory*, 2nd edition, Oxford：Clarendon Press, 1980, Ch. VI, esp. pp.111－113.
② 感谢比尔·罗宾逊（Bill Robinson）在对内在主义者策略批评上的帮助。
③ Thomas Nagel, "Moral Luck," in *Mortal Questions*, New York：Cambridge University Press, 1979, p.28.另见 Bernard Williams, "Moral Luck," in *Moral Luck：Philosophical Papers 1973—1980*, New York：Cambridge University Press, 1981。

仍然是隐藏着的。"①托马斯·阿奎那也主张类似的怀疑主义:"然而,人不能判断内心隐藏的活动,而只能判断外在可见的行为;但是,为了完善美德,人必须在这两种行为中都举止正确。"②

现在,或许会有人在此反对说,我在这个认识论错误上纠缠得太多,没有人真正犯这种错误或质疑这是个错误。但我不认为如此。提倡一种美德伦理意味着,除了其他事情外,还要以我们能明确区分美德和恶习为前提。否则的话,这种理论方案就会欠缺在实际中的应用能力。

请思考一下亚里士多德关于好人(spoudaios)和具有实践智慧的人(phronimos)的概念——两个本质上同义的概念,它们经常一起被称作亚里士多德伦理学的试金石。在《尼各马可伦理学》中,spoudaios 和 phronimos 被反复强调是解决亚里士多德伦理学中许多未解问题的关键。例如,我们应当求助于 spoudaios,以便知道什么真正令人快乐(1113a 26 - 28)。以及我们必须求助于一个真正的 phronimos,以便明白抽象而神秘的 orthos logos 到底是什么("正确的理性"或"理性的原理"——这个概念在美德的定义中起着关键作用,1107a 2;1144b 24)。甚至亚里士多德在讨论 phronēsis 或实践智慧的理智美德时,一开始就宣称"我们应当通过观察我们赋予此殊荣的人来获得真谛"(1140a 24)。然而,谁是具有实践智慧的人(phronimoi)呢,而且我们怎么知道我们遇到的人就是呢? 毕竟亚里士多德说过,伯里克利"以及与他类似的人"是 phronimoi,"因为他们能看出什么适合他们自己以及什么适合一般人"(1140b 8 - 10)。然而,除了这句相当随意的话之外,对于如何寻找到一个具有实践智慧的人,他没有给读者任何提示。实际上,他甚至不认为这是个值得讨论的问题。

我认为,关于这个奇怪的疏漏有两个原因。首先,亚里士多德研究的是一个小的熟人社会,其中潜在的 phronimoi 通常来自一些在整个城邦(polis)都声名显赫的富裕家族。在这样一个小的熟人社会中,自然可以期望在对品格的判断上达成广泛共识。其次,亚里士多德自己的方法论本身是为了适配这种道德共同体而设计的。他并不是在倡导一种具有普遍范畴的柏拉图式伦理学。

在一个城邦以及一种与之适配的伦理理论的背景下,这种指明 phronimos 的策略有一定的意义。然而,将这种策略与其社会上和经济上的根源隔离开来,并将其应用于一个完

---

① 康德《纯粹理性批判》,A552=B580,脚注。
② Saint Thomas Aquinas, *Summa Theologica*, I - II Q. 91, a. 4.

全不同的社会——一个人们彼此并不完全熟悉、没有广泛价值共识的社会,这并无意义。恐怕,这正是当代美德伦理学家们所尝试的事情。①

作风高于实质

只要美德理论家强调存在高于行动,强调内在高于外在,那么他们就会遭到这样的指责,即他们更关注作风(style)而非实质(substance)。因为,正如我之前所言,美德理论家明确地声称,某些核心品格特征的道德价值并非局限于甚至取决于人们可能做出的行为的价值。如果坚持品格和行为之间的这种鸿沟,并结合着在道德上重要的是道德主体而非行为这个要求的话,那么结论就是,道德评价的焦点并非在于人们行为的实质。这似乎意味着,如果一个人有作风,也就是说有在具体的道德传统意义上的有德行之人的作风,那么行为的后果如何其实并不重要。("重要的不是输赢,而是怎么打比赛。")正如在一段话中,弗兰克纳强调古今美德伦理之间一个所谓的根本性差别乃是:

> 希腊人认为⋯⋯有德行不仅包括要有善的动机或意图,还包括要做正确的事。现代观点与希腊观点的不同之处恰恰在于此;也许是由于犹太教、基督教传统所引导的思维方式的转变,我们才倾向于认为,道德上的善并非意味着必须做实际上正确的事⋯⋯即使我们相信(我确实相信),做实际上正确的事需要的不止是有一个善的动机或意图。如今许多人甚至认为,道德不在于你做的是什么;按照他们的说法,最重要的是你是怎么做的。模仿近期的一个香烟广告的话:对他们而言,重要的不是你做的有多错,而是你怎么做错的。②

但是,如果声称绅士或亚里士多德的美善之人(kaloikagathoi)的谎言所造成的后果不是很重要,或者声称他们的粗鲁行为所造成的影响由于其身份可在某种程度上得到淡化,那么这就是诡辩了。这种思路对我们的基本信念,即道德评判必须力求不偏不倚并忽略与道德无关的社会和经济事实,显然是一记耳光。

在我看来,美德伦理的这种特殊弊病类似于黑格尔对形式主义义务论者"为义务而义务"的批评。基于美德和基于义务的理论都遭到了"作风高于实质"的指责,因为它们的目的概念过于薄弱。这两种理论都只是在间接意义上谈及目的。对于义务论者来说,善

---

① 感谢亚瑟·阿德金斯(Arthur Adkins)对这些观点的讨论。
② William K. Frankena, *Thinking About Morality*, Ann Arbor: University of Michigan Press, 1980, pp.52 - 53.

是义务行为的一个内在固有的特征,因此,唯一明确的目的就是正确的行为本身。对于美德理论家来说,善是参照有德行的人而定义的。("美德本身就是回报。")如前所述,亚里士多德在区分真正的善与表面的善时指出,"好人(spoudaios)希望的善是真正希望的善,坏人希望的善则是偶然之物"(《尼各马可伦理学》1113a 26 - 28)。

虽然(除了最顽固的功利主义者之外)没有人会否认这两种目的在道德善的清单中的地位,但似乎还有另外一种重要的、完全未经考量的目的。这种第二类型的目的可称作结果目的(product-end),即行为的一个后果或结果,它与产生它的行动不同。(举个例子,比如一场灾难或相反的情况。)相反,基于美德和基于责任的理论只能考虑行动目的(activity-ends),这种目的是(美德或义务)行为内在固有的特征。因此,基于美德的理论与其基于义务的对手一样,由于它们都缺乏对结果目的的关注而暴露出一种结构性的缺陷。①

现在可能会有人说,"作风高于实质"的指责更适合针对那些强调行动高于存在的人,因为一个人做正确的事也可能只是为了遵守规章或得到夸奖。一个人可能外在彬彬有礼,内心却肮脏或肤浅。我承认,这对行为理论家来说是个问题,但这与我的批评略有不同,因为我们是在不同的意义上使用"作风"和"实质"这两个词的。在我的批评中,"作风"的意思大致是"与道德无关的习惯和举止",而我所使用的"实质"的意思类似于"与道德有关的行为后果"。在刚刚提到的这种批评中,"实质"指的是好的道德品格以及源于这种品格的行为,而这里的"作风"更多是意味着"做正确的事情,但它背后并没有正确的、固定的品格特征"。然而,虽然承认这两种"作风高于实质"的批评都有一定的道理,但我还是认为,我的批评点出了一个更大的弊病。不怀好意地做正确的事是一回事,完全不做正确的事是另一回事。

乌托邦主义

我要讨论的最后一个弊病具有一种更加社会历史性的特征。在我看来,美德理论家对规则伦理(ethics of rules)的抱怨背后隐藏着些许乌托邦主义。当然,规章制度在现代社会中更有分量的原因之一乃是现在的情况更加复杂。我们的道德共同体(如果在我们

---

① 关于这个话题,我自己的观点与功利主义相反。我认为,在两种目的中行动目的明显更为重要,而且大多数结果目的最终是从更为根本的行动目的中获得其道德价值的。(例如救生的重要性,其价值来自它所救生命的性质。"生命不惜一切代价"毫无意义。)但是,与义务论和美德伦理相反,我还认为,任何合格的道德理论都必须为这两种类型的目的保留位置。

这个自恋的时代谈论"共同体"还有意义的话)比亚里士多德所探究的道德共同体包含更多的民族、宗教和社会团体。不幸的是,每个社会群体不仅有自己的利益,还有自己的一套美德。在这样一个世界里,并不存在对理想的道德品格的普遍认同和重要声明。事实上,我们的多元文化正是以其所谓的价值中立及其对任何道德传统不偏不倚的态度为荣,并且以此来定义自己。在人类目标和道德理想上缺乏共识,这似乎驱使我们(部分由于缺乏替代方案)通向一种更加拘泥于法律条文的道德形式。认为学术理论家只通过重新强调某些概念就能改变这种状况,这种观点不过是错觉罢了。我们的世界缺乏道德凝聚力和价值统一性,而在传统的美德理论家看来,这些正是一个切实可行的道德共同体的先决条件。①

以上勾勒的弊病清单并非要全面详尽,但即便在其不完整的情况下,我认为它也对基于美德的道德理论造成了麻烦。因为上述缺点并不罕见——它们涉及道德经验的日常方面,而任何在最低限度上合格的道德理论都应当预料到它们。尽管我认为当代的美德理论家们在正确地主张,任何合格的道德理论都必须考虑到品格事实以及没有任何纯粹的和不加补充的规则伦理能做到这一点,但以上分析也同样地表明,没有任何纯粹的和不加补充的美德伦理能够令人满意。

我自己的观点是(这里只能简要地说),我们需要竭尽全力将种种不可还原的或核心的美德概念和各种行为理论中不可还原的或核心的概念调和起来,并使其融入我们的道德概念模式中。虽然这种呼吁并不会令那些继续在单元素(single-element)或单项式传统(当代基于美德的理论家从他们基于义务和基于目标的前辈那里所继承的一个传统)中思考的理论家们满意,但我确实相信,它的结果是能够更加切实可行地考量我们的道德经验。道德领域并不统一,而且我们在道德判断中所运用的价值有时候具有完全不同的来源。任何单一的概念推导方法都无法提供一个切实可行的方式来对这些不同的价值进行排序。并不存在任何单一的等级总能以其来评估、补充和平衡诸多迥然不同的道德考虑。② 理论家们为追求概念上的经济原则和优雅所付出的代价实在太高,因为这导致了对道德概念的还原主义定义并不符合道德经验的事实。如今,重要的是将美德伦理和规

① 类似的批评见 Mayo, *Ethics and the Moral Life*, p.217 以及 MacIntyre, *After Virtue*。
② 见 Thomas Nagel, "The Fragmentation of Value," in *Mortal Questions*, New York: Cambridge University Press, 1979, pp.131 - 132, 135。查尔斯·泰勒在他最近的文章中也为类似的立场辩护, Charles Taylor, "The Diversity of Goods," in A. Sen & B. Williams eds., *Utilitarianism and Beyond*, New York: Cambridge University Press, 1982。

则伦理视为互补,而非互斥。①

On Some Vices of Virtue Ethics

Robert B. Louden

【**Abstract**】 In recent years the revival of an ethics of virtue has been proclaimed by both philosophical and theological ethicists. However, in the course of the campaigning for virtue, theorists have failed to take note of certain shortcomings of virtue ethics—shortcomings which reveal a strong structural similarity to the very faults they have accused their rule-oriented competitors of making. In this essay, the author sketches some vices of virtue ethics, draws an inference about the philosophical source of the vices, and concludes with a recommendation concerning future efforts in moral theory construction. The source of the vices, the author argues, lies in a mononomic or single-principle strategy within normative theory construction, a reductionist conceptual scheme which distorts certain integral aspects of our moral experience. The author's recommendation is that this strategy be abandoned, for the moral field is not unitary—mononomic methods are not the best tools for theorists.

【**Keywords**】 Virtue Ethics, Reductionism, Style, Substance, Utopianism

---

① 本文之前的版本曾在 1982 年的美国哲学协会太平洋分部会议上和 1981 年在格林奈尔学院举办的爱荷华州哲学协会会议上宣读。我非常感谢在这些场合得到的有益批评和建议。我还要感谢玛西亚·巴伦(Marcia Baron)、劳伦斯·贝克尔、詹姆斯·古斯塔夫森(James Gustafson)、W.D.哈姆林(Hamlyn)、鲍勃·霍林格(Bob Hollinger)、乔·库普弗(Joe Kupfer)和华纳·威克(Warner Wick)对早期草稿的评论。当前版本的某些部分摘自我的博士论文(*The Elements of Ethics*:*Toward a Topography of the Moral Field*, University of Chicago, 1981)。

黑格尔与我的哲学道路：科维刚学术自传①

［法］科维刚②（著）

冯嘉荟③（译）

当年，在 1968 年春天的情绪影响下，当我察觉到一个即将建立的新世界的开端时，我决定学习哲学，带着一种心血来潮。尽管这个世界的喧嚣在 5 月之后还没有平息，我也积极投身其中，但我还是对法语版本的四卷黑格尔《逻辑学》进行了详尽的阅读。我阅读的时候有一种奇怪的感觉，那就是文本每一个词都是法语，但其句法组织却不可捉摸。简而言之，我一个字都没搞懂。我知道很多人（罗素和其他后继者）会告诉我，我的反应是健康的，这一堆混乱无章的东西本就不值得去理解。然而，这种超现实的盲目阅读并非毫无结果，因为它勾勒了一幅整体图景，即使是蹒跚学步地，在其中我学会了黑格尔的哲学语言。

我对黑格尔的热情不是孤立的。从 1972 年起，在圣克卢（现今的里昂高师）成立了一个学生小组，按照伽达默尔所提倡的，"逐字逐句"地阅读和评论《逻辑学》的文本。当时我们并没有想到，这项任务花费了十几年时间才完成。在集体阅读《逻辑学》的漫长日子里，我们大多数人在中学教书，那时还没有博士合同和临时教学研究岗位，通过各种方式进入大学的机会更是微乎其微。这项集体工作最终的成果是 80 年代出版的，总篇幅约 1200 页的《黑格尔逻辑科学阅读导论》。

---

① 原文来自科维刚："规范，法律与理性：一个回顾"，《思想与规范》（"Normativité, juridicité, rationalité：un bilan", dans Aubert I., Djordjevic E.et Marmasse G.（éd）, *La Pensée et les normes. Hommage à Jean-François Kervégan*, Paris, Édition de la Sorbonne, 2021。

② 作者简介：科维刚（Jean-François Kervégan），国际知名黑格尔专家。其《现实与理性》《黑格尔与黑格尔主义》等著作被翻译为英语、德语、汉语、葡萄牙语、阿拉伯语在内的多国语言。本文为 2021 年 1 月荣休纪念会议（La pensée et les normes. Hommage à Jean-François Kervégan）上，科维刚本人的回顾性发言。经作者同意，译文有删节。关于科维刚的其他领域，尤其是关于施密特和法哲学的研究，详见原文。

③ 译者简介：冯嘉荟，巴黎第一大学哲学博士生。

逻辑学就是黑格尔所说的形而上学,是第一哲学;或者说,一种本体论。在这个意义上,它不是关于存在的理论,而是关于存在(或存在者)的话语(logos)的理论。这种存在—逻辑(onto-logique),不仅对形而上学的主要范畴进行了广泛的重新定义(尤其是第二部分,本质论),而且还对沉淀在语言的日常使用的意义进行了重新规定。按照黑格尔的说法,这种日常语言的使用意味着一种糟糕的形而上学;糟糕的,因为它是无意识的和未受质疑的。所有这些概念性的工作都为系统的其他部分,即自然哲学和主观、客观和绝对精神的哲学提供了前设。黑格尔在《法哲学原理》中强调,他的整个论证是以《逻辑学》中开展的经典概念和哲学推理方法的重构为前提的,《逻辑学》是整个体系得以呼吸的根据。人们不能把黑格尔的实践哲学与他的存在—逻辑分开,除非只为纯粹的胡说八道。

然而,这并不意味着人们必须接受黑格尔的整个形而上学,尤其是他全部的绝对精神学说。按照黑格尔的构想,哲学有野心去思考宗教所代表的东西——去思考上帝。哲学对宗教的启蒙,不意味着断裂,而是将它所拥有的真理内容转变成另一种语言,即概念的语言。当然,当我们阅读黑格尔时,我们必须始终牢记《信仰与知识》中非同寻常的最后一页,其中黑格尔引用"思辨的受难"的表达,将耶稣基督的受难这一宗教主题移植到了概念的辩证法领域。黑格尔表示,如果我们想实现"最宁静的自由",即思想在否定它的东西中征服自己并且永远不会停止与之对抗,就必须在其"全部的真理和严酷性中重新建立"与自身的对立、矛盾和彻底的差异。

关于我对黑格尔法哲学和政治哲学的解读,我需要回溯我与两个思想家的联系:首先是马克思,随后是卡尔·施密特。

在我职业生涯的初期,我追随"青年黑格尔派",相信政治是哲学的真理。1968年5月的运动被许多人看作即将到来的革命转型的"彩排",在此之后,"对尘世的批判"是当务之急,而哲学只能被理解为政治的婢女。这到底意味着什么,当时我并不清楚。一个根本性的问题是,什么样的政治哲学可以证明我秉持的承诺和实践信念是正确的? 随着我对马克思及其追随者的工作越来越熟悉,我不得不面对这一事实:人们只能在通俗的马克思主义中找到一种政治哲学的轮廓,或者更确切地说,一种关于政治的哲学轮廓。政治的真相是阶级斗争,但后者也只是生产方式的结构配置的结果。因此,人们必须在政治经济学中寻求"市民社会的解剖"。这就是为什么马克思作为一个理论家,把他的大部分精力用于进行"政治经济学的批判",而不是建立一种政治哲学。在某种程度上,阿尔都塞和他的学生(巴里巴尔、马切雷、朗西埃等)的工作,与福柯在法兰西学院的工作并行,是以"理论中的阶级斗争"为名义把政治哲学,甚至是哲学排除在外了。

在一个完全不同的方向上，我在大学之初对布迪厄及其学派的批判社会学的阅读，极大帮助了我建构哲学概念。我无法想象一种法、社会和政治哲学不借鉴社会学经验和理论成果，无论是布迪厄的还是英语世界的（米德、帕森斯、戈夫曼等），还是德国的社会学，从两位伟大的创始人西美尔和韦伯开始。在我看来，福柯的工作就像布迪厄、哈贝马斯和卢曼一样，旗帜鲜明地展示了要去维持的哲学与社会科学的严格边界，是无效的。如果我们回到社会学的伟大奠基人，涂尔干、韦伯、西美尔，这种区分就显得更没意义了；就我而言，我认为我的哲学工作更多的是要归功于这些作者，而不是纯粹的哲学家，无论他们是伟大还是渺小。

让我们来谈谈施密特，因为，无论我喜欢与否，我的工作经常与他联系，毕竟我为他投入了两本著作。我与施密特的相遇来自我在阅读马克思时经历的挫折，这让我打算从其他地方寻找可能的补救因素。阅读施密特让我着迷；我必须学会摆脱这种感觉，因为他出色的风格和有效的修辞的诱惑，模糊了与他的分析必须保持的批判距离。一方面，施密特在 1920 年代所说的决断论的法律概念，在我看来是自 19 世纪以来法律相对于哲学的"实证化"和自主化的激进的表达。但另一方面，我看到，施密特与他所称的"哲学家"黑格尔有着特别有趣的关系，施密特对黑格尔是非常熟悉的。

于是我就有了一个想法，"照着镜子"阅读黑格尔和施密特。我的工作假设是，施密特的思想是对黑格尔主义的扭曲和变形，这毋庸置疑，但它同时也为这一哲学带来了原创的光芒。它使人们看到了其中某些未被注意到的方面，例如我所说的社会和政治的相互调和，这是黑格尔政治代表理论的基础；它还有助于纠正人们对黑格尔的某种印象，比如对它的自由主义解读。我在施密特的镜子中阅读黑格尔，使我能够从保守的、自由的、马克思主义的，甚至法西斯主义的桎梏中解脱出来——这些阅读方式没有公正地对待黑格尔思想的复杂性，因为后者从未符合我们框定的分类方式。黑格尔总是"在一边"，这就是为何他的思想对我来说如此有趣。

再回到黑格尔。在我的两本黑格尔研究专著和许多文章中，我努力与所谓的"法国黑格尔主义"保持距离。这一讲法过分简略地把让-瓦尔（Jean Wahl）、科耶夫、费萨尔（Fessard）、依波利特（Hyppolite）、董特（Jacques D'Hondt），拉巴里耶尔（Labarrière）或布尔乔亚（Bourgeois）等不同的学者归为一类［勒布（Lebrun）相对特殊一些］。与此同时，我也没有完全融入由伽达默尔和亨利希开创的、由富尔达（Friedrich Fulda）和其他极其出色的评论家延续的德国传统。更没有进入今天非常活跃的源于英语世界的，被称作实用主义的解读。毋宁说，我吸收了黑格尔科学的整个范围，并试图使它的遗产在我自己的基础上开花结果。由于我的大部分黑格尔工作都致力于客观精神学说的领域,我将回顾这一探究的原则和主要结果。

第一点涉及抽象法。第二点是行动和实践、道德以及社会和政治的主体性理论。这是我阅读黑格尔收获的核心洞见:不存在一个严格构成性的主体性,而是不同的主体性形式,作为要展开的行动的功能场所与规范性条件。在我对客观精神的研究中,第三个关键点是关于 Sittlichkeit,伦理的"弱制度主义"的概念。黑格尔所说的伦理是一个受规范调节的实践系统,在这个系统中,个人认识到,"必然的圆圈"让他们成为他们自己,必然——以矛盾的方式——实现了自由。如果没有这个框架,自由可能仍是一个抽象的主张。伦理规范(集体信仰、制度化的实践、正式化的规则)不可或缺,它们是"第二自然";它迫使个人自由,使每个人成为行动的现实主体,而不仅仅是行动发生的支点。因此,伦理性的制度网络不是以线性—目的论的方式"超越"了法和道德,而是说,伦理在各个层面上防止它们在真空中运作,同时不回避合法性和道德性的规范要求。

我们知道,黑格尔在现代伦理性中区分了三个相对独立的领域:家庭、市民社会和国家。在每一个层面上,他的分析都包含了相当的现代性元素。关于黑格尔对家庭的研究,它经常因缺乏想象力而被判断为过时,而我所吸取的观点是,家庭的"伦理解体"使得市民社会成为"普遍的家庭",作为真正的个体的社会,构成了现代性的原初特征。以不同的方式,路易·杜蒙(Louis Dumont)的比较人类学的启发性的工作也强调了这一点。而占据《法哲学原理》一半篇幅的国家理论被研究得太多了,以至于很难找到新的东西。就我而言,和杜索(Giuseppe Duso)等人一样,我认同黑格尔政治代表理论的独创性,它为法国大革命的行为者(具体来说西耶斯)的观点提供了一个替代方案,即用基于公民社会的制度结构的政治代表概念来反对选举程序所基于的"原子主义"立场。这种想法在历史上会失败,但仍会在 19 世纪末在某些非马克思主义的社会主义者中找到回声。当然,对我来说,黑格尔伦理学说最具创造性的还是市民社会理论。首先在于"对政治经济学的接受",其次在于黑格尔设想的各种社会制度的作用和互动的方式;但最重要的,是他关于资本主义矛盾和阶级冲突,以及在此基础上涉及通过殖民化和帝国主义输出这些矛盾的杰出理论。

当我转向黑格尔客观精神学说时,我探索的是在马克思身上所缺失的政治哲学的脉络,但最终,我找到的黑格尔原创性洞见还是在黑格尔的"社会"哲学中,也就是在最明显的预示马克思思想的地方。我自己也意识到了这个悖论。在这个悖论的背后,也许隐藏着我相信的黑格尔工作中最雄心勃勃的方面,在这一点上我同意霍耐特"规范性重建"的说法：发展一种规范性的哲学，内在与产生它的世界，并作为这个世界的批判性的自我反思，就像黑格尔说的，"在思想中理解它的时代"。这一工作意在建立一个"非规范主义的规范性"（ théorie non normativiste de la normativité）理论。在其他相关的，尤其是法律规范性的研究中，我以此为典范。

哲学需要离开哲学主流的勇气
——A.F.科赫教授访谈

［德］A.F.科赫① 朱渝阳②（采访整理）

朱渝阳（以下简称"朱"）：

您好，科赫教授！为纪念黑格尔诞辰 250 周年，我组织了"黑格尔哲学系列访谈"的特别活动。能邀请到您作为我们的采访嘉宾，我感到特别荣幸。在我看来，您的哲学方案最初深受传统德国观念论的影响和熏陶，并且也是在此背景下产生的。您长期以来从事黑格尔哲学尤其是黑格尔逻辑学的研究。我首先想问的是，您是如何开始黑格尔研究的？从事黑格尔哲学研究对您个人的哲学生涯是否有裨益？

科赫：

您好！我也非常高兴接受您的采访，有机会向中国学者们分享我的心得。也许您说得有道理，我的哲学方案是在传统德国观念论的长期影响之下产生的。这一看法至少在把康德归于德国观念论之列的前提下才是有效的。但我更愿意把康德称作是一位温和的实在主义者。

我对黑格尔很早就着迷了，但很长时间以来——也许太长时间了——都没有真正读懂黑格尔，并因此回避他。在大学时期，我曾两次在黑格尔哲学上挫败：一次是我大一第一学期参加的关于黑格尔法哲学的初级研讨班（Proseminar），另一次是数年之后（大学结业考试期间）参加的关于黑格尔《逻辑学》"本质论"的高级研讨班（Oberseminar）。当时，每次课上我都是一个沉默的听课者，并且不得不写下课程报告。尽管我的两次课程报告

---

① 作者简介：A.F.科赫（Anton Friedrich Koch），德国海德堡大学（荣休）教授，黑格尔研究专家，海德堡科学院成员。1971—1980 年在海德堡大学学习哲学和日耳曼文学，并于 1980 年获得哲学博士学位；1989 年在慕尼黑大学通过教授资格论文答辩；1993—1996 任哈勒大学教授；1996—2009 年任图宾根大学教授；2009—2020 任海德堡大学教授。曾任美国亚特兰大埃默里大学和芝加哥大学客座教授。主要研究领域为黑格尔哲学、康德哲学、分析哲学。代表性专著：*Vernunft und Sinnlichkeit im praktischen Denken*（《实践思想中的理性与感性》，1980），*Subjektivität in Raum und Zeit*（《时空中的主体性》，1985），*Versuch über Wahrheit und Zeit*（《试论真理与时间》，1994），*Wahrheit, Zeit und Freiheit. Einführung in eine philosophische Theorie*（《真理、时间与自由：一个哲学理论的导论》，2006），*Die Evolution des logischen Raumes. Aufsätze zu Hegels Nichtstandard-Metaphysik*（《逻辑空间的进化——黑格尔非标准的形而上学论文集》，2014），*Hermeneutischer Realismus*（《诠释的实在论》，2016）。

② 朱渝阳，浙江大学哲学学院特聘副研究员，德国耶拿大学博士，主要从事黑格尔耶拿早期学说、德国古典哲学和马克思主义德语文献研究。

都赢得了高度认可,但我自己却清楚地知道,我并没有理解黑格尔。这使我长期以来对黑格尔心生畏惧,尽管我总是下定决心:不管什么时候,如果我想更多地理解哲学,那么我就必须要返回到黑格尔。

大约是 1987 年,我当时已在慕尼黑大学作为助教,自己讲课也很长时间了。那时,我就对自己说:"要么现在,要么永不!"在《逻辑学》中,黑格尔承诺了一种无前提的理论,即我们必须要从零开始《逻辑学》,并且不需要其他任何知识。因而,我当时直接开设了一个关于《逻辑学》开端的初级讨论班,并尝试和学生们一起来建构一种无前提的理论,以此来检验,这种无前提的理论是否与黑格尔的原文相吻合。这一做法成功了!我们不能通过其他解释来理解黑格尔的《逻辑学》,只能通过如下方式:只有当我们遵从黑格尔严格的无前提规则,独自地建构这种无前提的理论,并把个人所习得之物与黑格尔原文参照对比。

多年以来,我从黑格尔哲学中学到:思想与存在总是处于一种基本的悖论(Antinomie)和不一致之中,也就处于否定——否定自身——的悖论之中。这种悖论既不是真实的,也不是可接受的,并且它——与黑格尔的乐观主义相反——也是不能完全被消除的。但我们首先从黑格尔哲学中学到的是,形而上学——作为逻辑空间的形式科学——被穷尽了。所有由黑格尔设想的,同时也特别出现在当今分析形而上学中的形而上学的基本理念,在《逻辑学》中已有其出处。

此外,黑格尔认为,哲学必须要在方法上(而不是总是在内容上)创新,比如哲学作为现象学、语言分析、存在哲学以及诠释学,等等。

朱:

说到黑格尔《逻辑学》在形而上学方面的贡献,我们不得不提及您的一部关于此主题的著作:《逻辑空间的进化》。您在书中这样写道:"黑格尔是逻辑空间进化和过程性的发现者,黑格尔新的形而上学或者非标准的形而上学是与此相关的进化理论,是一种进化论的逻辑学,如果人们愿意这样称呼的话。"也就是说,按照您的理解,黑格尔的逻辑学是一种逻辑的或形而上学的进化理论。您能详细展开一下这个论题吗?

科赫:

在此需要注意的是,进化(Evolution)并不等同于革命(Revolution)。黑格尔的《逻辑学》与其说是形而上学的革命,不如说是对形而上学的完成,因为这一《逻辑学》让所有可能的形而上学的基本思想按照顺序出场,并使之退出。没有一种形而上学是最后的赢家,这就是说,真理是这些相互交替着的形而上学的全部过程。这个全部过程在《逻辑学》的结尾处(特别是在关于方法的注释中)被总结为绝对理念。

不同的形而上学把逻辑空间(或者说是绝对物),也就是说把所有的事件和所有能想到的总体看作某种静态物、某种永恒之物。逻辑空间:例如是同质的、无差别的存在(巴门尼德);是理念世界(柏拉图);是实体的总体(亚里士多德);是单一无限的实体(斯宾诺莎);是所有可能的世界(大卫·刘易斯),等等。但黑格尔却告诉我们:逻辑空间通过依次经过所有的(不仅仅上述的)这些形态而进化,逻辑自身不是静态的,而是发展的,是这个发展过程的全体。因而,黑格尔逻辑空间的理论是一种非标准的形而上学,同时也是一种逻辑的进化理论。

朱:

您把黑格尔的逻辑学理论归结为一种逻辑进化理论。为了得出这一论题,您在《逻辑空间的进化》这部书中,基本上考察了黑格尔所有涉及逻辑理论的文本,其中包括《精神现象学》《逻辑学》《实在哲学》以及与哲学史的关联。但值得注意的是,黑格尔独立的逻辑学草案最早可以追溯到耶拿时期,即 1804—1805 年撰写的《逻辑学、形而上学和自然哲学》①残篇。为什么您并没有把这一早期逻辑学草案作为一个考察对象?

科赫:

对于我的研究领域而言,我比较感兴趣的还是成熟时期的黑格尔。因为我并不是很想知道,黑格尔个人想的是什么,而是真正的哲学是什么。我主要集中在黑格尔对其理论的最后修订中,在此修订版中,但愿黑格尔最好的思想已汇入其中。甚至是 1807 年的《精神现象学》在我看来,仍然还是黑格尔本身哲学思想的一个预备阶段。

这么说或许有点夸张。对我而言,重要的是 1830 年的《百科全书》和 1832 年的"存在论逻辑"。但遗憾的是,《百科全书》中关于逻辑学的论述微乎其微。因而我不得不用 1813 年的"本质论逻辑"和 1816 年的"概念论逻辑"来替代 1830 年《百科全书》中的逻辑学,并以此作为核心的文本基础。(我同样用后来的《法哲学原理》来替代《百科全书》中关于"客观精神"的学说。)

我的问题或者我的着迷之处在于:我不是黑格尔研究者、康德研究者或者亚里士多德研究者,而是说我想要从所有的经典作家中学习。我想要知道:什么是思想、什么是存在,以及思想与存在是怎样相互关联的。在这种情况下,我就无法对早期黑格尔投入很多时

---

① Jenaer Systementwürfe II: *Logik*, *Metaphysik und Naturphilosophie*, hg. v. Rolf-Peter Horstmann, Hamburg 1982.

间。但毋庸置疑的是,我们能从黑格尔早期的文本中学到很多,这可以帮助我们更好地理解黑格尔的后期著作及其思想。

朱:

我自己在耶拿大学读博期间,就是以黑格尔耶拿时期的一部手稿《伦理体系》(1802—1803 年)作为我博士论文的研究对象。在从事黑格尔耶拿早期著作的研究中,我始终有这种印象:不仅是上述提到的 1804—1805 年逻辑学手稿,而且黑格尔同时期的其他文本,包括著名的三大"耶拿体系草稿"(Jenaer Systementwürfe Ⅰ/Ⅱ/Ⅲ),在德国学界甚至在国际黑格尔研究中鲜有论及,在您看来,这种现象是黑格尔研究中的一个缺口吗?

科赫:

如果您把这种现象看作一个研究缺口,您的看法无疑是有道理的。许多有趣的研究项目和议题也许都存在许多大的研究空白和进一步深入的研究空间。

朱:

我在耶拿大学是跟随施密特(Andreas Schmidt)教授完成博士学业的,而施密特教授是在您的门下完成博士论文,并且他取得博士学位之后,在您身边作为助教工作了长达十年之久。无论在学术方向上,还是在工作方式上,他都深受您的影响。在一篇访谈中,施密特教授曾这样说:"我特别称赞他(科赫教授)的勇气,他能离开哲学的主流,进而发展出非同寻常的哲学理念。当下哲学对于概念精确性的需求迫使哲学的创造力窒息。但科赫教授在这方面具有高超的创造力。"①传统的德国观念论作为哲学的主流曾是您研究的中心,但您对康德、黑格尔以及其他古典哲学家的研究却通过长期深入地涉猎分析哲学而在概念上和方法上丰富了德国观念论。无论是德国古典哲学还是英美分析哲学都算作哲学的主流,您在从事这些主流论题的研究过程中,是如何敢于做到远离主流命题,另辟蹊径,进行哲学创造的?

科赫:

施密特和我,我们相互之间都很欣赏对方。我当然也希望,施密特对我哲学工作如此之高的称赞能够有些许合理之处。我觉得,在我身上显现出来的诸如勇气和创造性,在根本上仅仅只是我在追问和研究中显现出来的孩子式的天真,以及我对于褒贬太无动于衷。受到认可,我没有其他人那么开心;面对批判,我也没有其他人那么生气。我的孩子们清

---

① 参见朱渝阳:《哲学不仅是可教的手工活——A. 施密特教授访谈》,《思想与文化》,2019 年第 25 辑。

楚我这一点,并时常告诉我,我的理论智能尚达标,但我的社交智能还有待开发。这可能在外面有时显现为胆量或勇气。

但我在军事方面的勇气完全可以确定地说为零。这一点我早在游行的时候就注意到了。当警察使用警棍、喷水枪和催泪瓦斯的时候,我的大学同学们怀着父辈的、臭名昭著的军事勇气(当然无生命危险)蜂拥而至、冲向前线,为的是把催泪瓦斯再次扔向警察,而我没有。对我来说,身体的完好无损比军事胜利更加重要。我从不是一个积极的士兵。

顺便说一下,在我开始读大学的时候,西德的校园中弥漫着学生运动。我们自诩为马克思主义者,并声称,我们必须在我们的大学生活中进行"市民科学的批判"(我们当时是这样称呼的),因为我们的教授一般情况下是不会进行批判的。但我当时非常天真地设想:为什么我不应当从"市民学者们"中学习,他们有哪些有趣的、有益的以及值得学习的东西?——我就贪婪地啃掉了蒯因,之后是戴维森和塞拉斯、斯特劳森和其他学者们的著作。

20世纪70年代中叶,海德堡哲学系的风气开始转变。年轻人开始嘲笑黑格尔和马克思的"辩证的胡说八道",而这个辩证理论他们在此之前还认为是理论发展的巅峰。尽管是出于不同的动机,但所有人都嘲笑"黑森林精灵"的海德格尔,同样受到嘲笑的还有辩证法家和分析主义者。但这丝毫并没阻止我仍然迷恋于黑格尔(尽管我当时也没有读懂他),如饥似渴地阅读海德格尔以及从海德格尔对古希腊哲学家深入的探讨中学习。

相比之下,还有平静的一端。时至今日,我所有的学习研究都围绕这一端旋转,且时间越长,就越为之旋转。这平静的一端就是我自大学第二学期或者最迟第三学期以来开始阅读的康德。康德一开始既让我受益匪浅,又让我觉得无聊烦琐,但我却能立即很好地理解他,而且他的各种论题和论证使我完全豁然开朗起来。在此期间,我完全就是一个康德主义者,当然,我在某些细微之处也保持与康德少许的分歧和补充。

朱:

下面的问题是关于您的代表性学说:主体性论点(Subjektivitätsthese)。早在1990年出版的大学教授资格论文(Habilitationsschrift)《时空中的主体性》(*Subjektivität in Raum und Zeit*, 1990)中,您就提出了主体性论点,并在接下来的几十年间不断丰富强化这一论点。您最初是怎样想到这一论题的?

科赫:

在我原初的、1988年向慕尼黑大学提交的题为"指涉单个物和自我指涉"

（Bezugnahme auf Einzelnes und Selbstbezug）教授资格论文的版本中,主体性论题还完全没有出现,出现的只是对此论题在认识论上的一半论证。也就是说,如下命题:指称思想不仅是不可还原的[约翰·佩里(John Perry)、罗德里克·奇泽姆(Roderick Chisholm)和赫克托-内里·卡斯坦尼达(Héctor-Neri Castañeda)都曾以不同的方式指出了这一点],而且也是以思维主体的一个先验的自我个体化和自我定位为前提。如此一来,这些思维的主体就先验地知道,他们是非对称的、有躯体的生物,并处于一个(3+1)维度的空间—时间中。1985 年夏季学期,在慕尼黑大学授课的彼得·斯特劳森(Peter Strawson)以及加雷斯·埃文斯(Gareth Evans)去世后才出版的著作《指称的多样性》(*The Varieties of Reference*,1982)都把我带到了主体性论点,尽管斯特劳森和埃文斯都不会赞成我的先验论。

但当我即将要提交论文的时候,我注意到,这个论题也有本体论的意义:物在空间—时间中的本体个体化是以如下事实为前提的,即一些"物"——也就是个人——在一些时间地点上,自身先验地个体化和自我定位;也就是说,空间—时间体系必然地(不管何时何地,例如就是此地此刻)包含了一些有躯体的主体。

受同事詹斯·库伦坎普夫①(Jens Kulenkampff)之邀,我于 1988 年在杜伊斯堡大学第一次做了一个关于上述论题的讲座,但这个论题既不能使库伦坎普夫,也不能使在场的其他听众信服。这个论题在我看来,却是明明白白、绝对真实的。在我 1989 年 1 月份结束了为教授资格论文答辩而开设的试讲课之后,同时也在慕尼黑大学成了讲师和高级助教之后,我完全重新改写了这篇论文,并且把主体性论题置于著作的中心。新的版本就是之后 1990 年由法兰克福克洛斯特曼(Klostermann)出版社出版的《时空中的主体性》一书。

朱:

在您近些年的强化版本中,主体性论点被表述为"我们不是偶然"(Wir sind kein Zufall)这样一句言简意赅的口号。您在《诠释的实在论》(*Hermeneutischer Realismus*,2016)这部书中对主体性论点做了如下的阐述:"体现了时空的、有生命的主体性,也就是像我们这样的人,不管何时何地都存在于空间—时间体系之中,这具有逻辑—哲学的必然性。"概括来说,我们在时空体系中必然存在,是因为主体始终在其自身所涉及的实在性条件下存在。我认为,这个论题不仅令人着迷,而且值得深思。尤其是您的论证步骤,完全是按照严密的逻辑分析步骤进行的。作为普通大众,我们应该如何从逻辑—哲学方面设

---

① 詹斯·库伦坎普夫,埃尔朗根大学教授,主要研究领域为康德哲学、休谟哲学、艺术哲学。

想自身在时空中存在的必然性？

科赫：

一个绝对的区别的思想是前后矛盾的，并且与不可区别的同一性原则也是不兼容的，而此原则是谓词逻辑真理的第二阶段。换句话说，当 a 和 b 在数值上是不同的（是两个），那么 a 和 b 不是这样直接的（或绝对的）不同，而是说 a 必然有某些部分，是 b 不具有的（例如，a 是红的，b 不是红的）。

但主体方面和认识论方面的普遍概念，以及客观方面和本体方面的普遍属性是无法个体化的。概念在认识论上不是"为我们"存在的，属性在本体上也不是"自在的"。也就是说，对于概念，尤其是对于普遍属性来说，还必须有另外的、别的东西存在。只有这样，a 和 b 才能相互区别。

首先想到的是时空中的各个位置，例如：

当 a 在 t 时刻位于 o 处，b 在 t 时刻位于另一处 o′，那么 a 和 b 在数值上是不同的（是两个）。

但现在问题是，当不存在绝对的区别物的时候，那么空间与时间中的各个位置应该如何相互区别？无限循环的只能是如下解释：时空中的各个位置通过位于这些位置上的物/事件相互区别。而物/事件又恰恰是通过它们在时空中的不同位置相互区别。

在这点上，谜底的答案却又完全是直接的、无可替代的：在认识论上，我们在空间与时间中是通过我们赋予物的指称的规定性而使物个体化。例如，a 现在在这儿，直接在我前面，b 在那儿，在我右方 3 米处。我们现在只需要假定，本体的指称规定性——指称属性——在物的方面是符合我们在认识论上的规定的。

各个物最初在本体上就是通过指称属性而个体化的。但指称属性却是相对的属性，亦即这些使得物只是相对地属于有躯体的主体的属性。为了使物在本体上个体化，就必须存在不位于空间与时间中的有躯体的主体。

朱：

您曾把主体性论点总结为"一种诠释的实在论的基础"，并明确断言，"第一哲学是诠释学，而不是形而上学"。但同时您又在《试论真理与时间》（*Versuch über Wahrheit und Zeit*）这部著作中，把第一哲学定义为关于真理的学说："在这种实证的存在中，古典本体论和概念论与真理的事实相关。"在后一种意义上，您也明确地指出，古典的第一哲学，也就是形而上学或本体论与关于真理的学说密切相关。从诠释学的角度看，第一哲学是诠释学,而非形而上学;从真理的角度看,第一哲学是关于真理的学说,而真理又与形而上学相关。您的这两种表述是相矛盾的吗?

科赫:

旧的经典学者们和新的经典学者们的形而上学理论都完全是有趣的、深刻的真理(也有包含谬误的理论,但这样的理论就不再那么有趣)。但如果我们遵循亚里士多德把形而上学理解为(a)一门理论科学(不是实践—诠释学,也不是技艺—诗学),把一门理论科学(b)理解为一门无基点的(standpunktfrei)(无指示的,indiktatorenfrei)科学,那么,形而上学则不得不以数学的、无指示的语言被表述。但因为形而上学(c)是第一哲学(第一科学),所以,它就不能依赖于一门位列其后的科学(比如数学)。也就是说,在严格意义上,没有成功的形而上学,没有无基点的第一哲学。

但也有类似之物:第一哲学作为一门基点不稳固的(standpunktsensitive)、先验的科学,它是一门关于思想、存在以及思想与存在之间关系的科学。简而言之,第一哲学应该被把握为一门实体的和先验诠释的科学。就其内容而言,这门科学是一个温和的——实在论,也是诠释的——实在论。

这种诠释的实在论可以吸收许多源自古典形而上学的,特别是源自康德批判哲学的内容,并且根据其自身的条件而把这些内容重新表述为原理。这种诠释的实在论也就包括了一种诠释的本体论和一种诠释的认识论。

朱:

您的主体性论点通过不同时期的不同的著作或强或弱地得到了表达。您的哲学著作在德国学界享有盛名,且以原创和高产著称(迄今为止,您的个人原创性专著就达到了七部)。在阅读您每部著作的过程中,我自己颇有感触的是,您的哲学著作非常具有"可读性"(Lesbarkeit)。这不仅是说您的哲学论点新颖独特、论证过程缜密细致,更重要的是您语言表述简明扼要,写作框架易于理解。提出问题、进行论证、再次重复、回顾前文以及总结概括,这些步骤贯穿您的每一部哲学作品之中,因其"可读性",尤其是为大众读者进入哲学开启了一扇窗。您是想把哲学带入公共大众,特别是大学课堂之外的讨论中吗? 正如您在《真理、时间与自由:一个哲学理论的导论》①中所强调:"哲学的基础知识有助于理解这本书,但它不是必要的。"这本书在 2016 年被翻译成中文,吸引了许多中国读者。

---

① [德]安东·科赫:《真理、时间与自由:一个哲学理论的导论》,陈勇,梁亦斌译,北京:人民出版社,2016 年。

科赫：

是的,您的判断和解读非常正确。我个人是非常愿意把哲学带入公共大众,特别是大学课堂之外的讨论中。但说起来容易,做起来难。相比之下,在自然科学中就容易得多,因为自然科学家们对于许多事物的看法已经达成了一致。一个物理学家可以做一场面向大众的"相对论"讲座,而不必担心同行们会谴责他持有一种完全错误的立场。(当然物理学家们对于"量子理论"的解释还莫衷一是;但这涉及的不再是狭义的、用数学表述理论的量子物理学,而是量子"形而上学"。)

但哲学家们如果在普通公众前阐述自己的立场,那么他们就必须同时兜售各自极其冗长的论证,以此来证明各种原理。否则的话,就没有人相信哲学家们;而且,同行们将提出异议;最后也是因为没有论证,人们将完全无法正确地理解各种论点。

如果我要以大众流行的方式宣讲诠释的实在论,那么读者们会说:"这到底是什么?谁又会相信这套理论呢?"

当然,我也可以极其简化并直接宣称以下论点:"看这里,这就是最新最好的哲学:第一,我们不是偶然,而是必然,因而我们也不是理智计划和设计的产物;因为本来就是必然的东西,没有人能够计划或阻止。第二,我们能够证明,我们的思想受到了一种无药可救的悖论的侵扰,即受到了否定—否定自身的悖论的侵扰,对于这样的悖论,我们没有行之有效的解决方案。我们必须学会从诠释学的角度机智地与之打交道,就像我们也必须要机智地与新冠病毒打交道一样。第三,认识事物在结构上与阅读文本和翻译文本是一致的,并且也存在着同样的翻译与解释的不确定性。第四,真理有三个本质方面:一个实在主义方面、一个现象学方面和一个实用主义方面。这三个方面在充满张力的统一性之中,相互归属(等等)。"

我很难想象,以这样一种方式宣称我的理论,能给大部分公众留下深刻印象。

朱：

虽然让哲学进入公共讨论实属不易之事,但您的每一部哲学著作都是为之努力的见证。我个人感到惋惜的是,您于 2020 年 9 月 30 日正式从海德堡大学哲学系退休。看到这则退休通知,我想问的是,这是否意味着您就此离开大学课堂,不再进行哲学思考? 您在退休之后有什么具体的计划吗?

科赫：

自我报名进入小学开始,我就对我丧失了对自己时间的支配权而感到无限的沮丧。

我感到自己是被支配的,因为我的父母告诉我,他们自己无法如其所愿地在入学之前照顾我。从那时起,我就知道,每一个国家,即便是最民主的国家,也有一套管理体制。

我当时立刻也就明白了,相较于各种艰辛的职业而言,学校是"较低程度的恶"(das geringere Übel)。我终生都在学校,更确切地说是在大学里度过的。现在我抑制不住地开心要返回到之前的状态,我也非常开心能够再次像我生命的最初六年里那样自由。此外,我也非常开心,我最终有时间来写那些我一直想写,但由于缺少时间而迄今未动笔的著作。当然,我也将继续接受一些学术会议和讲座的邀请,因为我不想拒绝那些还想听我讲的人。

朱:

最后还想问您一个私人问题:您从业哲学四十余年,培养了许多优秀的哲学人才。在培养博士的问题上,您有自己独到的方式方法。在博士生们(四到五年甚至更长)的读博生涯中,您一方面给予其必要的自由空间,另一方面也给予充分的指导。您和博士生们的这种学术沟通交流模式,是受到您的博士导师迪特·亨利希(Dieter Henrich)的影响吗?当时您不仅在亨利希门下读博,而且曾两次作为助教协助他的工作。

科赫:

是的,这肯定是受到迪特·亨利希的影响。我认识一些同行同事,他们会给博士生们规定怎样写博士论文,以及博士生们应该要注意的所有点。我完全不是反对那些友好的建议!但这些建议后来时常会变成要求,这(从教育学的角度)会让人感到反感。迪特·亨利希当时不是这样做的。显而易见,他的博士导师伽达默尔也不是这样做的。在迪特·亨利希作为伽达默尔助教的时候,伽达默尔有一次曾友好地对他说:"亲爱的亨利希先生,事实上我不得不马上解雇您,因为,您课上所教的东西与我所说的完全背道而驰。但您做得却非常好,这才是最重要的。"这就是古老的海德堡精神:可以做任何事,但必须要把它做好。我努力让自己置于这个传统之中。但我是否成功地做好了,这不得而知。

朱:

在访谈的最后,我还希望您至少列出五部曾经(或者至今仍然)对您的哲学生涯有着深远影响的著作或者文章,并简要说明一下理由。这也是许多学生和年轻学者们一直很好奇的问题。

科赫:

我当然可以说一些奠定了我哲学学习基础的重要著作,像柏拉图的《理想国》和《智者篇》,亚里士多德的《形而上学》和《物理学》,康德的"三大批判",黑格尔的《逻辑学》,

弗雷格的文章,维特根斯坦《逻辑哲学论》,海德格尔的《存在与时间》,卡尔纳普的《语言的逻辑句法》,蒯因的《语词与对象》,斯特劳森《个体:论描述的形而上学》以及塞拉斯的《科学与形而上学》,等等。我从一开始就清楚地知道,人们能从上述文本中获益颇多。但我却更愿意说在我哲学阅读的经历中给自己带来惊喜的五本著作。这些文本我当时虽是出于"正常的"科学兴趣接触到的,但它们就如一本引人入胜的小说,让我爱不释手,直至将其读完。

第一,是蒯因的《本体论的相对性》(*Ontological Relativity*)一文,它由两部分构成。当时我就越来越清楚,哲学的自然主义和数学的模态理论(数学逻辑的语义学分支)与语言的理解现象不相符合。蒯因清楚明确地反对自然主义而无心充当了我的主要依据者,为此我要特别感谢他。

在阅读索尔·克里普克(Saul Kripke)第二个和第三个文本的时候,我两次都有相似的深入的阅读经验。第二是《命名与必然性》(*Naming and Necessity*),第三是《维特根斯坦论规则与私人语言》(*Wittegenstein on Rules and Private Language*)。克里普克两次都进行了创造性的思考,并义无反顾地反对当时的哲学主流,这为我打开了看待那些本来显而易见存在却无人关注的事物的视角。我认为,克里普克对维特根斯坦的解释虽然站不住脚,但这也无关紧要。因为事实上,克里普克不同于蒯因的无心之举,他是有意为之,并且以无法超越的明晰性指出了物质主义在精神哲学中的挫败。

第四和第五我要说的是汉斯·皮特·法尔克(Hans-Peter Falk①)。他是我在海德堡的大学同学、慕尼黑大学的助教同事,但在 2020 年 5 月 22 日不幸离世。他的博士论文《黑格尔〈逻辑学〉中的知识》(*Das Wissen in Hegels „Wissenschaft der Logik"*, 1983)让我坚信,即便我们进行一种坚固的分析研究,最后还是能够理解黑格尔。如果没有法尔克的话,估计我就不会在 1987 年通过教学活动来学习黑格尔。第五要称赞的就是法尔克教授资格论文《真理与主体性》(*Wahrheit und Subjektivität*, 2010)。法尔克虽然差不多与我同时(1988—1989 年)向慕尼黑大学提交这篇论文,但它却在 2010 年才得以付梓出版,当时法尔克身体已经抱恙。在阿尔伯出版社(Alber)首次出版时,我为之写下出版序言。我的《试论真理与时间》一书是一次越过重重距离与法尔克《真理与主体性》的持久对话。

---

① 汉斯·皮特·法尔克(1951—2020 年),生前为慕尼黑大学哲学教授,主要研究领域为先验哲学、德国观念论、分析哲学和理论哲学。

哲学值得辛劳和冒险

——M. 宽特教授访谈

［德］M. 宽特①　朱渝阳（采访整理）

朱渝阳（以下简称"朱"）：

您好，宽特教授！值此黑格尔诞辰 250 周年之际，我非常高兴能采访到您。您现在是明斯特大学的实践哲学教席教授。我首先想问的是，您当初为什么选择了学习哲学？又是什么促使您以哲学为业？

宽特：

我要在大学学习哲学，并且可能的话，把哲学作为我的职业中心，这个决定我在初中时就已经做出了。当时我在宗教课上，第一次读到了阿尔贝·加缪（Albert Camus）和让-保罗·萨特（Jean-Paul Sartre）。后来，作为历史课的补充背景知识，我又读到了卡尔·马克思的文本。同时，我清楚地意识到，这些问题以及通过哲学的方式来探究这些问题对我来说既是重要的，又是令人着迷的。在我高中的最后三年，学校开设了哲学专业课。在哲学课上，我第一次读到了经典哲学家们（柏拉图、康德、黑格尔以及尼采），并且也知道了不同哲学的分支学科。此外，又因为我当时（并且始终都有）对文学还抱有极大的热情，所以，我当时决定把哲学和德语语言学作为我的大学（师范类）专业。虽然当时（1982年）职业前景渺茫，但是师范类专业总的来说却提供了把哲学作为职业的机会。我当时在西柏林学习了前两个学期，后来又转到明斯特大学。当路德维希·西普②和皮特·罗

---

① 作者简介：M.宽特（Michael Quante），德国明斯特大学实践哲学教席教授，《黑格尔研究》和《黑格尔研究附刊》主编、国际马克思恩格斯基金会主席、柏林-勃兰登堡科学院成员、北莱茵-威斯特法伦科学艺术院成员、明斯特大学生命伦理中心负责人等。同时任《哲学研究杂志》《欧洲哲学杂志》等多种德语刊物审稿人和"洪堡基金"和"德意志学术交流中心奖学金"等基金会的评审人。1992年在明斯特大学获得哲学博士学位，2001年通过教授资格论文答辩，2009年至今任明斯特大学实践哲学教席教授。主要研究领域：黑格尔哲学、德国观念论、行动理论、伦理学、法哲学和社会哲学。代表性专著（节选）：*Hegels Begriff der Handlung*（《黑格尔的行动概念》，1993）、*Einführung in die allgemeine Ethik*（《一般伦理学导论》，2003）、*Karl Marx：Ökonomisch-Philosophische Manuskripte. Studienausgaben mit Kommentar*（《马克思〈经济学哲学手稿〉：附评论的研究版》，2009）、*Die Wirklichkeit des Geistes. Studien zu Hegel*（《精神的现实性：黑格尔研究》，2011）、*Der unversöhnte Marx. Die Welt in Aufruhr*（《不妥协的马克思：动荡的世界》，2018）、*Philosophische Handlungstheorie*（《哲学行动理论》，2020）。

② 路德维希·西普（Ludwig Siep），德国明斯特大学（荣休）教授，著名黑格尔研究专家。

斯①两位新教授(也是德国观念论的专家)于1986年来明斯特大学任教的时候,他们给我提供了这样的机会,即把我的哲学兴趣集中地转向黑格尔和马克思。更重要的是,从当时直至我博士毕业,无论是路德维希·西普还是皮特·罗斯,他们都对分析哲学感兴趣。因而,我能从这两条传统路线(德国观念论和分析哲学)中逐渐成长起来。虽然这两条传统路线在当时还不是一种常有的结合,但时至今日,在我对黑格尔和马克思的研究中,我却始终保持着这两条并行的路线。另外一个对我哲学有影响的关键点就是,我的两位学业导师(西普和罗斯)在其各自的研究中,都把以体系为导向的哲学和以历史—诠释为导向的哲学作为统一的整体。这种基本主张我直到今天还在坚持:体系的哲学无哲学传统知识则盲,诠释的哲学无体系的知识兴趣则空。

朱:

说到您最初对黑格尔的研究兴趣,可以追溯到您1982年的博士论文《黑格尔的行动概念》。在这篇论文的前言中,您这样写道:"从研究黑格尔卷帙浩繁的文献中我们可以推测,黑格尔哲学的核心概念、论点和洞见已经被详细地阐明和论述了。但越是这样,就越是令人感到惊讶,现在还有哪些研究空缺,这些研究空缺不是针对特殊的历史关联或体系内部的关联,而是黑格尔哲学自身的基本概念。这种情况在我看来,就是黑格尔的行动概念。"如您所说,黑格尔的行动概念当时是一个研究空缺。为什么会出现这种情况?您又是如何理解行动概念的?

宽特:

为什么黑格尔的行动概念,或者更确切地说,黑格尔在法哲学中所展开的行动理论直到1990年还只是极少地受到关注,我也无法解释清楚(可能的一个原因是,在当时的黑格尔研究中,只有极少的文章是把对黑格尔文本的探讨与现代分析哲学相结合)。对我而言,却是一个幸运,因为我能通过这种方式,把我对于行动概念的普遍体系兴趣与我对于黑格尔的哲学兴趣结合起来。大体说来,我把行动理解为事件。这些事件是行动者有意发出的,也就是从把行动者的意图作为实现尝试的执行视角出发。

在博士论文中,我把分析的行动理论与对黑格尔这部核心著作(《法哲学原理》)以体系为导向的解读结合起来。在20世纪90年代,这种结合在德国还不像今天这样得以牢固确立并广泛传播。直到90年代中期,才产生了像我博士论文那样对黑格尔解读的需

---

① 皮特·罗斯(Peter Rohs),德国明斯特大学(荣休)教授,主要研究领域为先验哲学、主体性理论等。

求,这种现象与罗伯特·皮平(Robert Pippin)、约翰·麦克道尔(John McDowell)或罗伯特·布兰顿(Robert Brandom)这些作者们相关。对我自己的职业起到关键作用的是,我遇到了路德维希·西普这样一位开明豁达的导师。他始终鼓励我要突破界限。同时幸运的是,在我第一部黑格尔著作(博士论文)出版不久之后,我就产生了对这种跨越界限的需求和兴趣。这在当时的德国黑格尔研究中虽不常见,但在过去的数十年中却成为一个幸运的事件。

朱:

我注意到,您对行动理论的研究还涉及分析哲学,尤其是交叉学科的问题。从一个宏大的视角来看,我们每时每刻都在行动,按照您在《哲学行动理论》中的解释:"行动就是一个人类生活形式中日常熟悉和普遍存在的现象。"如此熟悉和普遍存在的行动现象在什么意义上值得研究?

宽特:

我自己的体系方案是要阐明人的个体生活形式。这在本质上可以被理解为实践地存在于—世界—之中,也就是要在行动中实现自身。我试图从体系的角度,把行动概念作为人的个人存在理论的基本原则。

在我对此论题研究的各个著作中,分析哲学是首要的出发点,因为我使用的是在(分析哲学)传统中形成的概念和方法。相反,从我的内容要点来看,德国观念论,特别是费希特、黑格尔和马克思,则无疑构成了指导思想。人的存在、社会学视角中的个人存在、位于实践中的人以及行动的出发点,这些都是核心轴。沿着这些轴,我试图展开我们人的生存形式研究。

朱:

即便在您展开的一般行动概念研究中,黑格尔哲学也是您的一个重要思想来源。可以说,黑格尔为我们留下了宝贵的哲学理论和思想遗产。2020年是黑格尔诞辰250周年,德国学界乃至世界范围内的黑格尔学者们都以各种形式(会议、活动、讨论等)来再次反思这一德国古典哲学的集大成者。早在2001年,您就出版了《黑格尔遗产》①一书。您能向我们简要阐述一下,时至今日,我们为什么还要谈论黑格尔遗产? 黑格尔遗产具体指的又是什么?

---

① *Hegels Erbe*, hg.v. Christoph Halbig, Michael Quante u. Ludwig Siep, Frankfurt a. M. 2003.

宽特：

黑格尔遗产有许许多多的面向和不可思议的维度：黑格尔哲学在许多其他的学科领域中也大放异彩，而且还影响了很多重要的哲学家。此外，黑格尔对社会体制的分析以及他宏大的实践哲学对政治体制和政治过程影响深远。我们今天要认同黑格尔著作的哪些方面，关键取决于我们自身的知识兴趣。黑格尔的遗产始终并且只能通过我们在体系的追问中实现。只要黑格尔哲学对我们许多（哲学）问题仍然提供相关的答案或观点，我们就还要继承黑格尔哲学的遗产。

在我看来，黑格尔思想在以下两个方面指明了体系的现实性：一方面，黑格尔对自我意识的分析时至今日都为我们的自我意识概念设置了标准；另一方面，黑格尔把人的个人存在理解为真正的社会形式，并把这种社会形式解析为人们相互之间的承认关系和社会实践所交织而成的网。

朱：

在我看来，您能毫不费力地用黑格尔哲学分析现实问题，并指出在当下讨论黑格尔哲学的意义。您的《中介与和解：黑格尔思想对于一个共同成长的欧洲的现实性》①就是一个很好的例子。您是如何在当下的语境中来激活黑格尔古老的哲学论题的？在什么意义上，我们还可以认为黑格尔哲学在今天并未过时？

宽特：

重要的是要认识到，我们首先要向黑格尔表达我们自己的问题和知识兴趣，然后再看黑格尔的著作能否以及以何种方式来回应我们。即便黑格尔的那些回应不令人感到舒服，它们也是富有启发意义的。深藏在黑格尔思想背后的始终是一种根本的、极其精致的反思。无论在什么情况下，理解黑格尔思想的缘由都能一再地帮助我们更好地把握哲学问题。

从我自己的哲学兴趣出发，黑格尔的自我意识理论，以及他把人的个人存在分析为真正的、在承认的实践中实现自身的社会现象，是特别具有现实性的。在一个越来越复杂的世界中，黑格尔为我们提供了通达我们文化生命形式的复杂入口，而这些生命形式不是把精神现象还原为单纯的脑部事件或者盲目的体系功能。黑格尔把极其丰富的精神现象（从感觉到思想）和人始终看作有躯体之物。黑格尔拒斥那种人由非历史的理性或身体机器组合而成的解释模型。因而，在我们当今的跨学科（生命学科）的讨论中，黑格尔也

---

① *Vermittlung und Versöhnung. Die Aktualität von Hegels Denken für ein zusammenwachsendes Europa*, hg. v. Michael Quante u. Ersébet Rózsa, Münster 2001.

非常重要。

展望我们当下的形势,黑格尔的思想同样至关重要。对于一个距今已经 250 年的哲学家,虽然我们不可以要求他为我们所有现实的问题提供一个答案,或者为我们所有亟待解决的难题提供一个方案,但黑格尔自己也并不认为哲学家要作为实践顾问进行干预。哲学毋宁是在事后来理解历史过程。对此,黑格尔致力于谋求密涅瓦猫头鹰的图景。但我们却几乎不能想象,黑格尔将会对我们今天的新冠肺炎疫情说些什么。也许黑格尔会把当下的疫情看作对他两个基本命题的确认。第一,这种"慢镜头中自然灾害"证明了我们人类所依赖的、生活在其中的自然环境的脆弱性。对于黑格尔而言,这种脆弱性属于人类生存形式不可或缺的前提。我们可以试图通过掌握技术或者适应技术,很好地生活在这个世界中。然而,不管这是否成功,却从不完全取决于我们的力量。第二,黑格尔指出,国家由于外部灾难始终受到威胁,并且只能有限地保护自身免受外部灾难的侵袭。在这一点上,我们会看到,黑格尔的诊断是多么准确。我们也可以通过黑格尔的分析把握到,为什么理性制定的社会政治机构、公民的教育与知识以及行动者的责任意识能够有益于更好地度过这次危机。因此,黑格尔至今还是有道理的。

朱:

可以说,深刻的理论与现实相关性是黑格尔思想富有生命力的内在根源所在。就外部因素而言,马克思对黑格尔的批判也是推动黑格尔哲学传播和现实化的一个重要因素。从黑格尔哲学到马克思哲学的过渡发展史也是您的一个研究重点。在您看来,这个过渡是怎样发生的?

宽特:

至少可以说,自我大学学习哲学开始(1982 年以来),黑格尔—马克思的关系问题就是我的一个主要课题。我至今还在研究这个课题,因为我还没有完全理解这个复杂的情况。可以肯定的是,马克思的理论是黑格尔体系哲学的一个变体,但马克思同时将他对黑格尔遗产的继承结合到他对黑格尔哲学根本的批判之中。这是否以及如何连贯地结合在一起的,是一个始终让我的研究固守在马克思著作上的问题。

在 19 世纪中叶,尽管马克思想要把黑格尔哲学的核心概念从其理念论的空间中解放出来,并不得不以双重方式来转化黑格尔哲学,但马克思还在思考,怎样才能进一步使用黑格尔哲学的核心概念。因此,马克思保留的不是黑格尔体系的封闭性,而是说他必须要再次关注开放的、悬而未决的历史(在此暗含的问题是在实践中检验哲学)。此外,马克思通过一种直接的否定而对黑格尔进行"头足倒置"（auf die Füße stellen），这是因为马克思用存在优先的本体论论点来替代思想优先的本体论论点。黑格尔体系中的许多辩证法因素依赖于这一理念论的前提，而马克思《资本论》中的辩证法也主要使用了黑格尔体系的辩证法因素。最后，正如马克思在其重要著作的著名后记中所言，他要对黑格尔进行"颠倒"（umstülpen），"颠倒"不同于直接的"头足倒置"。"颠倒"不是上下替换，而是外部转换为内部，内部转化为外部（因此，这是本质与现象的关系，这对于马克思的政治经济学批判和价值理论至关重要）。简而言之，黑格尔向马克思自身理论的过渡没有完成。因而，我们的任务在于，从体系的角度进一步探究并检验，政治经济学的批判方案作为一门具体的类本质的哲学人类学的核心基石是如何展开的。

朱：

您的另外一个研究课题是马克思理论的哲学基础，您试图论证马克思早期理论与后期理论之间具有连续性。我们感兴趣的是，这种连续性体现在哪些地方？什么又能够充当连接马克思前后理论的中间环节？

宽特：

我认为，这种连续性的原因在于黑格尔方案的普遍影响、马克思的行动概念和劳动概念的连续性，以及马克思制定的、作为具体的类本质的哲学人类学的持续性。马克思（直至逝世）不断地变换研究对象，修改理论。但存在这样一种我们不能静态地理解的哲学方案和哲学原理的连续性，这是我对马克思研究提出假说的基础。当我们涉及马克思理论文本的时候，还要考虑到马克思论题的转移、概念的进一步发展以及自我修正等这些情况。

下述说法是一种天真的论调，即马克思在 1845 年的某个时候离开了黑格尔哲学，并创立了一种新的科学世界观。虽然晚年的恩格斯在马克思逝世之后发现了这一说法，并把这一说法影响深远地写进对马克思的接受史和马克思主义的奠基神话中。但中断的论点是经不起一种彻底的文本检验的。这不仅与下述可证实的事实相矛盾，即马克思在《资本论》中使用了在《经济学哲学手稿》中所展开的行动对象化的模型，而且也与这一事实不相符合，即政治经济学批判中的核心纲领和重要方案直至马克思逝世都在不断地发生变化。此外，如果我们考虑到，恩格斯出版的《资本论》第二、三卷中包含了马克思在出版《资本论》第一卷之前写下的部分样本，那么我们可以推测，《资本论》涉及的不是一部完整的著作（或者根本就不是一个宏大的世界观），而是一个持续数十年的、动态的研究过程的文献。我们在考订版的《马克思恩格斯全集》的第二部分中就已经交代了这一总的状况,并且也能从编辑语义学和哲学的角度来更好地评估不同发展阶段和不同文本的成熟程度,这是非常好的。

朱:

您曾在"马克思劳动哲学的体系意义"(Die systematische Relevanz der Marxschen Philosophie der Arbeit)讲座中提到,要在德国把马克思看作与康德、费希特、谢林、黑格尔、胡塞尔和海德格尔等相提并论的大思想家,并作为哲学研究的学术对象确立起来,还需要很长的一段路。对此,您也为一种科学的马克思研究进行宣扬。为什么在德国,甚至在欧洲,人们并不热衷马克思研究?为什么在您看来,一种理性的、哲学的马克思研究方案是如此重要?

宽特:

像马克思的著作那样持久深入地发挥作用的只有少数其他哲学理论。同时,马克思的著作在最初的时候曾是激烈的政治争论和意识形态探讨的对象。在冷战的背景之下,以一种科学的方式研究马克思的著作是困难的、两极分化的。双方都没有以一种冷静的、实事求是的方式对待马克思思想。除此之外,还存在导致误解马克思思想的方面。我们根本不能或不许以一种科学(学术)的方式从事马克思著作研究,因为我们缺乏马克思著作的"革命性"要求。尤其对于哲学而言,至今还固有这样的观念,即认为马克思的理论完全不是哲学理论,而是隶属于其他学科。

问题不在于缺乏热情,而是有结构性原因:当今我们在德国必须要建构一种科学的马克思研究。随着《马克思恩格斯全集》历史考订版的出版,马克思的文本逐渐呈现出一种更加可信的形式。意识形态的扭曲逐渐消退,并且现在有如下一种机遇,即通过创立(带有同行审查的)系列丛书或者具有哲学标准的杂志来确立一种坚固的、哲学的马克思研究。对我而言,马克思隶属于德国观念论传统,并且是最重要的德国哲学家之一。马克思对于资本主义的分析始终具有现实性,而且他的文本质量是无法估量的。

朱:

作为"国际马克思恩格斯基金会"(Internationale-Marx-Engels-Stiftung)的主席,您能为我们简要介绍一下,这个协会在当今的国际马克思恩格斯研究中扮演着什么样的角色呢?

宽特:

"国际马克思恩格斯基金会"的任务在于确保历史考订版的《马克思恩格斯全集》出版的实现,并且把这个全集作为一个国际项目来运作。马克思和恩格斯的著作和遗著散落在不同地方,20 世纪的混乱又导致了一种毫无头绪的状况。马克思著作的规模、状态以及这些不同的文本类别都是巨大的挑战。我们只能跨学科、跨国家地来战胜这些挑战。

朱:

您曾在 2014 年的一个访谈中指出,哲学家应该要更多地介入社会政治讨论。但当我们联系到现今的疫情局势,我们在疫情危机中从哲学家那里听到的却少之甚少。作为德语世界中享有盛名的哲学教授之一,并且您从事研究行动理论、应用伦理学、生物医学伦理学等这些与人的道德处境密切相关的重要领域,您怎样看待哲学所承担的社会角色?就此而言,您改变了之前的哲学主张了吗?

宽特:

自始至终,我对参与具体事件的哲学主张一点都没有改变。借用马克思的话来说,我仍然把哲学理解为"肉搏的批判"(Kritik im Handgemenge)。在德国,哲学与社会联系非常紧密。这首先体现在,在学校里有专业课程;一般成人教育中(例如夜大)开设哲学课;在社会层面上,哲学也出现在节日项目或文化项目中。

在哲学与新冠肺炎疫情的问题上,我只能谈一下德国境内的讨论。在这一点上,要警示一种错误的感知(认为哲学家在疫情面前明哲保身、无所作为)。许多哲学家曾经并且现在也积极投身于战胜这场全球危机中。他们参与发表意见[例如德国伦理委员会(Deutscher Ethikrat)、利奥波第那科学院(Leopoldina)],制定普遍的伦理准则(例如医学伦理学院),或者通过医院的伦理委员会来具体贯彻这些特殊的"新冠准则"。此外,哲学专业的代表(曾经)现在也在顾问机构中,为政治出谋献策。

这些具体的伦理支持是哲学的一个核心任务,它要比普遍抽象谈论新冠病毒重要得多。我自己也因此决定放弃那种一般性的评论。当应用伦理学家们现在在报刊杂志上表达各自在研究领域中多年形成的,但不适用于具体问题的主张,这并无益处。我能理解,当我们的研究对象突然涉及更大利益的时候,社会或媒体的关注点会迎合我们。但如若没有详细的知识,我们就不能在哲学上提供有益的、有用的表达。当哲学家们利用奋发向上的记者们的麦克风高谈阔论或妄议宏大哲学论题的时候,这甚至是有害的。这种做法不仅解决不了当下任何一个亟须解决的问题,而且还有损于那些在细节上承担了重要工作并且对战胜疫情危机作出了具体贡献的哲学家们的名声。

朱:

如您所言,真正的哲学家们不是闭门造车,而是置身于生活世界之中。他们勇于面对危机难题,具有公共精神和社会担当。但哲学目前仍然是一座象牙塔或者至少被看作一种专业的象牙塔工作,而没有大范围地参与公众的讨论或发挥一种社会意义,您认为这是一种危险吗?

宽特:

不,对于在德国所从事的科学的哲学而言,我完全不认为这是一种危险。

朱:

您现在是明斯特大学实践哲学教席的教授。这个教席是德国最重要的哲学教席之一,像约阿希姆·里特尔①、汉斯·布鲁门伯格②和路德维希·西普这样的大哲学家曾依次执掌过。您自身怎样看待这个以实践哲学为研究重心的教席的历史和当代意义?

宽特:

是的,这是我在 2009 年去明斯特大学任职的时候穿上的一双"大鞋"。我自己的工作完全是照着里特尔和西普的方向。我在明斯特上大学的时候就已经听说过布鲁门伯格,但要把我纳入他的学术传统之中,那可能是错误的。毫无疑问,布鲁门伯格通过自己的著作为这个教席的知名度和重要性作出了本质性的贡献。就此教席的当下意义,我不能也不应当说。当我结束了我在这个教席的工作之后,这必须将由他人来评价。

朱:

当您今天回顾您整个的哲学研究历程的时候,您要对那些想走上哲学研究之路的学生们说些什么?

宽特:

如果你们因为触及哲学问题而不安,并感受到了那份一定要从事哲学的渴望,那么你们就不要受到职业道路或一个长久的、风险与脆弱并行的人生计划的妨碍。一般来说,我们应当要确定那条我们发自内心、出于真心喜欢而走的人生之路。就哲学而言,我特别要说的是,从事哲学能归还给我们如此之多,以至于在我看来,它是值得辛劳和冒险的!

---

① 约阿希姆·里特尔(Joachim Ritter, 1903—1974),德国著名哲学家、"里特尔学派"的创立者。恩斯特·卡西尔的学生,曾参与并记录了 1929 年卡西尔与海德格尔的"达沃斯争论"。他主要致力于哲学史、亚里士多德和实践哲学研究,曾主持编撰了《哲学历史大辞典》(*Historisches Wörterbuch der Philosophie*)。

② 汉斯·布鲁门伯格(Hans Blumenberg, 1920—1996),德国著名哲学家和思想史家。他创造了一种后来被称为"隐喻学"(Metaphorologie)的东西,并指出隐喻和语言模态下的东西是最接近事实的。出版有近 40 本著作。

绕不开的黑格尔哲学

——A. 阿恩特教授访谈

［德］A. 阿恩特①　朱渝阳（采访整理）

朱渝阳（以下简称"朱"）：

阿恩特教授您好！我首先感兴趣的问题是，您是怎样走上哲学之路的？您在大学以哲学为专业，这是一个偶然的选择还是深思熟虑的结果？

阿恩特：

何时开始哲学？儿童不需要知道哲学或者非得听过"哲学"这个词就已经能提出一些涉及哲学的问题：世界从哪儿来？要到哪儿去？我在世界之中的哪个位置？什么叫作"万物总是相互关联"？我 1949 年出生在德国北海岸的威廉港（Wilhelmshaven），也在那儿长大。在那里观望大海的时候，我甚至会直观到，什么是整体中的一个环节——事实上这个问题从未让我释怀。小学和文理高中虽然没有哲学课，但那时我却读了萨特、加缪、雅斯贝尔斯、黑格尔、马克思和马尔库塞，还（在古希腊语课上）读了柏拉图和亚里士多德。至于我当时真正能理解多少，我不确定，但可以肯定的是，这是一个不错的开端，为以后打下了基础。自 1968 年以来，我首先在弗莱堡大学学习了哲学（和日耳曼文学），一开始是跟随莱纳·马腾②，他当时就研究了我们今天称之为"分析哲学"的东西。之后通过

---

① 作者简介：A. 阿恩特（Andreas Arndt），德国柏林洪堡大学（荣休）教授，黑格尔研究专家。现担任国际黑格尔协会名誉主席、《黑格尔年鉴》编辑、国际马克思恩格斯协会顾问组成员、《马克思恩格斯全集》（MEGA）的顾问组成员和柏林-勃兰登堡科学院施莱尔马赫研究中心主任。先后在弗莱堡大学和鲁尔大学学习哲学和日耳曼文学，1977 年在比勒菲尔德大学获得哲学博士学位，1987 年在柏林自由大学通过教授资格论文答辩，1993—2010 年任柏林自由大学教授，2010—2018 年任柏林洪堡大学教授。主要研究领域：黑格尔哲学、马克思哲学、施莱尔马赫全集编纂。代表性专著（节选）：*Lenin—Politik und Philosophie. Zur Entwicklung einer Konzeption materialistischer Dialektik*（《列宁——政治与哲学：论一种历史唯物主义辩证法概念的发展》，1982）、*Karl Marx. Versuch über den Zusammenhang seiner Theorie*（《卡尔·马克思：试论马克思理论的关联性》，1985）、*Dialektik und Reflexion. Zur Rekonstruktion des Vernunftsbegriffs*（《辩证法与反思：论理性概念的重构》，1994）、*Klassische Deutsche Philosophie von Fichte bis Hegel*（《从费希特到黑格尔的德国古典哲学》，2013）、*Friedrich Schleiermach als Philosoph*（《作为哲学家的施莱尔马赫》，2013）、*Geschichte und Freiheitsbewusstsein*（《历史与自由意识》，2015）。

② 莱纳·马腾（Rainer Marten），德国弗莱堡大学荣休教授，海德格尔的最后一任助手，主要研究领域为古希腊哲学、生活艺术和宗教。

赫里伯特·博德①关于黑格尔的讲课和讨论班,我又再次远离了分析哲学的方向。赫里伯特·博德具有广博的历史知识,他能传达出一种贴近文本,同时又兼具体系的解释,这在当时无疑是强烈地以海德格尔为导向的。最后,乌特·古佐妮②对我来说特别重要,她当时开设了许多关于法兰克福学派和马克思的课程——当时我在弗莱堡大学的学习还处于学生运动及其尾声时期。当听说我在弗莱堡要做一个简短报告时,古佐妮女士曾给我写邮件,告诉我,她对我记忆犹新——这让我感到十分高兴。遗憾的是,在我报告的时候,她恰好外出旅行,因而我们当时未能见面。1971 年,我转到波鸿鲁尔大学,很快就进入了海因茨·基默尔③的学生圈。在我文科硕士毕业之后,基默尔鼓励我读博,担任我的博士生导师,后来也成了我的好朋友。在波鸿黑格尔档案馆的学术环境中,我主要学习黑格尔哲学和德国古典哲学,但也学习了现象学(跟随伯恩哈德·瓦登费尔斯④)和诠释学(跟随卡尔弗里德·格律德⑤)。在基默尔那里,我又学习了马克思和马克思主义。哈贝马斯和基默尔当时建立了一个关于"唯物主义辩证法"的学生工作小组。这个工作小组共同实现了一个出书项目(《唯物主义的模式》,1978),我当时也参与其中,这也是我的首部出版刊物。在基默尔离职去鹿特丹之后,1977 年,我在比勒菲尔德以一篇关于列宁哲学观的博士论文毕业(尤尔根·弗雷斯⑥和基默尔担任博士论文的鉴定导师)。随后我在比勒菲尔德哲学系找到了第一个教职。1979 年,我前往(西)柏林,并在那儿参与了《施莱尔马赫全集》的编纂工作。

朱:

如果说,黑格尔哲学只是您大学学习其中的一个模块,那么,在您几十年的工作中,黑格尔哲学则成了您研究的重心。从 1992 年到 2016 年,您担任"国际黑格尔协会"的主席,2016 年至今,您仍然是这个协会的名誉主席。黑格尔哲学从未远离您的视角,现在仍是您的一个在研项目。您能给我们说一下,为什么您对黑格尔哲学如此地投入?

阿恩特:

我刚才已经简要提及,我是何时以及怎样走向黑格尔哲学的。我有这种经验,我们不

---

① 赫里伯特·博德(Heribert Boeder),海德格尔和奥伊根·芬克(Eugen Fink)的学生,主要研究领域为哲学史、古代形而上学和近代形而上学。
② 乌特·古佐妮(Ute Guzzoni),德国弗莱堡大学荣休教授,主要研究领域为西方形而上学、概念和图像。
③ 海因茨·基默尔(Heinz Kimmerle),德国著名黑格尔研究专家,伽达默尔的学生。曾主持参与《黑格尔全集》(第 6卷)、《耶拿体系草稿 I》的编辑出版,为推动黑格尔耶拿手稿的研究作出了不可磨灭的贡献。
④ 伯恩哈德·瓦登费尔斯(Bernhard Waldenfels),德国鲁尔大学荣休教授,主要研究领域为现象学。
⑤ 卡尔弗里德·格律德(Karlfried Gründer),德国著名哲学历史学家,曾编纂《哲学历史大辞典》。
⑥ 尤尔根·弗雷斯(Jürgen Frese),德国著名社会哲学家。

能简单地结束黑格尔哲学——无论我们是想要了解黑格尔，并在其思想中不断地深入，还是经过一段时间之后，对其置之不理。这首先绝不是因为黑格尔想要表达晦涩、令人费解，而是因为他（依据当时的知识水平）把大部分哲学史和科学史系统地压缩成一个对现代性的定位。正是这种多样性和现实性（因为在我看来，虽然后现代被呼唤着，但现代仍一直是我们的时代）才使得黑格尔首先不是努力要让我们在现实的情境中来把握我们自身，并让我们独立地进一步思考他的哲学；对于黑格尔而言，他必须要在实在性中找到自身，也就是说，必须要精确地、不断以新的概念的方式表达在历史中变化的实在性。因而，对黑格尔哲学的每一次习得都同时与要把其思想现实化的尝试必然相连。这使得黑格尔哲学以及从事黑格尔的哲学研究工作是如此令人感到兴奋。历史思想、体系和现实性在黑格尔的哲学中不可分离，彼此相连，因而从事黑格尔哲学研究并不令人精疲力竭（就此而言，我不认为其他哲学也是如此）。由此，也可以解释——为什么福柯曾说过，黑格尔之后的哲学虽然始终在尝试脱离黑格尔，但却总是再次回到对黑格尔的探讨之中。黑格尔主义的历史同时也是一部对黑格尔批判的历史，但这种批判通常情况下是无法离开黑格尔的。最好的例证就是马克思和马克思主义。虽然我们总的来说想要告别哲学，尤其想要告别黑格尔，但黑格尔却仍然是一切哲学的"最终标准"，并且应当被继承。我沉浸在黑格尔哲学中长达 50 年之久，但黑格尔哲学至今仍像第一次遇见时那样深深吸引着我。

朱：

黑格尔哲学的魅力或许就在于此，每当我们试图逃脱黑格尔的时候，却自觉不自觉地再次返回到黑格尔那里。但黑格尔也曾说过，哲学是"思想中对它自己时代的把握"。这意味着，每一种哲学关涉的是其各自所处的时代。如果我们必须考虑这种暗含在内的时代维度和经验性指向，那么我们可以认为，黑格尔时代已经过去了。但事实上却相反，黑格尔哲学并没有随着时间流逝而成为过去式，反而始终具有时代的生命力。您是如何理解经典的黑格尔学说和当代现实性之间的这种张力的？

阿恩特：

毋庸置疑，黑格尔哲学中存在许多受时代制约的东西，例如他的两性关系理论、他对立宪君主制的偏爱、他拒斥进化理论以及其他方面。但这根本不是说，黑格尔在经验科学方面显然没有他同时代的人看得远。虽然下述事实众所周知，但始终意识到这一事实却很有裨益，即自然科学在黑格尔的时代还不完全是可衡量、可计算的学科，而是在很多方面遵循概念解释的图式，这一图式在今天的自然科学研究者看来绝大部分是荒谬的。与黑格尔的时代相反,政治形势、社会形势和科学史的问题部分地已经发生了巨大的变化,而且这一变化不可动摇。在何种程度上我们从中能推导出反对黑格尔的意见,并且这些反对意见涉及黑格尔的体系,而不"仅仅"针对实在哲学的事实,更别说是错误了?许多批评者认为,黑格尔完美无缺地呈现了一个体系,在这个体系之中,每一个都是微小的部分,都需要其他部分的支撑,这就足以指出摧毁整个体系的错误。在此意义上,黑格尔完全没有呈现一个封闭的体系,但这一点却被忽视了。实在哲学,也就是自然哲学和精神哲学,仅仅是以"纲要"的形式被起草出来,就连《逻辑学》也没有真正完成,这明显体现在第一版和第二版的"存在论"之间的重要区别。就当时的时代而言,黑格尔还没有完全实现在《逻辑学》结尾处宣告的规划:理念——把自身总结为概念的概念——必须要在实在性中再次找到自身。在这背后,存在一个黑格尔称之为根本的,但却只是从边缘处处理的问题。黑格尔认为,概念不仅在自然中始终无法完全实现自身,而且在有限的精神(社会和国家)中也是如此。因而,实在性绝不能从概念的逻辑结构中推导出来。为了把握实在性,首先必须要解释的是,在实在性中究竟要把握的是什么,即什么要归属在概念之下,什么是相对概念而言外在的和偶然的东西。当马克思追问,应该如何把握一个特殊对象的——资本主义生产方式——特殊逻辑,这就是他要面对的问题。马克思认为,他以此克服了黑格尔的一个错误,因为黑格尔自身在《逻辑学》中强调逻辑与实在哲学的差异。这个问题——逻辑学与实在哲学之间的关系——在黑格尔的研究中还没有得到充分的探讨,但这个问题意味着什么却是显而易见的:从黑格尔的视角来看,对实在性的每一次把握就是去追问,是否能从这种把握中产生对于概念自身结构而言的结果,是否能产生(作为"绝对的",亦即作为辩证方法的)理念的概念。正如我之前所说,黑格尔哲学致力于在实在性和经验科学中持续地检验和保存自身,并因而在某种程度上,受到自身责成的强迫而不断更新。

朱:

对黑格尔哲学经久不衰的研究兴趣,可以说是源于黑格尔哲学自身的现实关切性。毫无疑问,当下的黑格尔研究达到了一种其他研究领域都难以企及的精细入微的程度。但值得注意的是,黑格尔耶拿早期手稿及其思想学说(1801—1803 年)无论是在德国还是在国际黑格尔研究中都极少得到关注,甚至在某种意义上被忽视了。在您看来,黑格尔耶拿早期手稿算是一种研究"空缺"吗?如果是,那又为什么会在黑格尔的研究史中出现这样一个显而易见的研究"空白"呢?

阿恩特：

黑格尔耶拿时期的研究与"耶拿体系草稿"的编辑出版密切相关。"耶拿体系草稿"最初（即便是不完整）是在一个与马克思《巴黎手稿》问世类似的时间点出版的。耶拿早期文献中阐释和批判市民社会的某些类似表述不容忽视，西方黑格尔-马克思主义主要就是通过追溯耶拿时期的黑格尔而受到影响。卢卡奇关于青年黑格尔的巨著，以马克思理论为着眼点，总结了黑格尔耶拿时期这个阶段。自 20 世纪 70 年代初以来，历史考订版的《黑格尔全集》中对耶拿手稿的编辑，再次推动了关于黑格尔耶拿时期的讨论。同时，在 1968 年学生运动关于新马克思主义讨论的过程中，产生了对黑格尔耶拿时期的强烈兴趣，但对黑格尔手稿的研究还是从发展史的角度。在这里我说一些代表性著作：基默尔的《思想的封闭性问题》(*Das Problem der Abgeschlossenheit des Denkens*，1982)、曼弗雷德·包姆（Manfred Baum）的《黑格尔辩证法的起源》(*Die Entstehung der Hegelschen Dialektik*，1989) 和克劳斯·迪辛（Klaus Düsing）的《黑格尔逻辑学的主体性问题》(*Das Problem der Subjektivität in Hegels Logik*，1995)。基默尔、吕迪格·布布纳（Rüdiger Bubner）和我在 2003 年共同组织了一次会议，会议论文以《黑格尔耶拿体系构想的本身意义》(*Die Eigenbedeutung der Jenaer Systemkonzeptionen Hegels*，2004) 为题出版。这次会议几乎没有推进新的讨论，毋宁说是对之前各种讨论的一次补充。这无疑也是与下述情况相关，即黑格尔研究——根据伽达默尔的格言"要逐字逐句地阅读黑格尔"(Hegel buchstabieren)——越来越陷入了文本的细节之中，而黑格尔哲学的整体及其发展史长久以来并未得到足够的关注。实际上，我个人并不认为在此背景中，黑格尔耶拿时期的研究是最迫切的研究空缺。在我看来，更加迫切的是要把《逻辑学》的起源与"耶拿草稿"以及极少被考察的"纽伦堡文理高中演讲"结合起来。

朱：

我也注意到，您在 1987 年通过教授资格论文《论黑格尔精神哲学中劳动概念的起源和作用》(*Zur Herkunft und Funktion des Arbeitsbegriffs in Hegels Geistesphilosophie*，1985) 进入了黑格尔耶拿体系草稿这一领域的研究。这一研究本身之所以有意义、有价值，是因为它对黑格尔成熟时期的哲学体系有一个起源的意义，即它为了解黑格尔的整个思想大厦和方法典范提供了溯源的线索，还是因为耶拿时期的研究本身就有其自身的独特价值？您为何会关注黑格尔的劳动概念，即便黑格尔自己在后期，例如在 1821 年的《法哲学原理》中不再强调劳动这一概念？

阿恩特：

（自 1979 年起）我最初在柏林，不是在大学里，而是在一个编辑《施莱尔马赫全集》的研究机构工作。因此，我在 80 年代初跟随柏林自由大学由皮特·富特①和沃尔夫冈·勒菲弗②领导的一个工作组，从事黑格尔与马克思在辩证法问题上的研究。按照民主德国哲学家皮特·鲁本③的看法，所谓的"劳动概念"在此研究中扮演着非常重要的角色。这一构想的目的在于，根据实际劳动过程的规定性来描述辩证法，并且以唯物主义的方式为辩证法定位。我的报告——当时的教授资格论文申请程序受到迈克尔·图尼森④的支持——就是紧接着上述讨论的，即以黑格尔的早期手稿为出发点，来描述黑格尔"劳动概念"（Arbeitsbegriff）的扩大直至"概念的劳动"（Arbeit des Begriffs），并从中推论出体系的意义。耶拿体系草案之所以占据重要地位，是因为黑格尔当时把实际的劳动过程分解为"精神"与自然的中介结构，但这一思想在《法哲学原理》中就不再明显地显示出来。黑格尔的耶拿论题在《逻辑学》的目的论章节中却产生一个巨大的回响。

朱：

作为哲学教授，您以黑格尔专家著称，但您的研究却不局限于黑格尔。您始终尝试在与当下的讨论或与其他思想家（例如马克思）的关联中来探讨黑格尔。您的《辩证法与反思——论理性概念的重建》和《历史与自由意识——论黑格尔与马克思的自由辩证法》两部著作就是典型的例证。在阅读您著作的过程中，我有这种印象，历史构成了您从事哲学工作的一个建构性维度。为什么您在哲学研究中如此地重视历史的视角？

阿恩特：

显而易见，一直有把体系哲学和哲学史相互分离的尝试。在这点上，我同意黑格尔，认为这是一种严重的错误。康德就已经指出，阐述纯粹理性的体系需要一种纯粹理性的历史。体系哲学要始终反思其概念和范畴的历史性。如果哲学史只是介绍各种观点，而不是去追问其体系的真理内容，那么哲学史就会沦为非哲学的综述。与各种特殊的经验科学不同，哲学体系和哲学草案不是以这样一种方式脱离自身，以至于旧的体系在某个时候就会被直接超越，而是说它们包含问题和思想方法，这些问题和思想方法因远离各种受时间制约的理论而具有并一直具有现实意义。如果有人认为，纵然没有这种历史的维度，

---

① 皮特·富特（Peter Furth），德国社会哲学家。

② 沃尔夫冈·勒菲弗（Wolfgang Lefèvre），德国历史学家。

③ 皮特·鲁本（Peter Ruben），主要研究领域为自然哲学和马克思哲学。

④ 迈克尔·图尼森（Michael Theunissen），德国著名黑格尔和克尔凯郭尔研究专家，曾获雅斯贝尔斯奖和黑格尔奖。

也能系统地进行哲学研究,那么他的视角就会变得狭隘,并有陷入一种非批判的、独断主义的危险。哲学需要不断地与其他主张交锋,包括历史上先前出现的各种主张以及对这些主张的论证。这也是柏拉图和亚里士多德进行体系哲学的操作模式(modus operandi)。就此而言,我不是重视历史的视角,而是出于体系的原因采用一种历史的视角。

朱:

您在《历史与自由意识——论黑格尔与马克思的自由辩证法》一书的前言中这样写道:"本书是在不断的怀疑与持续的不安中产生的:马克思的方案是什么以及怎样在许多方面与黑格尔相反?"您能给我们详细阐述一下,在何种程度上马克思与黑格尔之间(曾)有这样一种对立?

阿恩特:

我很长时间以来都致力于找出,在马克思那里早已广泛传播的一种"唯物主义"辩证法是如何与黑格尔的辩证法相对立的。在经历许多年和若干探索之后,我最终确信,在此涉及的是一个"虚假问题"(Scheinproblem),即便后几代的马克思主义者们与马克思本人都是以"唯物主义"辩证法和"唯心主义"辩证法之间的对立为出发点的。没有人(马克思也没有)直接提出更没有回答这个问题:一种据说以神话为基础的哲学是如何能产生一种科学的、批判的和革命的方法。按照我目前的看法,马克思在他对黑格尔的批判中,主要没有注意到黑格尔的逻辑学与实在哲学之间的区别。结果就是,马克思在《政治经济学批判大纲》(草稿)中关于"辩证法的界限"(Grenzen der Dialektik)的论述,实际上只是在重复黑格尔关于实在性中概念的界限的论述。因而,与黑格尔的一种"唯物主义"的对立是无根据的。我并不认为,进一步去探索一种"唯物主义"的辩证法是具有前景的做法,相反,应当要集中精力,从根本上来理解黑格尔的辩证法。

朱:

在德国众多的哲学教授之中,您是其中为数不多的马克思主义专家,从事马克思哲学研究超过 30 年。为什么您始终保持对马克思学说的研究兴趣?您的"马克思传记"《卡尔·马克思——试论马克思理论的关联性》在 2012 年再版,是为了满足现代读者对马克思主义理论日益不断增长的需求。我们是否可以这样认为,我们正在经历一种马克思主义的复兴?或者说当危机出现的时候,例如 2008 年的金融危机和 2020 年的新冠肺炎病毒危机,马克思就会一再地被提及?马克思的理论是一种危机理论吗?它为什么以及怎样与当下的危机现状相关联?

阿恩特：

马克思在黑格尔不再对现代(市民)社会的运动规律进行解释的地方,将黑格尔对现代社会的诊断继续推行下去。当(全球的)资本主义稳定运行,看似呈现美好前景的时候,马克思就受到反驳,甚至还被宣布为死亡。就此而言,在危机、危机意识与向马克思理论的回归之间存在一种关联。但我们现在是否应当谈论一种马克思主义的复兴,对此我持怀疑态度。马克思的理论不是解决社会问题和政治问题的处方,而是一种能帮助我们找到解决方法的诊断工具。马克思对于现代社会运动规律的洞见使他能够向我们阐明,这一运动规律是如何损害财富的源泉、劳动者和土地的,而后者却是马克思主义思想中经常被忽视的生态维度。齐藤幸平①在他由我指导的博士论文中,出色地处理了这一问题。但从这一视角出发,我们又能得出哪些结论,马克思没有给我们预先指出。在这点上,马克思遵循黑格尔的无偶像论(Bilderverbot):哲学无法教导我们世界应是怎样的。我们必须自己去看,究竟有哪些我们能从当下矛盾中找到的出路。

朱：

您曾在一次《告别列宁神话》(Abschied vom Lenin-Mythos)的访谈中,表达了您对如何看待历史人物这一问题的观点。您要求,"清除神话,更清醒地看待历史人物"。我相信,我们在从事马克思主义的研究中同样需要一种清醒的态度。在您所撰写的"马克思传记"中,您放弃了伟人传记的视角,而是以此为出发点:"马克思的理论工作遵循研究对象和研究手段的逻辑以及对这两者的理解,就马克思的理论工作不能通过任何方式被解释为各种立场的表达而言,各种立场最终在马克思的主观性中有其原因。"从方法上来看,您把这称为理论自身的客观联系。这是一种清醒的认知进路吗? 这又为什么构成您马克思研究的理论出发点?

阿恩特：

毫无疑问,可以这样来撰写一本马克思的传记,就像迈克尔·海因里希②即将要开展的工作,那样令人印象深刻。同时,海因里希也避免了任何一种还原到马克思本人的还原主义。理论起源于语境,而语境又是由被称为"时代精神"的东西确定的。理论不能被归结为参与者的主观性,相反,理论是客观的。就此而言,我赞同后现代关于"作者已死"的

---

① 齐藤幸平(Kohei Saito),日本大阪市立大学副教授,曾在阿恩特教授的指导之下获得博士学位。
② 迈克尔·海因里希(Michael Heinrich),德国著名马克思研究专家,计划撰写三卷本的《马克思传》,2018 年已出版第一卷。

说法,这一说法不是新知识,而是植根于经典诠释学历史批判的方法。

朱:

在"马克思传记"这本书中,您这样总结:"在相互关联的视角之下,马克思的理论被证明是一个未完成、未结束的计划。"毋庸置疑,马克思遗留下了难以计数的手稿、草稿和其他文献草案。我们也无法一劳永逸地完成他的规划。但很多学者却试图把马克思的思想作为一个完整的统一体来看待并加以阐释。当您说起"未完成的计划"时,这种"未完成"是在"量"的意义上还是在"质"的意义上,或者两者兼有? 您能为我们详细阐述一下您对此问题的研究结论吗?

阿恩特:

马克思的著作中有很强的理论连续性,这是毋庸置疑的。马克思很早就看到了社会问题的意义并试图来解释他那个时代的社会运动,把握社会运动的趋势。同时马克思也清楚地看到,现代市民社会的运动规律在理论上还不能被充分地解释。因而在这点上,马克思开始了他的科学工作。这项工作——正如马克思所规划作品的不同写作计划表明的那样,《资本论》只构成了其中一个未完成的部分,对所规划的、宏大作品的重建是以黑格尔总结在"客观精神"标题之下的东西为目标:社会、国家和世界历史。其中起草出来的只有"政治经济学批判"中的第一个根本的部分,也就是《资本论》的第一卷。《资本论》接下来的几卷本都没有走出草稿的形态,在这些草稿中,马克思始终在尝试新的进路,从抽象的东西——商品分析——上升到具体的东西——流通领域的现象。这些草稿部分地也体现了各种相互矛盾的进路,而且在马克思看来,它们只是部分地满足了所要处理的问题。计划要撰写的关于国家、世界贸易和危机理论的书,甚至还没有草稿。马克思从来没有对后来称作"历史唯物主义"的理论进行全面的论证和阐述,只在《德意志意识形态》中出现了零星的说明和论述,他所计划的关于辩证法的著作也是微乎其微。马克思曾深入地,有时以新闻工作者的身份,也以政治家的身份密切关注日常现象,并做出评论,但时常也以相互矛盾的方式。出于对巴黎公社的直接印象,马克思把巴黎公社理解为"无产阶级专政"的实现,但之后他不再这样看,认为巴黎公社不具备那种革命秩序的榜样特征。马克思的著作是一次对各种残篇令人印象深刻的汇编:草拟的理论进路、提纲、草稿和各类论题。这些残篇虽然都有一个共同的中心,即对现代市民社会进行历史定位和系统重构,但它们都无法构成一个整体,如列宁所说,无法构成一个"统一和完整的世界观"。因而,恰当地处理马克思著作的方式只能在于,进一步自主地发展他的进路,并用以解释当下的问题。

朱：

如果说马克思理论的全貌具体见于各类手稿残篇之中，那么对《马克思恩格斯全集》的编纂则具有重大意义。作为马克思研究专家，您为此项编辑工作也贡献了力量。我注意到，自 2013 年以来，您一直担任《马克思恩格斯全集》（MEGA）的国际科学顾问组的成员。您能给我们简要介绍一下这项编辑工作吗？目前存在的最大困难是什么？

阿恩特：

实际上，我并未直接参与到具体的编辑工作中。作为顾问组成员，我的任务主要是为编辑工作提供科学政治方面的支持，特别是针对可能的赞助者。以科学政治的方式编辑《马克思恩格斯全集》现在受到强大的压力，因为一方面被迫只能编辑那些必要的文本（但确定这些必要的文本要以全面掌握整体为前提）；另一方面传统的印刷品不再符合时代的要求，而是要求数字化的编辑，尽管目前完全不能保证持续拥有这些数据库的使用权。就《马克思恩格斯全集》而言，这就意味着，笔记和节选部分将不再按照现有的标准完全被编辑出版，书信部分也将只以数字化的形式编辑。目前看来，无论如何，《马克思恩格斯全集》可能以一种简化的方式结束，但并不会直接中断。

朱：

我还想对您在公开场合参与的哲学活动做简要探讨。您（曾）在众多不同的委员会和组织中任职，有时甚至是担任要职。就您的经验来说，在何种程度上，参与这些公开活动是必要的？它在您自身的哲学研究中又扮演了怎样的角色？

阿恩特：

各种组织和委员会不是从事哲学反思的地方，毋宁说，它们属于科学政治的事务。但在那儿片刻所提出的哲学问题和思考，会引起我的注意，以便在我所理解的哲学意义上来解决某些问题。就我个人而言，对于哲学思考起重要作用的主要还是教学。我从与学生们的沟通交流中所收获的，远比在阅读书籍中的获益要多。

朱：

最后我的问题是，回顾您长久的哲学探索之路，您想对那些像您一样对哲学感兴趣并有志于从事哲学研究的学生们和年轻学者们说些什么？

阿恩特：

每个人都必须要走上自己的哲学之路，进入哲学。但这能否在一个学术事业的框架内实现,却取决于多方面的因素,这些因素很难被影响,有时甚至是纯粹偶然的。"自己的哲学之路"指的是,每个人都应该要尊重传统,尊重知识,但每个人的判断都不应屈服于任何权威。在这点上,康德的格言始终有效:要敢于求知(sapere aude)! 要敢于使用你自己的理性! 我时常对我的学生说,自己首先要进入原文,形成一个自己的判断,然后再与二手文献的解释进行比较。其中最重要的是,要训练一种方法论上的怀疑,要对作者的立场观点(也就是研究对象)和作者的判断进行怀疑。只有这样才可能有充分论据地代表一些观点,尽管这些观点不得不一再地被修正。

黑格尔哲学中的费希特元素

——A. 施密特教授访谈

[德]A. 施密特①　朱渝阳(采访整理)

朱渝阳(以下简称"朱"):

施密特教授您好! 为纪念黑格尔诞辰 250 周年,我非常高兴能够采访您。您现在是德国耶拿大学德国观念论的教席教授。因此,对于您而言,德国观念论这一传统领域应具有特别的意义和重要性。您是通过费希特哲学而进入这一古老的研究领域。您时常感慨,费希特哲学今非昔比。当年您在慕尼黑读大学的时候,费希特哲学曾是众多大学生和年轻学者们竞相追捧的对象。慕尼黑大学的费希特课程远近闻名,常常是座无虚席。更值得一提的是,对课程参与者的要求甚高。学生不仅要提前选课占座,而且还要参加"道德测试",以检查学生是否达到了学习费希特哲学的"道德要求"。作为经历者,您能为我们详细说一下当年这个"道德测试"是如何进行的? 您是否通过了那次测试呢?

施密特:

确有此事,这是在我读慕尼黑大学之前。莱茵哈德·劳特②是《费希特全集》的主编,也是一位非常保守的天主教徒。他坚决反对 60 年代的宗教改革,并认为,天主教会不幸地背弃了真正的信仰。就像我当时听说的那样,学生不能直接去上劳特开设的费希特课程,而必须提前去和他"谈话",接受"道德测试"。谈话检验的不是学生是否具有足够的

---

① 作者简介:A. 施密特(Andreas Schmidt),在慕尼黑大学和巴黎大学学习哲学、当代德国文学和艺术史;1998 年在图宾根大学获得博士学位;2007 年获得大学执教资格(Habilitation);自 2013 年起任德国耶拿大学德国观念论教席教授。2015—2019 年任德国耶拿大学哲学系系主任。主要研究领域:康德哲学、德国观念论、17 世纪理性主义、分析哲学、现象学。研究项目:存在概念、时间与时间意识、费希特的知识学。代表性著作(节选):《知识的基础:1794/1795,1804/II 与 1812 年版本中的费希特知识学》(*Der Grund des Wissens. Zu Fichtes Wissenschaftslehren in den Versionen von 1794/95,1804/II und 1812*,2004)、《上帝的思想:笛卡尔、马勒伯朗士和莱布尼茨的知识形而上学》(*Göttliche Gedanken. Zur Metaphysik der Erkenntnis bei Descartes,Malebranche,Spinoza und Leibniz*,2009)、《勒内·笛卡尔〈沉思录〉》三语平行版:法语/德语/拉丁语(*René Descartes,Meditationen. Dreisprachige Parallelausgabe Latein-Französisch-Deutsch*,2004)、《费希特的伦理学体系》合作评论(*Fichtes System der Sittenlehre. Ein kooperativer Kommentar*)。

② 莱茵哈德·劳特(Reinhard Lauth),生前为慕尼黑大学教授,德国著名的费希特专家,毕生致力于《费希特全集》的编辑出版工作。劳特版的《费希特全集》是当今德国最权威、最通行的版本,也是国际上各个译本(包括中译本)的参照本。在 2008 年劳特先生去世一周年之际,梁存秀先生曾写文悼念。参见梁存秀:《学者精神永存——忆〈费希特全集〉编纂者劳特》,《哲学动态》,2008 年第 11 期。

哲学背景知识,而是学生在道德上是否达到了参与他教学活动所必须的成熟程度。等到我去慕尼黑大学读书的时候,劳特年事已高,变得温厚宽和了。我就如此幸运地避开了"道德测试",我不知道,如果我参加的话,是否能通过"测试"。劳特在自己的课上绝对有一种独特的人格魅力,并且在我理解费希特的一个关键点上深深影响了我。劳特强调费希特实践哲学的优先性。他有充分理由,并且也不断地试图强调费希特知识理论的实践向度,这与迪特·亨利希(Dieter Henrich)完全不一样。对于亨利希而言,(从理论上理解的)费希特自我意识理论是第一位的。在这点上,我完全遵从劳特的路线。

朱:

您提到,您很幸运地避开了劳特的"道德测试",但我认为,您却成功地通过了"费希特的测试"。您的博士论文《知识的基础——费希特 1794—1795 年、1804/Ⅱ年和 1812 年三个版本的知识学》就是为费希特知识学前后连贯性辩护的一篇力作。费希特不仅生前,而且逝世之后也留下了难以计数的手稿、残篇和书信集。在劳特组织编纂的《费希特全集》中,这些文献首次公诸于世,但至今尚未被深入研究。您朝向费希特文献研究的重要一步,就是您于 2020 年 1 月在耶拿组织召开了一次以"自我意识与绝对:费希特 1800 年思想的巨变"(Selbstbewusstsein und Absolutheit. Der Umbruch in Johann Gottlieb Fichtes Denken um 1800)为主题的会议。会议的核心活动就是精读费希特《1800 年新修订的知识学》(Neue Bearbeitung der Wissenschaftslehre von 1800)这个文本。我们很想知道,您是如何想到要读这个文本的?为什么这个陌生的文本值得这么多费希特专家共同研读并加以讨论?

施密特:

自 2017 年以来,来自各地的费希特研究者每年都会在费希特的出生地拉美瑙(Rammenau)相聚一次。我们的目标是共同阅读费希特在 1793—1813 年这 20 年间写下的所有知识学的草稿和修订版本。在此背景下,我就产生了这样的想法:单独举办一次关于《1800 年新修订的知识学》的会议。这个文本写于 1800 年,是一份未完成的、费希特逝世之后才出版的手稿,目前几乎还没有研究文献。1800 年前后对费希特而言是一个特别重要的巨变时间——从传记的角度看,费希特当时祸不单行:1799 年 4 月,费希特由于"无神论事件"而失去了他在耶拿大学的教授职位。同年 8 月,(费希特始终引以为鉴的)康德公开宣布,他认为费希特的知识学是"一个完全站不住脚的体系"。1799 年秋,费希特非常器重的雅可比,公开了他"致费希特的信"。在信中,雅可比虽然没有指责费希特为无神论者,但却指责其为虚无主义者,并因此公开反对费希特。1800 年,莱茵霍尔德（Reinhold）不再与费希特来往,而费希特在此期间还认为莱茵霍尔德的哲学使人受益,这最终导致两人在 1801 年 4 月决裂。至于费希特与谢林的关系,在 1800 年 11 月就开始出现危机。在与谢林一些书信上的往来争论之后,两人最终于 1802 年 1 月决裂。在最短的时间内,费希特在哲学上完全陷入了一种孤立无援的处境之中。但费希特对此的反应却令人出乎意料:一方面,他宣称所有针对他的指责非难完全没有道理,没有人能够真正理解他;另一方面,他开始从根本上修正自己的哲学体系,至少在哲学术语上,他非常强烈地向其反对者靠近。如何在费希特的著作中更好地理解这一巨变,是费希特研究的一项重要任务。耶拿的这次会议为此项任务作出了贡献。此外,我们组织这次会议,也是为了庆祝一位值得敬重的葡萄牙同事马里奥·豪尔赫·德·卡瓦略①60 岁的生日,他任教于里斯本大学。

朱：

耶拿的这次费希特会议也受到了"国际费希特研究中心"（*Internationales Johann-Gottlieb-Fichte-Forschungszentrum*，*IFF*）的资助和支持。这个机构在国际费希特的研究中承担哪些任务？为什么它是在伍珀塔尔（Wuppertal），而不是在耶拿建立？费希特曾在耶拿度过了他学术生涯中的最重要的阶段（1794—1799 年）,并写下了哲学理论的代表作《全部知识学的基础》。

施密特：

"国际费希特研究中心"是一个非常年轻的协会,它是 2019 年由亚历山大·施奈尔②建立的,目的是给予费希特研究在德国更多的知名度。亚历山大·施奈尔不仅是一位出色的费希特专家,而且也熟知法国现象学。伍珀塔尔和耶拿一样,也具有费希特研究的传统。1975—1993 年期间,沃尔夫冈·詹克③在伍珀塔尔大学任教,他为费希特研究作出了卓越的贡献,例如他的《费希特：存在与反思,批判理性的基础》（*Fichte：Sein und Reflexion，Grundlagen der kritischen Vernunft*，1790）就是一部费希特研究的巨著。

---

① 马里奥·豪尔赫·德·卡瓦略（Mario Jorge de Carvalho）,葡萄牙里斯本大学哲学系副教授,主要研究领域为德国观念论、古代哲学、本体论和哲学人类学。

② 亚历山大·施奈尔（Alexander Schnell）,德国伍珀塔尔大学教授,主要研究领域为形而上学、本体论、先验哲学以及哲学人类学,有多部德语和法语专著。

③ 沃尔夫冈·詹克（Wolfgang Janke）,生前为伍珀塔尔大学的教授,他参与组建了伍珀塔尔大学的哲学系,并致力于哲学系的发展扩大。曾任"国际费希特协会"的主席、名誉主席和《费希特研究》的主编等职务,出版了 9 部代表性专著和 100 多篇文章。

朱:

您从事费希特哲学研究已超过 20 年,至今也还是您的一个研究领域。在探索费希特哲学的过程中,您有哪些感触?

施密特:

费希特哲学对我的哲学工作主要在以下三个方面尤为重要。第一,哲学必须是体系。哲学虽然不必像费希特所强调的,要从第一原理出发,但哲学必须要有一个整体性特征。第二,我同意费希特(和康德)的观点,哲学的第一要务在于解释我们知识诉求暗含的前提。在这一点上,我更愿意将我的哲学工作置入先验哲学的传统之中。第三,我非常理解并认同费希特的观点:要把人的"主体性"(Subjektivität)看作各种行动与活动的综合体,而不是看作一个非物质的"实体"(Substanz)。

朱:

我个人也深有同感,费希特哲学的一个重要贡献,就是他为德国观念论最先设立了具有方向指引性的论题和进路,比如您刚刚提到的"哲学必须是体系"观点。另一个比较明显的例证就是黑格尔在耶拿时期对费希特哲学模棱两可的态度。一方面,黑格尔(与谢林一起)公开激烈地批判费希特;另一方面,黑格尔又自觉不自觉地在文章中,特别是在《自然法论文》中使用费希特的哲学术语,例如同一性—非同一性(Identität-Nichtidentität)、理念之物—实在之物(Ideelles-Reelles)和统一性—多样性(Einheit-Vielheit),等等。您也多次强调,不了解费希特,也就难以读懂黑格尔。您能为我们解释一下,在什么意义上,费希特对德国观念论或对黑格尔哲学的形成有至关重要的作用?

施密特:

费希特在很多细节上对黑格尔产生了巨大的影响,这一点您说的完全正确。除了您上述提到的那些点之外,我们还可以提出如下这一影响深远的费希特论题,即一个完整的自我意识要以他人的承认为前提。但在我看来,费希特的影响更重要的是方法。尽管在方法上,相比于费希特,黑格尔毫无疑问是进步的,但黑格尔极少为其方法进行论证。相反,费希特始终一再地反思方法问题。了解费希特对方法的反思将非常有助于理解黑格尔的"辩证法"过程。还要提费希特哲学的一些关键点:一个哲学体系的必要性及其整体性格结构;方法不能先于体系,而必须在建构体系的过程中产生;方法的过程只能通过如下方式产生,即单个的原则在详细考察中被证明是不足的、有缺陷的,必须通过更高的原则被补充,直至达到一个全体。

朱：

您虽然是著名的费希特专家，但从不是"费希特主义者"。您时常说，费希特也有很多过错。来自谢林，特别是来自黑格尔的"费希特批判"也是合理有据，站得住脚的。具体来说，费希特哲学在哪些地方不能自洽？黑格尔又是怎样避免并超越费希特这些弊端的呢？

施密特：

在我看来，黑格尔哲学对费希特理论的一个重要改良是显而易见的：黑格尔改变了对经验的态度。费希特认为（每一个坚定的康德主义者也是如此认为），理性虽然依赖感性经验，但理性规定经验，这是不可颠倒的。如果我正确理解了黑格尔，那么在黑格尔那里，这种规定性在两个方向都是行得通的。也就是说，理性规定经验，但经验同样规定理性。因而，在黑格尔看来，理性能在"他者"（经验）之中"依靠自身存在"。这就是说，黑格尔的逻辑虽然给我们提供了思想的形式结构，但如果我们想要具有一套完整的范畴学说，我们就必须去读黑格尔的"实在哲学"（Realphilosophie），这两者不可分离。我认为，这是黑格尔相对于费希特的一个巨大进步。

朱：

说到黑格尔的"实在哲学"，其中一个重要的理论贡献就是黑格尔将"道德"与"伦理"在概念上明确区分，并在《法哲学原理》中提出，代表个体性的道德最终要被扬弃在共同体的伦理之中。为什么您赞同黑格尔的这个论点？您又是怎样理解"道德要被扬弃在伦理之中"？

施密特：

很长时间以来，我都是康德道德哲学的维护者。至今，我还认同康德的许多理论指向。尽管如此，前些年我突然明白了，黑格尔在一个关键点上对康德的批判是正确的。在这个问题上，我也能联系我之前的思考和回答。在康德看来，我们在面对每一个行为准则的时候，都要自我发问：所有人是否都同意这个准则，或者这个准则对所有人而言是否都是"可同意的"（zustimmungsfähig）？康德认为，这种"同意能力"（Zustimmungsfähigkeit）就是道德标准。我是这样来理解黑格尔的，黑格尔要追问，康德所谓的"同意"究竟是什么，究竟谁要同意？涉及的是具体的人，他们带有各自所有的偏好和恶习，他们必须要同意吗？不，答案是否定的。因为这些人带有所有非道德的偏好，普遍同意的测试将导致（非道德的）结果。一切经验的偏好必须被抽象掉。那现在必须要进一步追问的是，这些人抽象掉了一切的偏好、希望和需求，他们作为纯粹的理性存在者（rein als Vernunftwesen），是否都能同意？但康德认为，人作为纯粹的理性存在者所具有的唯一意志，正是这种只根据所有理性存在者都能同意的准则行动的意志。这太抽象了，无助于理解这种"准则测试"（Maximentest）。康德的道德标准沦为空谈。为了让普遍同意的测试得以应用，我们就必须更加具体地理解这一测试。当我思考，什么是对于所有人而言，都是可同意的，我就必须动用我的知识。我身边的人的福祉和兴旺存在于哪儿？——我必须求助于物质（material）价值。这些价值是由我生活在其中的社会和我处于其中的历史时代共同决定的。向这些人类学和历史学决定的道德价值的因素回溯将是不可避免的，只有这样，普遍同意的标准才是可应用的（anwendbar）。因而，我理解了黑格尔对康德的批判。黑格尔紧紧抓住普遍同意的理念，但却坚持认为，我们不能抽象掉经验因素（empirische Faktoren）。以这种方式我们就能理解黑格尔的"道德要被扬弃在伦理之中"的口号了。

朱：

除了黑格尔的精神哲学，您这学期还开设了关于黑格尔宗教哲学的讨论班。课程文本是黑格尔的《宗教哲学讲演录》（*Vorlesungen über die Philosophie der Religion*），众所周知，这个文本不是黑格尔自己撰写的，而是由黑格尔的学生整理、编辑出版的。这些"学生笔记"能否代表黑格尔的真正的哲学主张？时至今日，学界还莫衷一是。对此，您持哪种观点？在什么意义上，我们可以认为这些"学生笔记"是真实可靠的？

施密特：

毫无疑问，为了提供一个尽可能完整一致的文本，黑格尔的学生们综合了不同时期的笔记。因而，他们也就掩盖了黑格尔宗教哲学随着时间也会相当程度地发生变化的事实。自 20 世纪 90 年代以来，我们有一份由瓦尔特·杰什克①出版的"笔记"，这份笔记使我们能够体会黑格尔在宗教哲学上的变化。对于一个讨论班来说，我一如既往地倾向于选择黑格尔学生版本的笔记。这个版本以一种清晰、易读的方式，总结代表了黑格尔的宗教哲学观。杰什克修订的版本适合专家，学生们可以毫无顾忌地使用黑格尔学生的版本。

朱：

相对于对黑格尔哲学长久不衰的研究兴趣和研究热潮而言，德国观念论的研究在德国则显得不尽如人意。尤其是近年来，德国观念论的教席在不少德国高校都被替代，甚至

---

① 瓦尔特·杰什克（Walter Jaeschke），德国波鸿鲁尔大学（荣休）教授，著名黑格尔研究专家，主持《黑格尔全集》和《雅可比全集》的编辑出版工作。

是被取消了。您是如何看待德国观念论这一"惨淡"的研究现状？

施密特：

在德国，目前对应用伦理学的研究兴趣不断加强，这也反映在各个大学的政治立场上。现在有许多专门为医学伦理学、技术伦理学、经济伦理学等公布的职位。对此，我完全不反对。但这一事实却易于被遗忘，即这些伦理学领域要依赖体系基础。因而，令人感到遗憾的是，德国观念论以一种十分极端的方式反思这些体系基础，现在却不得不忍受这一政治立场之苦。我希望，一种历史传达的、对基础反思必要性的见解在接下来的几年会在各个大学里得以强烈贯彻。

朱：

我还想提一个私人问题。您曾多次提到，您的博士导师 A. F. 科赫教授对您的学术生涯的起步阶段十分重要。跟随科赫教授的数十年间中，您一方面获得了必要的自由，另一方面又得到了所需的指导。您能跟我们分享一下，您获得了哪些自由空间，又得到了哪些支持？

施密特：

科赫教授给了我许多发展自己想法的自由空间，这的确如此。我也试图在指导学生的方面保留这一传统。当然，我也要给出支持学生的指导和建议。但是，要小心，现在像您这一代的年轻人，他们会产生很多新的想法，也很有创造性。如果我很快很强烈地干涉他们写作论文的过程，这将会中断，甚至阻止他们的创造性想法，这会非常遗憾。同时，当学生们想要讨论问题的时候，我当然也要一如既往地仔细倾听。在保留自由与给予指导之间找到一个平衡点，不是那么容易的。但这在科赫教授和我之间却很成功。

朱：

就我个人的感受来说，我觉得，您成功继承了科赫教授指导学生的传统。在我跟您读博期间，我从您给我的自由空间中受益匪浅。同时，您的指导支持伴随了我写作博士论文的每一个阶段。记忆犹新的是，您曾多次在我课堂报告的讨论环节中提出，一篇好的博士论文应具有三个标准：理解性（verständlich）、有机性（organisch）和审美性（ästhetisch）。其中，理解性最为重要。如果一篇论文能被一个具有健全知性的人，比如说大一新生读懂，那么理解性的标准也就达到了。为什么在您看来，这三个标准很重要？

施密特：

在关于（像黑格尔）这样大部头作者的论文中时常存在这样的陋习：简单地重复作者

的话。但如果没有理解原文,也不可能理解对原文的重复。这样的论文毫无用处。因而,要通过自己的语言,尽可能以自己的理解方式清楚地再现思想。当然,我们可能会犯错,但这并不是糟糕的事情。一个清楚明晰的解释假说能促进研究,即便我们最后发现,这种解释假说站不住脚。相反,纯粹的单一重复则起不到作用。就有机性和审美性而言,一部理想的哲学著作是用来阐述一个特定的哲学命题并进行论证。在功能上,所有的章节应该要服务于这个总体目标,这就像一个有机体的各个部分要以有机体的持存为导向。每一个重要部分都不能少,每一个部分都不能是多余的。在这里,涉及的是美感的考量。我们越是向这种理想靠近,就越能写出漂亮的哲学作品。

朱:

当您此时再次回顾您整个哲学历程的时候,如果再有一次机会的话,您还会选择哲学吗?哲学对您来说意味着什么?

施密特:

答案是肯定的。我恐怕是一个有极少天赋的人。对我而言,哲学是为数不多的、狭小的生存空间之一。实际上,我自己完全不能想象从事其他的工作。

朱:

最后,我想请您推荐几本对您自己走上哲学之路有重大影响的哲学著作,并简要陈述理由。

施密特:

如果可能的话,我想限制在我在大学时代仔细研读的几本书。早期的影响是持久的,也是最深刻的。首先,我要说的是康德的《纯粹理性批判》(1781—1787 年)和萨特的《存在与虚无》(1943 年)。这是我大学时候最初精读的哲学著作,并且在哲学上自始至终都影响了我。此外,我还想补充一本不那么出名的书:《真理与主体性》(*Wahrheit und Subjektivität*)。这是汉斯·皮特·法尔克①在慕尼黑大学为通过教授资格答辩而提交的论文。法尔克 1991 年(早在 2010 年出版之前)在一次课上介绍了这本书。法尔克试图通过分析哲学的方法(语义学、真理理论、自我意识理论)发展出一种与我当时最爱的哲学家(康德和萨特)有许多共同之处的立场。我当时请求法尔克给我一份复印本,他非常友好地寄给了我。我反复阅读这本书,它对我至今都产生了深刻的影响。还有黑格尔的《精神

---

① 汉斯·彼得·法尔克(Hans-Peter Falk),生前为慕尼黑大学哲学教授,主要研究领域:先验哲学、德国观念论、分析哲学和理论哲学。

现象学》也属于早期影响我的著作。但对我来说，进入黑格尔不是那么容易。我花了很长时间，直到我能读懂些许。我认为，阅读德国观念论的经典作家们的著作大体都是如此。我们不得不花费很多时间，反复阅读，直到我们开始能理解。如果我们一开始一无所获，我们不应当马上感到沮丧。坚持就会有所获。最后，我要说的一本书是维特根斯坦的《逻辑哲学论》，这本书给我带来了同样巨大的困难，但却始终深深吸引着我。恐怕我自己也没有真正理解它。

《悲惨世界》的叙事伦理解读①

田　丰②

【摘要】将叙事伦理转写为命题或思想实验的代价是抽空行为中的生命历史性,使生命蜕变为抽象符号和规则。商马第事件中,冉阿让面对诸多伦理分歧无所适从,规范伦理、功利主义等理性思考尽管无懈可击,却缺少力量推动冉阿让行动。伦理辩护不能仅靠建构论证,在叙事中重历冉阿让的际遇与挣扎,良心才不再是空洞概念,而是被真实经验充实的可理解力量,才能超越伦理分歧做出最终决定。沙威的自杀源于双重困境:作为警察的职责与良心的冲突,法律与秩序本身的局限性。既从限知叙事理解沙威的合理性,也从全知叙事看到他的限度,才能理解法律的限度与人物决断的有限性。叙事伦理的对象是有限性的人在无可回避的情境中具有缺憾性的选择。人的脆弱与有限决定了不同真理不能还原为某个最终根据,也没有完满解决价值冲突的法则。除了借助规范、义务、功利这些概念去思考和规训人的行为,还需要叙事伦理去理解生命的历程、痛苦与良心。

【关键词】悲惨世界,叙事伦理,伦理分歧,律法,有限性

与哲学思辨不同,文学作品在叙事中探讨人类根本性问题。理论化的伦理学,对象是外在于自身命运的问题,诉诸客观冷静的推演思辨。叙事伦理则通过叙事将读者带入演历与判断,从思考者转换为行动者。阅读不只是外在欣赏,而是读者以摹仿、共情的方式进入人物的生存情境,承受了人物的生存可能性与困境,使其不仅作为虚构人物的过去之事而存在或倒带重播,而且在读者自身这里作为生命情境而重演与经历。这种对可能性的承继,既不可能脱离读者自身生命历史复读人物情节,也不可能不考虑人物性格际遇,

① 本文系天津社会科学院2020年院重点项目"忠恕之道与新时代美德伦理重建"(项目编号:20YZD-03)的阶段性成果。
② 作者简介:田丰,天津社会科学院哲学所副研究员,主要研究方向为中国哲学、伦理学。

使读者如灵魂穿越般直接附体人物肉身，而是在读者与人物各自生命历史的基础上，就其可能性展开的对话与融合中进行。如此，读者方能与人物就其情境与决断达成共识，或提出真正的质疑①。如此获得的普遍性既不是删削事件枝叶以贴合判断规则，也不是在事件中归纳出原则教训以儆效尤——那无异于阅读理解训练。

叙事伦理教会我们的普遍性，是有待学习者在情境演历中理解并与之融合之物。知识与规则的学习作为某种地基固然重要②，但并不充分。纳斯鲍姆认为，有些人类价值只是在采取冒险行为的情况下才对我们开放③。与之类似的是，有些人类的普遍性，只是在让自身投入叙事情境的情况下，才能使我们领会，某种意义上说，这也是一种冒险和价值的获得。"叙事伦理学的道德实践力量就在于，一个人进入过某种叙事的时间和空间，他（她）的生活可能就发生了根本的变化。这种道德的实践力量是理性伦理学没有的。"④

《悲惨世界》作为雨果最重要的作品，数次将人物带到命运、法律与人类良心的战场中央。其中最让人恐惧与战栗的莫过于，作为良心代表的冉阿让与象征律法的沙威的对决。这组对决最戏剧性的冲突是第一部的最后三卷商马第事件⑤与第五部第四卷的沙威自杀。而《九三年》延续了《悲惨世界》的思考，将良心、律法、情感、责任以更极端的冲突形态展示出来。

本研究拒绝宏大叙事⑥，亦非简单判定是非对错，而是深入展示文本叙事中伦理分歧的各自正当性，以及与之相伴的诸多抉择可能性的意义。本文的结构是，首先就商马第事件来检讨叙事伦理与理论性伦理的差别，然后追随文本叙事逻辑考察冉阿让精神中诸多

---

① 严格来说，阅读演历中所发生的视域碰撞比此处勾勒的结构要复杂得多，作者以及书中每个人物都会各自对其立场的正当性给出言辞或行动的辩护与反思。后文会尝试讨论这种复杂性在沙威案例中的形态。

② 刘小枫先生将叙事伦理解释为：从个体独特不可重复的命运去探问生活感觉的意义，不像理性伦理学那样寻求生命悖论的普遍解答。（参看刘小枫：《沉重的肉身》，北京：华夏出版社，2004 年，第 7－8 页。）但笔者以为，叙事伦理作为生命可能性与独特性的追寻，既不可能替代普遍问题与准则的检讨，也要在独特的叙事中探寻普遍性。不过这种普遍性不是数学、逻辑与现代科学意义上的普遍性，而是伽达默尔阐发的精神科学中视域融合带来的视野与判断力的提升。

③ ［美］玛莎•C.纳斯鲍姆：《善的脆弱性：古希腊悲剧和哲学中的运气与伦理》，南京：译林出版社，2007 年，第 25，438，472，517 页。

④ 刘小枫：《沉重的肉身》，北京：华夏出版社，2004 年，第 8 页。

⑤ 《悲惨世界》一书所讨论的社会体制问题涉及各个层面，恶法只是其中之一。不过，冉阿让的事件作为贯穿首尾的根本性线索，也是此书写作缘起，法律、伦理、良知三者的关系还是在全书中具有特殊地位。此外，如波德莱尔所言，冉阿让抉择这部分描写是对人的理性、良知与苦难的最深刻描写，这一章的"有些内容不仅永远可以使法国文学为之骄傲，甚至也使人类有思想的文学为之骄傲。能写出这几页的内容，是理性人的光荣！……把有史以来普天下人心中所有的一切可怕的难处，写得这样怵目惊心"。（程曾厚编选：《雨果评论汇编》，合肥：安徽文艺出版社，1994 年，第 144 页。）

⑥ 典型的相关表现是，简单为雨果与冉阿让戴上"人道主义"这顶华而不实的桂冠，或"法律、阶级、时代局限性"之类可接驳任意作品的空疏命题。

伦理立场的交战,以及良心何以能够超越伦理分歧。进而通过沙威自杀来检讨两种叙事视角的伦理意义,以及律法与秩序的自洽性进入叙事世界之后遭遇的困难。最后,在对《九三年》的研读中展示出,雨果既反对以未来目的抹杀历史和个体,也不逃避个体必须肩负的责任。叙事伦理的对象总是有限性的人在无可回避的情境时势中具有缺憾性的选择。

一、叙事伦理与道德关联

商马第事件的背景是,数年来弃恶行善、在大众眼中功成德就的冉阿让(身份是马德兰市长),从沙威那里得知有个叫商马第的人被法庭误认为是冉阿让,第二天将在邻近城市开庭宣判,预计判决为终身苦役甚至死刑。与此同时,底层妓女芳汀重病缠身,住在由冉阿让资助,斯普丽斯嬷嬷维持照料的慈善医院,苦苦等待冉阿让带回她寄养在黑心德纳第夫妇家的孩子珂赛特。芳汀沦落至此缘于其私生子曝光,而被冉阿让的工厂开除。冉阿让虽对开除之事不知情,但他此前表露的对"不正派"女性的偏见,使他自认为对此事件有间接责任,并决心带回珂赛特,或许芳汀还可能出现奇迹而康复。是应当牺牲自己出庭作证拯救商马第,还是视之与己无关? 冉阿让当天夜里陷入痛苦挣扎,他对事件性质的最初判断如下:

> 命运把那人当作他自己,要把他推下那深坑……他在监牢里的位子还是空着的,躲也无用,那位子始终在那里等着他……他又向自己说,这时他已有了个替身……那个叫商马第的活该倒霉……总而言之,假使有人遭殃,那完全不是我的过错。①

把商马第被错判顶缸之事称为命运,如此一来,商马第遭此厄运便与己无关。这段辩词当然不乏为求自保、安抚良心的自欺因素,却非全然狡辩。问题的实质在于冉阿让对商马第有没有责任?

我们先从法律层面分析。首先,冉阿让对于可能判处他终身苦役的恶法绝无认同②。因此,恶法给他挖的深坑于他并无正义可言,更像是四处噬人的厄运之兽,将它譬喻为命运的打击在此并不为过。其次,法律上的因果性考察,也不会判定冉阿让对商马第服苦役

---

① 雨果:《悲惨世界》,北京:人民文学出版社,2003 年,第 230 页。
② 按照书中情节我们可以合理地推断,即便没有珂赛特,冉阿让还是会不断越狱逃避追捕,否则在他当市长时就该投案自首了。

负有责任,唯一的责任在于政府法庭的失职。

基于不同的伦理学主张,道德责任的前提并不一定要求法学因果关系。不过即便在某些严格的规范伦理学中,也要区分完全责任与不完全责任。前者如不可撒谎、不可杀人,后者一般指涉非严格因果关系中我们对他人的道德义务。譬如广义上来说,我们对一切受到不公正待遇的人都有一定的道德责任,或者道德情感关怀,但我们对于陌生的需要帮助者(如非洲儿童)并没有必然义务①。以此观之,冉阿让这里为自己的辩护并非找借口开脱,反倒是非常合乎现代规范伦理学与法律精神。

现代道德哲学对"应当"及其相关的道德责任进行了大量讨论,也存在诸多分歧,但对于作为"应当"之前提的道德关联性则讨论不够②。没有道德关联性的两个主体之间也就不存在责任和义务,但这种关联性的规定在各种道德哲学中很难普遍通约。这是因为,两个存在者、主体或行为的关联性质判断,根本而言取决于它们的存在关系。譬如在主张一切存在者就其本原皆休戚相关的思想文化中,目击、听闻、知道,甚至某种特殊情境下的不知③,都可以视为人已经进入一个正在发生的整体境遇,彼此关联④。

就广义的道德关联性来看,冉阿让对自我的道德要求与对苦难者的关怀,固然远超一般人,但如果将他与商马第的关联性仅理解为对陌生人的关怀、同情关系,则仅此并未达到促使冉阿让牺牲自己拯救对方的程度。

狭义的道德关联性一般集中表现在对行为与事件的因果与身份关系考察,它看似清楚明确,其实在不同思想与文化中也存在相当差别⑤。即便在同一个法律道德体系中的实际运作也存在许多复杂含混之处,其因果追溯限度、关系界定原则、责任归属方法等,都绝非固定,而是依赖于更加整体性的建构乃至于文化习俗的常识判断,而非完备性因果责

---

① 或许可以说我们有义务帮助一些需要者,但对象无法按照必然性来规定,只能由我们自己选择。完全责任理论参看康德:《法的形而上学原理》,北京:商务印书馆,2012 年,第 24−29 页。对完全责任与不完全责任区分的历史追溯及其在格劳修斯和普芬多夫那里的区分,可参看[美]J.B.施尼温德:《自律的发明:近代道德哲学史》,上海:上海三联书店,第一部分第四章、第七章。更详细的现代伦理学相关讨论参看徐向东:《自我,他人与道德:下册》,北京:商务印书馆,2009 年,第 810−817 页。

② 这种讨论的缺乏主要有两个原因:一是大部分现代道德哲学都共同接受了单子个体的自然状态预设,在这个共同的平台下展开问题,也就无需对共同默认的前提再予以检讨。二是前现代的道德哲学(立场而非时间意义)所具有的各种存在论基础,基本都被当代思想视为不具有正当性的独断信念或神学预设。

③ 譬如有人出于某种动机有意识主动屏蔽或逃避、无视一些可能与自己相关事件的信息。

④ 同一类境遇,其关联性的强弱也取决于主体对存在整体关系的把握。譬如同遇饿莩,杨朱、韩非、墨子、伊尹基于对存在关系以及道德关联性的不同理解,对自我道德责任的理解完全不同。

⑤ 典型的例子是不同文化与法律体系中,对家庭成员彼此责任的界定,造成他人自杀所要承担责任的界定,等等。

任理论①。

就狭义道德关联性来看,冉阿让在来到法庭之前并未对商马第实施过任何行为,法庭的误判与冉阿让没有因果关系,冉阿让对商马第也没有超出一般陌生人关系的义务,这些也都只是偶然性的不幸事件,既与冉阿让没有关系,也不能归罪于任何对象②。在现代道德哲学的因果分析视野下,二人之间也没有特殊道德关联③。可是应该如何解释冉阿让对商马第的道德歉疚?这种道德歉疚感是源于一种广义的普遍道德关联,即无差别的对待苦难的人道关怀?还是源于狭义的特殊道德关联,即二人之间因为某种身份或因果关系或而产生的道德责任?传统研究的人道主义解释并未深入到这个层面。

为了更好地理解叙事伦理与理论伦理对商马第事件的不同解释,我们可以按照典型的现代道德哲学常用的思想实验方法,用电车学形式转写商马第事件的结构要素:

a 电车④原定轨道会压死被绑在铁轨上的 b(冉阿让),但因为某些意外,电车开向了另一个分叉上,将要压死被绑在铁轨上的 c(商马第)。在电车压死 c 之前,b 可以用手边的一个道岔使得电车改变方向返回原先的轨道,这样就会压死他自己,从而拯救 c。但与此同时,这个电车还会压死和他绑在一起的一个妇女和她幼小的女儿(芳汀与珂赛特),并且还有可能进而脱轨冲入拥挤人群。b 应该怎么做?

如果 b 没有扳道岔,看着 c 被电车压死,b 对于 c 的被害显然没有法学意涵上的因果关系。鉴于 b 并无相关身份或关系义务,他也没有"不作为"意义上的广义因果责任⑤。一般来说也没有人会认为 b 对 c 有严格的或完全的道德责任。我们还可以将《悲惨世界》的后续情节转写如下:b 扳动了道岔,导致电车先压死了这个妇女,接着出于某种奇迹,b 挣断了绳子,救了自己和女孩,但他无法阻止电车脱轨,造成人群出现很多受伤者,尚未确

---

① 参看[美]H.L.A.哈特,托尼·奥诺尔:《法律中的因果关系》,张绍谦,孙战国译,北京:中国政法大学出版社,2005年,第 73-94 页。
② 值得一提的是,这里不能用功利主义的"负面责任"来解释冉阿让的愧疚感,也即是一个人应该对其所允许的事情负责,就像狭义上对其导致的事情负责。首先,因为在冉阿让这里,这种负责会带来对行动者的极大伤害;其次,"负面责任"的前提是功利主义的不偏不倚原则,而这并不为冉阿让或雨果所接受。参看徐向东:《自我他人与道德》,北京:商务印书馆,2009 年,第 559 页。与此相关的道德运气问题参看 Bernard Willams, *Moral Luck*, Cambridge:Cambridge University Press, 1981。
③ 苏珊·沃尔夫对类此问题的美德伦理学讨论,可参考 Susan Wolf, *Morality and Partiality*, *Philosophical Perspectives*, 1992(6): 243-259。
④ 这里的电车代表的可以是人,也可以是一个社会或制度主体,甚至可以代表正义一方。
⑤ 参看虞法,朱菁:《道德责任的四重根》,《中国高校社会科学》,2017 年第 4 期。

定是否有死者。应该如何评判 b 的行为？大部分读者可能直观上都会认为 b 的行为不妥，诸多现代道德学说恐怕也难以为其背书。

然而，这里真正的问题在于，面对电车学转写的版本，几乎不会有人认为 b 有相关的道德义务。可为何当我们读《悲惨世界》的时候却能认同其道德愧疚与良心决断？将叙事转写为抽象命题的过程中发生了什么变化，是使得人类抛开道德直觉与情感束缚的幻象，更加逼近问题本质，还是错失了真正的问题？①

电车学不仅是一个道德思想实验特例，它凸显了当代道德哲学的一些重要特征：首先试图通过思想实验建构出一些伦理理论模型或法则，将这些法则应用于各种场景，考察这些规则的限度或错误，然后带着这些新"数据"回到实验重新建构理论，或修订加强实验。显然，这是典型的自然科学方法论。用它来理解真正的道德现象，作用有限。甚至可以说，思想实验的重要意义不是得出正确法则，而是充分展示人类伦理上的巨大分歧与不可调和性。

思想实验的局限性在于：第一，以预先设定的范式简化道德情境，所得出的只是自己想要的答案，而难以把握道德现象的丰富性。尽管电车学也在不断设计各种细节或变体来探究更复杂的道德现象，但这种设计难以建构出生活中历史、动机、情境等真正的复杂因素②。

第二，对生命特殊性的伦理反思，不能像化学实验一样从不同矿石中提炼出共同元素。譬如，我们尽可以把潘金莲、包法利夫人和安娜都称为出轨妇女，但这种归类对于道德判断没有丝毫益处。这并不是说三人无法放在一个共同问题域下反思，而是要求对她们的反思必须充分理解其各自生命特殊性，最后获得的不是普遍适用于三人的道德准则或判断答案，而是能够更深广地理解爱情与虚荣、忠贞与背叛、生命与死亡，并获得基于这种实践知识的更好判断力。

跳出简化版本的思想实验，回到冉阿让自己的世界，他却将一切罪责揽于己身：

---

① 或许会有解释认为，冉阿让美德崇高、情感丰沛，高于我们普通读者，面对常人漠然置之的苦难会感到不忍之心或道德歉疚，因此会采取超出普通道德要求的行动。但这个解释有几点困难：第一，冉阿让尽管拥有相当高的美德却非圣贤，对他的理解仍当以常理常情论之，具体可看本文第二小节。第二，在电车学版本中，普通读者对 b 的行为判断并非道德高尚非吾辈所及，而是认为其行动并非合宜。第三，大部分读者并不认为冉阿让如圣人般救度无关乎自己的他人苦难，而是能够理解与认同冉阿让对于商马第的道德歉疚感。

② 此外，导入的诸如胖子、活板之类的细节，混淆了心理学与伦理学，也混淆了真正的生命特殊性与作为抽象符号的伪特殊性。各种现代修订版电车思想实验可参看卡思卡特：《电车难题：该不该把胖子推下桥》，北京：北京大学出版社，2014 年。埃德蒙兹：《你会杀死那个胖子吗？》，北京：中国人民大学出版社，2014 年。

他的苦难全是由你那名字惹起的,他被你那名字压在头上,就好像有了罪,他将因你而被囚,受惩罚,他将在唾骂和悚惧当中结束他的生命。①

这段文本点明了冉阿让的罪责感之源:名字。商马第因被冉阿让的名字压在头上从而受苦,这除了是对误认的象征性譬喻之外,是否还有别的意思呢? 名字具有专属性,将c误认为b,这与将工人商马第误认为在逃苦役犯冉阿让是不同的。苦役犯刑满释放重复犯罪,抢孩子的钱,这个罪名和冉阿让这个名字捆绑在一起,就成为一个与冉阿让历史相关的专属之物。专属之物带来更加紧密相关的责任感。商马第不是被电车压死,而是被这个从冉阿让的生命历史中长出来的怪物吞噬,两人之间有了特别的道德关联。

对此需要从两个方面分析。第一个方面是冉阿让对自身的罪恶感,它实际上源于由礼俗而来的自觉不洁净的罪感。冉阿让尽管时常自我放逐,游离于社会生活之外,实际上依旧受到礼俗观念影响,典型的例子是芳汀的被解雇。冉阿让对自己的罪名虽不认同,也无法摆脱当时普遍观念影响。他对其苦役犯的身份同样具有自然的厌恶反应,甚至有种类似罪恶感的情感,并与其名字关联起来。这就涉及第二个方面,名字的意义。

除了上文所引段落特别点出商马第的苦难是被冉阿让的名字惹起,在全书临近结尾处也特别强调名字与罪恶的关系。冉阿让在犹豫是否应该与珂赛特和马吕斯共同生活时,他认为自己无法忍受欺骗与不诚,这样会使他无法享受幸福,此时他尤其表现出对自己的名字有种特别执着:

割风尽管把姓名借给我,我可无权使用;他能给我,我可不能占有。一个名字,是代表本人的……诈取一个名字,据为己有,这是不诚实的。字母也像钱包或怀表一样可以被盗。签一个活着的假名,做一个活的假钥匙,撬开锁进入诚实人的家,永不能昂首正视,永远得斜着眼偷看,自己心里真感到耻辱,不行! 不行!②

马德兰市长处理公务与生意时显然必须经常签假名,那时他并不以为意。这时冉阿让无法忍受签假名的关键原因来自珂赛特,冉阿让不能忍受将某种黑暗阴影沾到珂赛特身上。在珂赛特结婚之前,这还可以说是迫不得已,两人在昏暗中相依度日。现在珂赛特已走进光明的新生活,冉阿让便只有退回黑暗之中。但同时我们也可以合理地猜测,商马

---

① 雨果:《悲惨世界》,北京:人民文学出版社,2003 年,第 239 页。
② 同上,第 1377 页。

第事件使得冉阿让对他名字的意义有了某些新的体会。之后他借用了割风的名字,珂赛特走了,他又回到了让先生。

名字对现代人来说,似乎只是一个像外套一样可以随意替换的称号。其实每一次合法的改名,必然基于本名所对应的那套社会身份记录,或曰生命历程。因此,对于无需隐藏真实身份的合法公民来说,社会身份与他的生命历程名实相副,名字的本质是对此名实相副的连接和指认。而对罪犯来说,他的生命与社会身份(以及与之对应的名字)却不能有任何关联,"冉阿让"这个名字正是对这种关联的指认,逃离了这种人与身份的关联,其他名字便无法对应于真实对象(关联),只能作为假名依附于编造的简历。在此意义上,名字对于冉阿让而言,既是他的苦役犯身份,也是他的真实生命之所依。商马第是被冉阿让这个名字,及其指认的个体性生命历程关系所捕获的①。电车学作为匿名的符号转写,自然无法理解名字如何关联起两个人的生命历程与责任。

"得知"这一动作,让两个个体原本处于灰暗蒙昧中的关联获得了揭示与观照,意味着冉阿让与商马第的命运发生了更深层次的相遇,而这一相遇带来的伦理之责,如同某种遥远的感应,使他无法再回避这个已然现身的"他者"幽灵。

从上文的分析可以看出,现代道德哲学的焦点着眼于独立的行为与事件,而在叙事伦理的思路下我们可以拓宽道德判断对象的领域。道德情境中每个个体的行为看似孤立,其实行为总是基于个体的生命历史连续性,道德情境是多个个体生命历程的交汇、影响与相互塑造。我们固然可以在当下研究一个独立行为,但这无异于只盯住一棵树横截面的年轮脉络,而不考虑纵向的生长历程。冉阿让、芳汀、沙威、斯普丽斯嬷嬷这些人的生命之树在某个节点发生了交汇,只考察交汇点的行为性质,不可能充分理解交汇的意义与方向。因此,叙事的时间性展开形式决定了读者必然是在生长变化中把握人物,而非归纳其客观性质。抹去人物的历史性,把交汇点的年轮抽离出来寻求普遍性从而把握道德本质,是对道德判断的过度简化。失去了前因后果、人物动机、社会环境和制度等因素,一切情境、困境乃至不幸际遇都会仅仅被视为行为发生的客观空间②。冉阿让、芳汀、珂赛特、沙

---

① 我们可以假想,如果这里商马第被误认为的身份不是冉阿让,而是冉阿让的某个狱友,但只有冉阿让知道法庭的错误(譬如他见到那个狱友死在某处)。在后果同样是自己入狱的情况下,冉阿让是否有责任站出来作证?或许某个圣徒会这么行动,但其内心歉疚感显然不可同日而语。此时的歉疚感更多是源自其作为唯一有能力作证者的责任感而来。

② 可参考海德格尔关于两种"在之中"的区分和探讨,海德格尔:《存在与时间》,北京:生活·读书·新知三联书店,2000 年,第 61—73 页。一个是范畴性质,属于非此在的存在者的客观独立的自在空间;一个是生存论性质,是此在的具有意向性与历史性的意义世界。现代道德哲学中的普遍主义与不偏倚论者往往倾向于在前者意义下理解道德情境中的人。

威这些承载着丰满历史与情感的形象,便会蜕变为最抽象的符号:苦役犯、失足妇女、孤儿、警察,等等,而这恰恰是《悲惨世界》反对的偏见来源,也是书中许多悲剧的根源。

接下来我们要依照叙事逻辑,探讨各种伦理主张在冉阿让这里如何逐一登场,以及推动他最终决断的力量。

二、良心与伦理分歧

冉阿让最初听到沙威告诉他商马第事件时产生了两个反应:

> 听着沙威说话,他最初的意念便是要去,要跑去,去自首……随后,那种念头过去了,他对自己说:"想想吧!想想吧!"他抑制了最初的那种慷慨心情,在英雄主义面前退缩了……最初支配他的是自卫的本能……他心想他绝没有遭到别人怀疑的危险,倒不妨亲自去看看那件事的经过,因此他订下了斯戈弗莱尔的车子,以备不时之需。①

最初的意念,是雨果一贯最珍视之物——良心的自然冲动——他将其视为人之本性。雨果笔下的人物最终的良善选择总是会回到最初的善念冲动。但是,人身上还有多重品性与要求,譬如:需要行动的理由,计算与考量,对自由的渴望,很难说它们没有良心根本,或者与良心必然兼容。接下来支配冉阿让的自卫本能便是一切生物的本性,他在沙威面前保持镇定,这给了他缓冲以及接下来更加充分思考的时间。前两者作为良心本性与生存本能,在雨果这里可说代表着人身上两个基本面向。

惊恐随夜晚而来,并非因为面对真实有形的威胁,而是源自冉阿让与真实自我的对话:

> 他的惊恐越来越大了。直到目前为止,他所作所为仅仅是在掘一个窟窿,以便掩藏他的名字,这和他行动所向往的严正虔诚的标准并不相干。当他扪心自问时,当他黑夜思量时,他发现他向来最怕的,便是有一天听见别人提到那个名字;他时常想到,那样就是他一切的终结;那个名字一旦重行出现,他的新生命就在他的四周毁灭,并且,谁知道?也许他的新灵魂也在他的心里毁灭。②

---

① 雨果:《悲惨世界》,北京:人民文学出版社,2003年,第227-228页。
② 同上书,第229页。

此处的描述仿佛在暗示,冉阿让数年来一直致力于的两件事情:立德与埋名,都仅仅是在掩藏他的名字及其关联的审判与毁灭而已。当然,我们都清楚,冉阿让是真的在努力行善立德,然而他的德性是怎样的品质,又足以应对怎样的考验呢?

按照主流的古典德性观,一个有德之人对于外在命运的打击虽未必无动于衷,至少不会像冉阿让这样惶惶不可终日。苏格拉底、加图、塞涅卡、爱比克泰德等人,不管是因不朽灵魂,还是共和国责任,抑或宇宙努斯,生死尚且看淡,何况地位、名誉、财富之类。基督教的那些殉教者与圣徒更是心念天上的国而轻视地上之国。尽管书中称呼冉阿让为圣人①,但显然,冉阿让既不是古典意义上的圣人,也不是基督教意义上的遁世者,毋宁是一个现代的回头浪子。他的洗心革面尽管与主教相关,但多大程度上是出于教会或上帝的力量却很难说。尽管书中多次提到冉阿让去教堂祷告,但关键抉择时刻的心理描写却几乎少有求助于上帝的呼告②。

冉阿让与上述人等的差别有三个方面:第一,冉阿让的问题始终是个体性的现代伦理冲突,而上述人等皆在不同意义上超越个体的尘世命运——追求理智美德、政治理想、灵魂救赎③。人类超越一己生命的这三种道路:哲学、政治与宗教,冉阿让皆不在此列。他并不是出于某些超出个体生存的信念而抗争社会从而获罪,他此前大多数时候考虑的仅仅是自己的生活。第二,冉阿让不是个思想者,他或许模糊意识到了社会对他审判的不公,但并未对社会制度的不正义,其所遭受的恶法审判等问题给予理性反思。他只是依凭主教对他的感化来素朴地行善,同时寻求自保,却没有明确的价值资源为依凭来反叛社会④或追寻美德。乃至于遭遇伦理困境的时候,他也没有思想资源来依凭,只能依靠良心和普通人的基本伦理来判断。第三,冉阿让始终具有罪感。这使他不能像圣贤那样来依靠个人德性或是心智来藐视社会审判,从他成为马德兰市长直到最后向马吕斯坦白身份,始终对其罪名以及可能相伴随的命运打击怀有厌恶与恐惧。

总之,冉阿让既非圣人,亦非贤哲,他的人格、情感与行动非常伟大,但其本质无外乎

---

① 雨果:《悲惨世界》,北京:人民文学出版社,2003 年,第 896 页。
② 譬如冉阿让第一次受到主教感化时的心理;珂赛特恋爱时;以及她和马吕斯婚后,冉阿让纠结于是否要与二人共同生活;等等。除了这些决断时刻的闪现,我们不清楚他的头脑世界与灵魂根基。而雨果本人的观点显然也更加接近掺杂泛神论因素的自然宗教。
③ 现代的洗心革面者与殉教者以及古典贤哲最大的差别是对罪的理解。苏格拉底认为雅典城邦不再健康,对他的审判也不公正,但他接受审判后果,而不越狱逃亡。这既是出于他对选择城邦就要遵守审判的理解,更是出于对不朽灵魂的信念。布鲁图坚信自己对共和国的忠诚,当罗马宣布他叛国时,他筹建军队反攻罗马要光复共和国。殉教圣徒认为迫害者对他的审判没有遵循上帝的道义,但是上帝要求谦卑顺从,殉教是彰显上帝的荣耀。他们都不认可世俗政权对自己的定罪审判。
④ 反倒是作为反面人物典型的德纳第夫妇拥有近乎体系的反叛意识。

素朴的信仰、沉厚的情感与良知,都不是超出普通人心智和灵魂层面的东西,只是把普通人具有的品质发挥到极致。在此意义上,他是平民圣人而非虔敬圣徒或古典圣贤①。

冉阿让所遭遇的困境,若是具有某个明确立场的哲人或圣贤,必能做出决断,尽管可能不乏痛苦②。但我们这样的普通读者们代入此困境时,却更能理解冉阿让的犹疑瞻顾。普通人平时不会对自身的道德常识与直觉有明确反思,也不会有强烈的立场执着,这种诸多立场与观念混杂的状态使得我们面对困境时无所适从。此夜冉阿让的心灵也是如此成为一个法庭,诸多主张纷繁而至,论辩不休,法官却是缺席状态。

这让我们看到,所谓的伦理学分歧,追根溯源只是每个普通人面对自己生活时的各种反应。这种说法并非要贬低伦理思辨,相反,这意味着看似抽象的思辨并非学院中的屠龙之术,而是植根于人的生存可能性,将其发展为一套自洽理论而已。另一方面,前现代之人的伦理内省尽管也有诸多道路,但他们大体处于一套恒定的习俗伦常之中,罕有时代像今天这样成为诸多道德理论无休止争吵的战场。就此而言,冉阿让的灵魂斗争也是我们时代的典型现象。与理论伦理不同的是,叙事伦理不是在逻辑层面推演论争,而是让每种思想落在历史世界的复杂情境中,交由个体的真实生命历程去践行与展开。冉阿让伦理的辩护不是依靠建构论证,或片刻的良知呼声,而是终其一生所达到的生命深度与心灵的美好丰盈。但这条路我们只能通过不断追随他一生步伐的方式方能领会,本文只能就这个决断时刻的历程略发微义。

伴随惊恐而来的是为自保的辩护,然而冉阿让对这种自欺式的自我辩护并不能感到满足。他尝试用两种当时流行的伦理学主张——规范伦理学与功利主义③,来解决困境。我们先来看义务伦理学思路下良知的自我责备。

> 他继续反躬自问。他严厉地责问自己,所谓"我的目的已经达到!"那究竟是什么意思。他承认自己生在人间,确有一种目的。但是什么目的呢?……他异常恐惧,

---

① 按照瓦特的研究,冉阿让的这种平民圣人形象正与近代小说兴起的精神内在吻合。参看[美]伊恩·P.瓦特:《小说的兴起》,高原,董红钧译,北京:生活·读书·新知三联书店,1992年,第33-58页,第二章"读者大众和小说的兴起"。

② 我们可以大体推断出苏格拉底、耶稣、边沁、康德面对这个困境时的行动趋势,尽管未必那么清晰。这里较为特殊的可能反倒是康德。与此相对照的是沙威那么强烈的立场为何也受到冲击?后文会有详细分析,先行指出的是:冲击震撼沙威的不仅是要报答救命之恩,而是这个契机让他第一次超出个人立场,意识到了冉阿让身上超出法律的高贵之处,意识到了良知和法律可能的冲突。

③ 雨果时代的欧洲,功利主义曾大行其道,因此才会有雨果、狄更斯等作家的反驳,参看[美]玛莎·努斯鲍姆:《诗性正义》,丁晓东译,北京:北京大学出版社,2010年,第28-37页。

但是他觉得善的思想胜利了……假使他完成自我牺牲,入狱,受木柱上的捶楚,背枷,戴绿帽,做没有休息的苦工,受无情的羞辱,倒还可以有高洁的意境!……那么多愁惨的想法在心里起伏,他的勇气并不减少,但是他的脑子疲乏了……他又堕入恐怖中了。他竟回忆不起自己在午夜以前思考过的事,他作了极大的努力,后来总算想起来了。"呀!对了,"他向自己说,"我已经决定自首。"①

这里看似良知要求他做出崇高的牺牲,他也充满勇气愿意付诸实施,但这还不是雨果真正赞许的东西,而只是真正良心的外围表现。我们要区分良知与良心两个概念,尽管雨果并没有明确给出二者的定义,但明显可以看出两个层次的区分。前者是出于理性或意志而肩负责任的诉求,后者则是更内在的自我呼声。这里所描述的责问自我、目的规定、意志决断对情感的崇高胜利,都具有康德式的规范伦理学的显著特征。

然而,尽管康德将这种良知称之为真正善良意志的道德自律②,但上引文本的修辞显然表明它不够内在,类似一种外在于自身生命的东西在向自己提要求,甚至还会遗忘,需要努力回想。我们可能出于崇高追求,遵循这种理性的义务要求,它却与更内在的自我相隔有间③。规范伦理学能够告诉冉阿让承担责任的理由和限度,但无法回应他内心更加隐秘的焦灼,也就不足以解决冉阿让的困境。接下来冉阿让做了另一条道路的尝试:功利主义。

他喊道:"哎哟,可了不得!直到现在,我还只是在替自己着想!我还只注意到我自己的利害问题……假使我稍稍替旁人着想呢?最高的圣德便是为旁人着想……那妇人的苦难既然是我造成的,难道我就没有一点补偿的义务吗?假使我走了,将会发生什么事呢?母亲丧命,孩子流离失所。那将是我自首的结果……况且这一切全是为了一个自作自受、偷苹果的老畜生,他去服他的终身苦役……为了别人的利益去接受那种只牵涉到我个人的谴责,我不顾自己灵魂的堕落,而仍去完成那种坏行动,那样才真是忠诚,那样才真是美德……真奇怪!有了办法,我心里立刻舒服了!我现在

---

① 雨果:《悲惨世界》,北京:人民文学出版社,2003 年,第 232－235 页。

② 参看康德:《道德形而上学原理》,苗力田译,上海:上海人民出版社,1986 年,第 42－52 页。

③ 诚然,康德会认为出于纯粹理性才是真正的自我立法与道德自律。但这个思路能否被接受,取决于对理性、主体、世界等关系的建构。雨果从未试图让冉阿让成为一个良知、情感、理性完全契合,发而皆中节的圣人,或是依凭超然理性克服情感痛苦的自律者。此书自始至终,冉阿让多次陷入矛盾冲突,其决断并不像郭万那样冷静与光辉。此外,对康德主义过度强调责任与情感分离的现代批评,参看 Michael Stocker, The Schizophrenia of Modern Ethical Theories, *Journal of Philosophy* 73,1976:453－466.

完全是两回事了。"①

从典型的功利主义视野来看,这里的论证没有问题。我们还可以进一步论证说:城市经济和大众福利都依赖于市长先生的工厂与治理有方——从随后的结局来看,失去了市长,城市很快就陷入萧条与困顿。我们甚至可以想象在此过程中,又有多少不幸者像芳汀一样堕落沉沦。这些都被冉阿让清楚地预言到了。如果说商马第的受苦因为某些稀薄的关联,可以归责于冉阿让,那么大萧条带来的苦难难道不是更应当归于冉阿让吗?此外,即便不考虑大众福利,仅按照功利主义的计算:就数量而言,二大于一,芳汀与珂赛特相加显然重于商马第。就情感亲疏,孤儿寡母之于冉阿让也要更重。就因果关联而言,冉阿让对芳汀与珂赛特也有更加直接性的义务。

尽管所有这些计算都如此无懈可击,但它们却没有真实力量,仿佛塑料花的质感,无法让所有真诚的读者,包括冉阿让自己满意。尽管他可以暂时欺骗自己获得释然,但看到烛台——良心的象征之后,他发现自己无法接受。

不同于前述规范意义上的良知,这个阶段更内在的良心开始呼告。

> 这时,他仿佛听见有个声音在他心里喊:"冉阿让!冉阿让!"他头发竖起来了,好像成了一个听到恐怖消息的人……它继续说:"冉阿让!在你的前后左右将有许多欢腾、高呼、赞扬你的声音,只有一种声音,一种谁也听不见的声音,要在黑暗中诅咒你。那么!听吧,无耻的东西!那一片颂扬的声音在达到天上以前,全会落下,只有那种诅咒才能直达上帝!"那说话的声音,起初很弱,并且是从他心中最幽暗的地方发出来的,一步一步,越来越宏亮越惊人,现在他听见已在他耳边了。他仿佛觉得它起先是从他身体里发出来的,现在却在他的外面说话了。②

这一段凸显了一种触及灵魂最深处的恐惧与战栗,恐惧表面源自上帝,但雨果本人对上帝态度其实较为暧昧。在修道院一章中,雨果曾描述了一种将人与上帝都理解为无限的宗教精神,它与传统教义的重要区别在于削弱上帝的位格特性,淡化人的原罪,彰显灵魂的庄严与光辉。常有研究泛泛谓之曰"人道主义",其实它更接近一种具有泛神论意味

---

① 雨果:《悲惨世界》,北京:人民文学出版社,2003 年,第 235－237 页。
② 同上,第 239 页。

的自然宗教。关于雨果的宗教思想无法在此展开，无论如何，冉阿让这里倾听到声音绝不可理解为圣灵呼召，即便蕴含这层意义，如雨果所言，它也需要内外两个无限的对话："让下面的这个无限通过思想和上面的那个无限发生接触，那便是祈祷。"①这种对话是人与无限之间的披上宗教外衣的超越性感应②。

经历了一夜的彷徨斗争，冉阿让还是没能做出抉择。尽管他距离古代圣贤那种能够轻易摒弃个人幸福的德性境界有一定距离③，但如果是单纯明晰的义利之辨，恐怕冉阿让也不会如此犹豫——他曾在沙威的注视下义无反顾地营救割风大爷。他挣扎的主因还是在于上述分析的多种因素与主张冲突，使得其整体情境与道德责任皆暧昧不明，难以抉择。

凌晨时冉阿让预定的马车到了，他在冷静与癫狂混杂的情绪中驾马车向审判所在城市冲去，一路上遭遇种种艰难和意外。冉阿让最终克服困难赶到法庭，旁听到最后关头做出了决断：

> 他的头发在刚到阿拉斯时还是斑白的，现在全白了。他在这儿过了一个钟头，头发全变白了……马德兰先生丝毫不让检察官说完。他用一种十分温良而又十分刚强的口吻打断了他的话。"……我在这里是唯一了解真实情况的人，我说的也是真话。"……这不幸的人转过来朝着听众，又转过去朝着审判官，他那笑容叫当日在场目击的人至今回想起来还会觉得难受。那是胜利时刻的笑容，也是绝望时刻的笑容。④

冉阿让法庭自白时的泰然自若，一个钟头内的白头，温良又刚强的口吻，这些都说明冉阿让不是出于冲动而自白，而是在这一个小时内，逐渐做出了决断。这让所有目击者难受的胜利与绝望的笑容，尽管有责任与决心压倒软弱与私欲的胜利意义，却绝非自我立法的善良意志的崇高胜利。这里有看到自己一切尘世幸福行将毁灭的绝望感受，却非全然无所希望。这不是各种伦理理论诉诸理性的论辩胜利，而是良心在不断

---

① 雨果：《悲惨世界》，北京：人民文学出版社，2003 年，第 509 页。

② 所以，冉阿让不能接受依靠宗教忏悔来替代内在良心的要求："我实在不懂，我刚才为什么不敢到那个诚实的神甫家里去，认他做一个忏忏悔的教士，把一切情形都告诉他，请求他的意见。"雨果：《悲惨世界》，北京：人民文学出版社，2003 年，第 231 页。

③ 此章有个细节：原本乐善好施的他，却迁怒于带他到新车的孩子。显然冉阿让这个阶段的乐善好施还属于表层行为，还会在迁怒、泄愤、潜意识中盘算自我利益。参看雨果：《悲惨世界》，北京：人民文学出版社，2003 年，第 252 页。

④ 雨果：《悲惨世界》，北京：人民文学出版社，2003 年，第 280－282 页。

反复的自我交战中最终迸发出来的、超越伦理分歧的决定。这才是推动冉阿让的最终力量。

如果一部伦理学著作在面对伦理分歧时宣告应当直接听从超越性的良心冲动，那它毫无疑问是失败的作品。只有读者在叙事中重历了冉阿让前半生的际遇，脑海中的风暴与绝望，路途的挣扎与痛苦，这时的良心才不再是一个机械降神的空洞概念，而是被真实生命经验所充实的可理解的力量。前文分析过的诸多因素，如果最终只是单纯其中之一胜出而成为基调，雨果或许能够用其铿锵有力的修辞演绎出华彩乐章。但有限的个体心灵在法庭上成为前述各种人类道德情感与思想的沙场，一个钟头内决出生死攸关的胜负，这样的光明与黑暗交缠，有限与无限进退的情境，雨果也只能以渊默雷声的方式呈现。因此雨果在法庭上只描写了外在活动，不再描写冉阿让的心理活动，只是给出最后决断。这样的留白处理方式虽然突兀，却是水到渠成，也具有更强烈的戏剧效果。

接下来我们要通过分析《悲惨世界》的另一位重要角色沙威警探，从与冉阿让相对立的角度来考察律法与良心的问题。

三、秩序、职责与良心

沙威不仅是个律法主义者，也是个权力的遵守和捍卫者。

> 这个人是由两种感情构成的：尊敬官府，仇视反叛……自己的父亲越狱，他也会逮捕；自己的母亲潜逃，他也会告发。他那样做了，还会自鸣得意，如同行了善事一般……他是一个无情的侦察者，一个凶顽的诚实人，一个铁石心肠的包探，一个具有布鲁图斯性格的维多克。[1]

二者尽管时常重合于一人之身，但更加彻底的律令主义者甚至可能反对权力，因为权力可能被转移和滥用。我们可以设想如果沙威生活在一个共和制国家，他会像尊重王权一样尊敬政府、法官以及相关的律令。活在大革命时代，他可能会成为《九三年》中的西穆尔丹；活在罗马，他会如雨果所言成为布鲁图斯。

沙威可以为了追求法律正义的实现而挑战权力，写信控告他的上司马德兰市长。他认为自己控告错误后，要求市长开除自己的公职，原因不是因为他越级挑战权力，而是因

---

① 雨果：《悲惨世界》，北京：人民文学出版社，2003年，第178页。

为他认为自己没有足够证据就控告别人,违背了法律的正义。换言之,在他看来,有根据的怀疑就可以挑战权力本身,法律高于权力。他认为社会秩序要想良性运转,需要的是法律的严格执行,仁慈与善良反而使得社会腐败。这个观点本身或许不错①,沙威始终以代表法律之光消灭黑暗为己任,但当冉阿让在街垒没有处决而是释放了他后,他平生首次发现法律与良心产生了冲突。

> 在他面前他看见两条路,都是笔直的,确实他见到的是两条路,这使他惊惶失措,因为他生平只认得一条直路。使他万分痛苦的是这两条路方向相反。两条直路中的一条排斥另一条,究竟哪一条是正确的呢?……这两种情况对他沙威来说都是有损荣誉的。所有能采取的办法都是犯罪的。在不可能之前命运也有它的悬崖峭壁。越过这些峭壁,生命就只是一个无底深渊了。沙威就处在这样一种绝境里。②

沙威此前只认法律职责,此时才发觉良心至少同样重要。对沙威而言,父母犯罪尚且能够拘捕,他绝不会因私恩而放纵法律。沙威实际感受到的是:尽管在冉阿让身上作为个人表现,却又是人类共同具有的神圣之物,它甚至可能高于法律③。沙威的困境实际上是法律遭遇了其本身的限度④。他一直认为法律即正义,现在却发现二者之间或许存在巨大裂隙,且各有其正确性,在某些情况下绝无可能契合。

不少研究者认为冲突的来源是《悲惨世界》中的恶法,这实际上回避了问题本质。即便我们想象世间存在某种完美的法律,这样的法律在运行过程中也必然难以避免与正义的冲突。甚至,更糟糕的是,正义本身可能就并非自洽——或者仅能作为概念与理论而自洽。问题不仅在于,在公共层面社会机制如何通过正当程序修订那些不合理的法律;更是在于,当我们作为个体,在具体事件中遇到法律与正义、责任与良心的冲突时,应该如何行动?尤其是当我们的身份本身就肩负着法律的职责,这个抉择会更加困难⑤。

下面将从两种叙事视角剖析沙威,以便更明晰地理解其困局。我们阅读作品时,其实

① 卢梭:《社会契约论》,何兆武译,北京:商务印书馆,2005 年,第 44 页。
② 雨果:《悲惨世界》,北京:人民文学出版社,2003 年,第 1305 页。
③ 同上书,第 1305 页。
④ 雨果开创的这个母题从此以后大量出现,在反映类似题材的通俗文学、电影、电视剧中都会有冉阿让与沙威这样的一对角色:一个在法律外游走,追求更高的正义或良知;一个是法律本身的具象化代表,坚决维护法律或程序正义。不过大部分作品只利用由此而来的矛盾冲突而不反思它们,在沙威的灵魂中二者才发生真正的生死冲突。
⑤ 譬如马德兰市长的看门婆婆作为普通公民无需太多决断就可以遵从良心帮助冉阿让逃亡,割风大爷可以为报私恩而帮助冉阿让伪造身份。但作为警察的沙威却不可以,至少,这么做的时候要面临更大的责任与良心的冲突。

是同时在全知叙事与限知叙事两种角度下理解人物作为。全知叙事不仅让我们整全把握事件中多方人物的复杂关系,也让我们在一定程度上超脱于人物之上从而获得更加客观公义的判断。限知叙事则使我们更真切地演历体察每个人物的生命历程,从而理解他们的悲欢喜乐,抉择与行动的理由。我们审度沙威时,兼具此二者才能充分理解沙威和冉阿让的关系,以及法律和良心作为两种客观精神的冲突。

限知叙事下来看,沙威并不了解冉阿让的完整过去,以及他内在灵魂的洗心革面,他只知道马德兰市长可能是在逃苦役犯冉阿让——一个多次越狱、甫一出狱就抢劫孩子的惯犯。在此叙事视角下,马德兰市长的一切行善可能只是为了隐瞒自身的伪善。沙威也不了解芳汀的过往,他看到的只是一个底层妓女殴打一位绅士。此后冉阿让恳求给他三天时间去救珂赛特,更可以被视为一个在逃多年的狡猾苦役犯试图借机逃亡的伎俩。尽管我们往往站在冉阿让的立场上对沙威既怕且恨,但限知视角地看,直到沙威逮捕冉阿让,甚至直到他混进街垒为止,其行为都绝非恶行,仅是一个忠于职守的警探所为①。街垒中被冉阿让释放之后,沙威的心灵才遇到冲击,因为他首次确证冉阿让不是坏人,这源于冉阿让在掌握绝对优势能够一劳永逸解决威胁的情况下依旧在行善,甚至不惜牺牲自己。这使得他原先对冉阿让的所有恶意怀疑都无法成立②。此时,真正严峻的问题才出现:一个苦役犯也可以是一个好人,法律与正义、良心可能存在不可调和的冲突——或许因恶法造成,或许无关乎法之善恶。

现代文学作品比较注重个体体验,淡化宏大叙事,多用限知叙事,这与形而上学道路的终结,对完备性真理的拒斥都有关系。但全知叙事的运用在《悲惨世界》这样主题的小说中是非常必要的,可以想象,如果小说只有冉阿让或沙威的限知视角,我们将无从判断各人的道理所在③,脱离了全知叙事的理解,也无法确定良心对正义的追求是否应当高于

---

① 我们可以类似地追问,同样是限制视角,为何看门婆婆、斯普丽斯嬷嬷、割风大爷愿意帮助冉阿让。这些人的身份与关系其实都比较特别:看门婆婆与冉阿让朝夕相处非常了解他;嬷嬷的特殊身份处在法律与社会之外;割风被冉阿让救过命。而其他市民对待这个事件的态度则与沙威没有本质性区别。此外,作为正面进步形象代表之一的马吕斯,在得知冉阿让苦役犯身份时的反应,也能让我们略窥当时一般公共意见的状况。当然,雨果并非想要挑战一切公共意见与习俗判断,亦非期望每个市民都宽广善良且能超脱世俗,他呼吁的是至少不该让恶法造成的偏见主宰人们心灵。
② 需要注意,此前的恶意怀疑与其说是性格,毋宁说是他象征的法律本身的品质要求。但这并不代表他逾越法律界限恶意地有罪推定。除了冉阿让本身确凿的罪犯身份以外,对法律取证与有罪推定的相关讨论可参看苏力:《法律与文学》,北京:生活·读书·新知三联书店,2006年,第129-138页。
③ 我们可以全知视角对限制视角进行还原,但是限制视角的拼合却不可能还原出全知视角,除非是在侦探小说中。

法律诉求①。现实世界没有人能够了解他人的内心,法律只能依据外在情节合理推断并作出判决。正因此叙事伦理具有不可替代的意义:既从限知叙事视角理解沙威的合理性,也从全知叙事看到他的限度,才能理解法律的限度与人物决断的有限性,并感受到恐惧与悲悯②。

当法律看不到超出行动表象之外的情节时,它严守规则;当法律能够明确动机的时候,它可以纳入考量范围;当法律触碰到良心的时候,人所面临的抉择就将超出法律界限。冉阿让犯下的每一桩罪行都是确有其事,但合起来看却导致一个不可接受的荒谬后果。街垒释放沙威的情节在法律看来或许能够纳入减刑考虑,但不可能无罪开释。沙威遇到的困境不是在法律框架内可以解决的问题,"所有能采取的办法都是犯罪的",只能在违背良知与违法释放之间二选其一。因此,这里的困难不仅是沙威个人性格所致,它实际上是雨果本人对法律的困惑与质疑。

雨果当然追求进步,主张修订恶法,但需要依照具体程序运行——就像沙威给局长最终的信中提出修订意见。真正的困难是,在无法修订法律的时刻,法律执行者是否应当网开一面? 沙威虽然做出了这样的行动,却不明所以,他已有的价值观无法作出判断。

具体而言,沙威之所以自杀是因其面临双重困境。第一层困境,是沙威作为警察的职责与良心呼声之间的冲突。沙威不能像其他人那样帮助冉阿让而感到理所应当,是因其作为警探的身份责任使然。不过,单凭这层冲突,沙威或许尚不至于自杀。因为沙威身处的时代已经不是身份职责具有那么强烈意义的古代,在现代意志论与契约论传统下,没有什么先天身份,在所有社会身份之先的是支撑它们的单子个体。而在古人看来,不仅先天身份不容抛弃,后天身份也并非如现代职业一般可任意更换。因此在前现代社会,自杀是身份责任与普遍良知冲突时的常见抉择③。但沙威或许可以像第一次控告马德兰市长受挫时那样,以引咎辞职甚至主动入狱来解决困境。

---

① 我们可以想象,假使冉阿让真的是一个恶徒,一出狱就开始偷银器,随后继续抢劫逃亡,后来恰好抓住机会将自己洗白,并一直做善事给自己掩护,在没有法庭自首的情节下(要注意,沙威并不知道冉阿让自己出庭作证的事情,他只看到自己收到的传票:"侦察员沙威,速将滨海蒙特勒伊市长马德兰君拘捕归案,马德兰君在本日公审时,已被查明为已释苦役犯冉阿让。"不仅沙威,似乎城市所有的人都不知道冉阿让在法庭上的自首情节,甚至他被逮捕判决时都没有因此而获得缓刑),他出于偶然被沙威发现——如果不是商马第这个替罪羊的出现,这是很有可能的——这种情况下,没有人会认为逮捕冉阿让并判以终身监禁是不正当的。

② 全知与限知此二者在某种程度上可对应于亚里士多德《诗学》分析的悲剧触发的两种情感:怜悯与恐惧——超然于上方生怜悯,共情于内遂感恐惧。两种情感必须同时存在交融,才能理解伦理决断。参看戴维斯:《哲学之诗——亚里士多德〈诗学〉解诂》,陈明珠译,北京:华夏出版社,2012年,第4-9,49-61页。

③ 在不同时代,先天身份观念的强弱也有差别。譬如春秋时的一个具有强烈身份职责的士大夫如果出于道义放走国家的敌人,通常要自杀谢罪;但汉末的陈宫,却没有那么强烈的效忠意识,而是放弃身份和曹操一起逃亡。

沙威的第二层困境,是他所象征的法律与秩序本身的限度。身份及其责任必定从属于一个完整的秩序体系,在沙威来说,即法律与整个社会秩序。再阿让引出的问题不仅是沙威法外容情与否,也是当时社会秩序对待整体下层民众与苦役犯是否正义的问题。如此一来,沙威不仅面临其身份职责与良心的冲突,还要超出其身份角色,去反思全盘秩序与法律本身的正义局限性。这使得沙威苦恼而被迫思索,但限于视野和头脑太有限,其思考力不从心。这不仅是沙威自身的问题,也是一切法律和秩序运行各个环节上的角色都不得不面对的问题①。法律可以通过既定程序修订自身,人的良心却不能简单地告诉当下法律的牺牲品,让他们相信未来。沙威极端地认同法律,却又因再阿让而看到法律秩序本身的裂痕,于是在其精神中出现可怕的分裂。

> 法官只是凡人,法律也可能有错,法庭可能错判!在无边无际的像碧色玻璃的苍穹上看到了一条裂痕!……不可转移,直达,正确,几何学般的严格,被动和完备,竟然也会屈服了!……沙威只在下面才见过不知道的东西。不正当、意外、那种无秩序的混乱缺口、滑入深渊的可能性,这些都是属于下层的,属于叛乱者,属于坏分子和卑贱的人。现在沙威向后仰起头来,他忽然惊讶地见到从未见过的事出现了:上面有了深渊。②

上面,在此指的是法律、秩序、权力;下面,是叛乱、混乱、卑贱。沙威原本坚信按照严格理性法则建构的法律与秩序,认为在上面的秩序是清晰明确正当的,下面才有深渊和超出秩序的意外。依靠上面的规范去规训下面的混乱变化即可,不必理解,只需按照法规处理;正如对待城市污水无需分析,以下水道疏通排泄即可。但他现在发现,规则和秩序本身就有深渊。

对深渊有很多可能的解释,很直观的是它与象征坚实依托的大地相反,人的生命意义与价值判断在深渊中都会失去基础和依托,不知所措。人类社会以及个体生命都难以面对深渊,但任何秩序中皆有深渊存在,正如光明与黑暗相依。再完善的理性规则,也不足以完全解决人事,也会遇到深渊,即它自身的裂隙与无力。但这并不代表秩序与光明本身应该被摧毁。而沙威夸大了秩序崩溃的印象,这源自他太过激烈的情绪、狭隘的视野和理

---

① 康德在《什么是启蒙》中讨论了身负责任之社会人的双重理性运用,认为应当既坚定地执行角色身份要求的责任,同时又有作为学者身份在公共领域反思或批评不合理的责任。参看李秋零主编:《康德著作全集》第八卷,北京:中国人民大学出版社,2010年,第41-46页。雨果显然不完全同意这种处理方式。
② 雨果:《悲惨世界》,北京:人民文学出版社,2003年,第1310-1311页。

解力,以至于只看到社会、人事、宇宙秩序的彻底崩塌,丑恶与混乱:

> 在这种夸大了的痛苦和沮丧的错觉中,本来还可以限制和改正他的印象的一切都消失了,社会、人类、宇宙,从此在他眼前只剩下一个简单而丑恶的轮廓,就这样刑罚、被审判过的事、法律所赋予的权力、最高法院的判决、司法界、政府、羁押和镇压、官方的才智、法律的正确性、权力的原则、一切政治和公民安全所依据的信条、主权、司法权、出自法典的逻辑、社会的绝对存在、大众的真理,所有这一切都成了残砖破瓦、垃圾堆和混乱了……这能容忍吗? 不能。①

良心与职责的前述冲突,只是沙威自杀的原因之一。秩序的崩塌与光明的消亡才是沙威更加无法忍受之物。外在力量如革命对秩序的摧毁,沙威犹可为败军之勇。而如今他看到的却是冉阿让这个形象对整个秩序的摧毁,所以只能自杀。他的自杀,既不是古之高士在职责与良心两难下自为的担当,也不仅是无法忍受矛盾后的疯狂毁灭。他在自杀之前一系列冷静理性的行为凸显的形象,是一个战败者要维护其最后的尊严:无法接受自己一直信仰的国度的毁灭,又无法向着更加广阔的境界上升——即不能投诚,便只有殉国。

假想一下,如果沙威能够有更丰沛的情感、更深沉的自我理解,或对良心与法律的洞见;他可能会投诚冉阿让式的美德人生,也可能会投向宗教。如果他能够明了律法国度并未毁灭,只是理想的正义秩序不可能完满获得实现,他也可能会成为一个改良者甚或革命者。

然而,上述这些都未能实现,沙威的自杀尽管表现出了某种崇高悲壮感,却充满阴冷恐怖之意——崇高是因为他对自己职分的恪守和殉难,后者是因为他的狭隘、冰冷。沙威的良心终归是缺乏感情温度的,这或许是他与斯普丽斯嬷嬷的最大区别:爱。这是两个相反又相像的人,他们都对自己的原则永远恪守不变,没有任何犹疑。但当嬷嬷遭遇良心与原则的冲突时,"她说了假话。一连两次,一句接着一句,毫不踌躇,直截了当地说着假话,把她自己忘了似的"。② 二人尽管存在冷暖差别③,但良心,在那些生死抉择的时刻,总是

---

① 雨果:《悲惨世界》,北京:人民文学出版社,2003 年,第 1311 页。

② 同上书,第 301 页。

③ 沙威冰冷的责任动机在他最后的上书中尤其明显。有研究者认为沙威是要把自己的爱心掩藏在冰冷的文字形式下,我认为从整部书的沙威形象塑造来看,这种解读方式证据不足。此外,嬷嬷的身份并没有尘世所要求的各种职责,她唯一的职责就是维护上帝的义。因此,她可以无视尘世法律,甚至是不可撒谎这样的旧约式律令要求。

有它超越伦理分歧与律法秩序的根本性意义。

结语：两种真理

在本文的结语部分，我们将《悲惨世界》的主题与《九三年》简要对比，以更好地凸显出叙事伦理与雨果思想的特点。

良心、情感、责任这些主题的冲突在《九三年》中表现出了更加典型的形态。主人公郭万是大革命委员西穆尔丹的忠诚学生，他面临的困境与沙威有相似之处，都是一个原以为不可饶恕的恶徒（朗德纳克侯爵）绽放出高贵的光芒，使得审判者犹豫不决。但郭万的困难比起沙威要极端得多：侯爵是他的叔祖父，又作为大革命最可怕的敌人威胁共和国存亡，郭万自身的军队司令身份职责也不容逃避。但他还是在内心交战后巧妙掉包放走了侯爵，然后在军事法庭上从容地要求老师判处自己死刑①。西穆尔丹投出关键一票将郭万送上断头台，随即饮弹自尽。

在郭万看来，应该释放侯爵的理由是：侯爵在已经逃脱的情况下为了救出三个平民孩子甘愿引颈就戮，这说明侯爵已经回到仁爱与人道的圈子，此外侯爵还是郭万的叔祖父。不该释放的理由是：第一，策划烧死孩子的人是侯爵的副官，侯爵不过是弥补了自己的罪恶而已②；第二，侯爵是保王党的头子，也是勾结英国的叛国贼，杀死他就能拯救法兰西，他一旦被释放就又会杀害俘虏、枪毙妇女、葬送革命③。许多研究者只抓住"人道主义"的抽象观念不放，认为郭万的抉择意味着政治这种"低级真理"的冲突必须服从人道主义的"高级真理"。似乎在雨果笔下只要冠以"人道主义"的名义，任何低级真理都是可以牺牲的，甚至都不再是真理。这种解释的片面性在于忽视了叙事中多个声部与主题之间的复杂关系。

雨果思想中的问题远为复杂：这里不仅是郭万与侯爵的困境，也是郭万与西穆尔丹的冲突，即革命与共和的冲突，手段与目的的冲突。在西穆尔丹看来，除了正义、理性、规则，

---

① 郭万不是运用司令官的权力，而是违背了军纪释放了侯爵，然后自己接受军纪审判。这是典型的古典式面对困境的做法：通过自己的行动扭转事情的发展以实现正义对其中一方的要求，违背正义对另一方要求所带来的恶果由自己承担。从这个角度来观察，抛开个人动机不论，安提戈涅事件其实是通过牺牲自己对城邦困境的一次挽救：既维护了城邦要惩处叛徒的尊严，又承担了安葬亲人的责任要求。类似的还有中国古代惯常出现的抉择：释放高贵的敌人以拯救良心，引颈就戮以承担责任。

② 此外郭万与侯爵二人的狱中对话似乎表明，救人不过是侯爵的一念之仁，他的反革命观念以及蔑视平民维护贵族制的思想并无变化。

③ 需要补充的是，侯爵的仁爱或许真的觉醒，但他在地牢中对郭万的演讲表明他依旧会继续坚持保王党的反共和国立场。但有趣的是，如果用天平来衡量一个人心中不同事物的轻重，那么对侯爵而言，君主制反而轻于三个无辜孩子。

并没有什么高级真理。过程即目的,只需依靠理性法律不断实现更全面的秩序即可。只有扩展,没有上升。而在郭万看来,法律、规则、革命、流血,这些都只是通达目的的上升台阶而已,还需要追求更高层的真理,如诗、人道、良心等。西穆尔丹要的是欧几里得、二二得四的天平,以及每个人应得的正义;郭万则更喜欢荷马、七弦琴,要给予所有人迈向更高可能性的公道(Equity)①。

然而,现实中必定会出现手段与目的的矛盾与冲突,如果罔顾现实,只强调"低级真理"服从"高级真理","低级服从高级"这样的原则就会成为一种新的律法主义:为了更高的真理而任意牺牲现实。郭万在此前的冲突中努力把两者分开:战场上是敌人,战役结束了,就以人道的名义放过对方。但西穆尔丹指出,战役结束后放跑的敌人重新给革命造成大量牺牲②。两种真理在观念中或许容易调和,在现实中想以二分的方式避免冲突则异常困难,叙事伦理要将理论从观念拉回,使其直面现实。郭万此前只是回避西穆尔丹的质疑,如今命运把他一直不肯正视的冲突以最激烈的方式摆在面前。

地牢对话中,西穆尔丹问郭万在想什么,郭万忘记了现实,他眼中的曙光越来越亮,回答道:"未来。"③朗德纳克侯爵要维护的则是古老而悠久,曾经高贵如今却病入膏肓的贵族传统,他代表的是"过去"。西穆尔丹追求当下即是的"现在",它无需再上升至不切实际的天空,按照理性即可扩建成永恒乌托邦。贵族侯爵、革命委员与共和战士的冲突实质是"应当正视的历史""现在必要性的行动"与"人类最终目的"之间的冲突,三者各有其主张的合法性,若是能够协调,本有可能将革命导向更完满的共和,在某些命运之路上却不得不相互毁灭。

郭万了不起的地方在于,他所要的"未来"是可能将"过去"与"现在"收摄入内的。此时的郭万尽管依旧渴望未来人的更高可能性,但他并不以人道的名义批判手段、工具和牺牲。他坚定地浴血沙场,也毫不责怪西穆尔丹对他的判决:"文明染上了瘟疫,这场大风为它消除瘟疫。也许大风没有充分地选择。可是它难道有别的办法吗? 它担负了如此艰巨的清扫使命!"④他以其行动证明了这一点:尊重"历史","现在"实践,梦想"未来",代价却是自身的毁灭。

地牢中的郭万是作为乌托邦的向往者面对历史与政治发言,但在面对侯爵时,他是作

---

① 雨果:《九三年》,叶尊译,上海:上海译文出版社,2003 年,第 292 页。
② 同上书,第 174－179 页。
③ 同上书,第 294 页。
④ 同上书,第 293 页。

为侄孙、司令和一个人而拷问良心①。人总会有些时刻,会跳出其身份、职责、历史进程、时代命运而做一个纯粹良心的决断。但人终归要回到历史性世界担当自己决断的责任。尽管郭万依凭其"高级真理"来暂时地无视"低级真理",但他还是要重回共和国军队坦然接受自己"有罪"应得的审判。这是理论与叙事的张力,也是人的良心与现实的必然裂隙。

冉阿让、沙威、侯爵、西穆尔丹、郭万,这些人都在良心与现实、道德与法律、有限与无限的漩涡中挣扎。雨果尽管不断呼吁在秩序与法律之上还有着"高级真理",但他绝不是要牺牲甚至摒弃"低级真理"来成就所谓的"人道主义"。如果这种牺牲真的如此正当,沙威与郭万的死就变成了荒诞的结局。人尽管心中有着无限,也能够向着外在的无限去呼告与上升,但人永远有着脆弱与有限的一面意味着,不仅不同的人类真理之间不能还原为某个最终根据,共属于同一个价值体系的行动者之间也往往难以相容,找不到完满解决彼此价值冲突的法则。甚至在同一个灵魂内部也存在无法弥合的撕裂。雨果笔下这些悲剧不只是命运或时代的捉弄,也是人自身的存在处境。正因如此,除了借助规范、义务、功利这些概念去思考和规训人的行为,还需要叙事伦理去理解生命的历程、牵绊、痛苦与良心。

单纯有限性的动物生命不会为其受到自然的拘束而苦恼,安其自性,享其命数。而人类身上,有限与无限,脆弱与自由兼具,故既向往理性与秩序的水晶宫,又能"于天上看见深渊。于一切眼中看见无所有"②。但也正因此,冉阿让胜利与绝望的笑容、沙威向着冰冷深渊的自投、侯爵忘却立场的英勇、西穆尔丹阴惨痛苦的微笑,以及郭万庄严平静地引颈就戮的俊美形象,才让我们为之动容而难以忘怀。此时,我们会更加理解"脆弱性是某些人类真正的善的一个必要背景条件"③这个深刻洞见。

---

① 要注意,郭万对侯爵的评判不是依照既定程序的依法审判,而是战时并无严格程序或法律的军事审判,它依靠的只是最高长官的权力与判断,介乎道德评判与法律审判之间,所以以不同的权力性格会带来不同的运行后果。西穆尔丹对郭万的审判近乎法律审判,郭万深思侯爵的行为时则近乎道德评判。道德判断时,我们会因为某人的恶行而将其往日所为皆视作伪善,也会因某恶人的崇高行为而一扫此前鄙恶形象。道德判断尽管有综合一生考量的盖棺定论面向,但更重视的永远是此时此地此人的道德状态,这是郭万无法看见其他恶行的原因。但在政治与法律领域,却不可能如此,而一定要充分考量其往日行迹与历史功过。
② 鲁迅:《野草》,北京:人民文学出版社,2001年,第41页。
③ [美]玛莎·C.纳斯鲍姆:《善的脆弱性:古希腊悲剧和哲学中的运气与伦理》,徐向东,陆萌译,南京:译林出版社,2007年,第26页。但我认为她将脆弱性本身的善恶性质太过轻易地区分开来,这不仅使得我们忙于消除恶性脆弱性而不再能真正关注人类真正的善,更麻烦的是当我们自认为已经避免了恶性脆弱性之后,就可以将剩余的不幸抛给无常命运。如此会错失的可能是人类在根本存在意义上的罪责性与亏欠性——非基督教神学意义,而是存在论意义。参看海德格尔:《存在与时间》,北京:生活·读书·新知三联书店,2000年,第321-330页。[美]蒂利希:《存在的勇气》,成穷,王作虹译,贵阳:贵州人民出版社,1988年,第30-57页。

An Narrative Ethical Interpretation of *Les Misérables*

TIAN Feng

【Abstract】 The cost of transcribing narrative ethics as propositions or thought experiments is to empty the act of the historicity of life, transforming it into abstract symbols and rules. Valjean is at a loss in the face of many ethical disagreements in the Champmathieu affair, and rational thinking such as normative ethics and utilitarianism, though impeccable, lacks the power to give Valjean the power to action. Ethical defense cannot be based on constructive arguments alone, but by re-living Valjean's encounters and struggles in the narrative, conscience is no longer an empty concept, but a comprehensible force enriched by real experiences, which transcends ethical differences and makes the final decision. Javert's suicide stems from a double dilemma: the conflict between his duty as a policeman and his conscience; and the limitations of law and order itself. It is only by understanding Javert's rationality from both the limited-knowledge narrative and seeing his limits from the omniscient narrative that the limits of law and the limited nature of the characters' decisions can be understood. The object of narrative ethics is the finite human being's flawed choice in an inescapable situation. The frailty and finiteness of human beings determine that different truths cannot be reduced to a certain final ground, and there is no law that perfectly resolves the conflict of values. In addition to thinking and regulating human behavior with the help of concepts such as norms, obligations, and utilitarianism, narrative ethics is needed to understand the course of life, suffering, and conscience.

【Keywords】 Les Misérables, Narrative ethics, Ethical Divergence, Law, Finiteness

普遍道德语法构想及其限度①

——评米哈伊尔《道德认知的要素》

陈 海②

【摘要】普遍道德语法是一种基于普遍语法理论提出的理论构想。紧跟乔姆斯基和罗尔斯的步伐,米哈伊尔提出了不仅包含元理论层面内容,也包含技术层面内容的普遍道德语法构想,认为一种科学化研究道德哲学的途径是可能的。针对这一模仿语言学研究的道德哲学理论构想,质疑和批评的声音纷至沓来,有的批评认为将道德哲学与语言学进行类推本身就不合理,有的批评认为即使这样的类推研究可行,那么米哈伊尔的工作依然未能实现其理论抱负。但不可否认的一点是,普遍道德语法的构想在澄清道德研究中的语义问题时是有效的,如果对普遍道德语法的研究进行重构,这一设想是可以为未来的道德哲学研究提供一个恰当的视角的。

【关键词】普遍道德语法,道德认知,语言学类推

引言

在当代道德哲学的研究中,一种被称为"道德语法"(Moral Grammar)的理论尝试,受到了不少关注和讨论。道德语法理论脱胎于乔姆斯基(Noam Chomsky)的相关语法理论,其主要目的在于回答包括"道德究竟从何而来"这个弥久而常新的问题在内的一系列道德哲学问题。众所周知,乔姆斯基的语法理论(无论是生成语法理论还是普遍语法理论)在 20 世纪影响巨大,针对其理论的讨论已经十分繁多,但是将语法理论引入道德哲学

---

① 本文系中国博士后科学基金第 13 批特别资助(站中)项目"汉语言道德哲学研究"(项目编号:2020T130400)的阶段性成果。
② 作者简介:陈海,哲学博士,上海大学文学院博士后、讲师,研究领域为道德哲学、社会心理学、中西伦理思想史等。

的讨论中,是 21 世纪才开始的尝试。其中,最为系统地研究道德语法的是约翰·米哈伊尔(John Mikhail),他在 2000 年完成其博士论文时便提出,我们可以依照乔姆斯基的相关语法理论来解释人类的道德认知①。随后,米哈伊尔正式出版了《道德认知的要素》(*Elements of Moral Cognition*)②一书,系统地阐释了他如何将关于语法的研究方法融入道德哲学的研究中。

一、道德哲学研究与语言学研究的类推

米哈伊尔将语言学研究融入道德哲学研究的第一步尝试,就是根据乔姆斯基提出的"语言研究三个主要问题",类推③出"道德/道德认知研究的三个主要问题"。乔姆斯基在 1986 年出版的《语言知识:本性,起源和使用》(*Knowledge of Language：Its Nature，Origin，and Use*)一书中,提纲挈领式地将语言研究归纳为以下三个主要问题:

(1) 是什么构成了语言知识?

(2) 语言知识是如何获得的?

(3) 语言知识是如何使用的?④

乔姆斯基针对问题(1)给出了一种被称为"生成语法理论"的语言能力理论,针对(2)给出了"普遍语法理论",针对(3)则给出了一种语言运用理论。⑤ 于是,米哈伊尔根据乔姆斯基"语言学研究三大问题"的框架,也将道德哲学或道德认知研究概括为三个主要的问题,即:

(4) 是什么构成了道德知识?

① John Mikhail, *Rawls' Linguistic Analogy：A Study of the "Generative Grammar" Model of Moral Theory Described by John Rawls in A Theory of Justice*, PhD dissertation, Cornell University, 2000.

② John Mikhail, *Elements of Moral Cognition*, New York：Cambridge University Press, 2011.该书的全名为《道德认知的要素:罗尔斯的语言学类推和道德、法律判断的认知科学》(*Elements of Moral Cognition：Rawls' Linguistic Analogy and the Cognitive Science of Moral and Legal Judgment*),全名能较好地反映作者著书中工作的全貌,但由于副标题太长,笔者在引用该书时省略了副标题。

③ "类推"即 analogy,张东荪曾指出,"类推法"(他自己翻译为"比附法")和"比较法"是不一样的,"比较法是研究法,而比附法是推论法"。参见张东荪:《从中国言语构造上看中国哲学》,《知识与文化》,长沙:岳麓书社,2011年,第 182 页。笔者认为张东荪所作的区分是有道理的,但他的表述在现在看来也有一些歧义。不过 analogy 确实和一般意义上的"比较"有所不同,因此笔者将倾向于采用"类推"(偶尔会用"类比")来进行翻译表述。

④ Noam Chomsky, *Knowledge of Language：Its Nature，Origin，and Use*, New York：Praeger Publishers, 1986, p.3.

⑤ Ibid., pp.3 - 4.

（5）道德知识是如何获得的？

（6）道德知识是如何使用的？①

米哈伊尔根据乔姆斯基的理论框架，同样做出了类似的理论构想：针对（4），米哈伊尔希望能构建一种"生成道德语法"理论，针对（5），需要构建一种"普遍道德语法"理论，针对（6）则需要一种道德运用理论②。

1995 年，乔姆斯基在《最简方案》（The Minimalist Program）一书中，又为语言研究增加了两个主要问题，即"语言知识在大脑中是如何被物理地意识到的？"和"语言知识在这一物种中是如何进化的？"③ 因此，在米哈伊尔看来，一个完整的道德认知理论也应当能够回答以下五个问题：

（4）是什么构成了道德知识？

（5）道德知识是如何获得的？

（6）道德知识是如何使用的？

（7）道德知识在大脑中是如何被物理地意识到的？

（8）道德知识在这一物种中是如何进化的？④

简单从形式上看，将道德哲学与语言学进行类推研究并不存在不可逾越的鸿沟。但这种类推研究法是否获得了广泛的认同呢？

20 世纪的英美哲学界经历了一场被后人称为"语言学转向"（Linguistic Turn）的重要哲学变革⑤。而所谓的"语言学转向"当然也影响到了道德哲学研究领域，通常我们会认为最具代表性的哲学家是 R. M. 黑尔（R. M. Hare），他于 1952 年出版的《道德语言》（The Language of Morals）一书，可以被认为是"语言学转向"在道德哲学研究中的最突出体现。但熟悉道德哲学史的人都清楚，黑尔的研究与其称为"语言学转向"，还不如称为"语言转

---

① John Mikhail, *Elements of Moral Cognition*, New York：Cambridge University Press, 2011, p.15.

② Ibid.

③ Ibid., p.23.乔姆斯基原文表述的中译可参见［美］诺曼·乔姆斯基：《最简方案》，满在江、麦涛译，北京：外语教学与研究出版社，2016 年，第 12 页。

④ John Mikhail, "Universal Moral Grammar：Theory, Evidence, and the Future", *Trends in Cognitive Sciences*, 2007, Vol. 11, No. 4, p.144.

⑤ 陈嘉映认为，"'语言（学）转向'不仅属于……分析哲学传统，由胡塞尔、海德格尔、伽达默尔等人所代表的现象学—解释学传统也经历了这一'转向'"。参见陈嘉映：《语言哲学》，北京：北京大学出版社，2003 年，第 13 页。

向"更为恰当①。那是否有哲学家尝试过更"语言学"的方法研究道德哲学呢？

根据米哈伊尔的考证,近四百年的时间里,至少有 76 位哲学家提到过将道德哲学和语言学进行类推或类比研究(包括休谟、康德、边沁等如雷贯耳的大哲学家)②。而在米哈伊尔提到的这些哲学家中,约翰·罗尔斯(John Rawls)的相关论述是最具代表性的。在《正义论》(*A Theory of Justice*)第一章第 9 节中,罗尔斯提出:

> (将正义感)与描述我们对母语句子的语法感的问题做一些比较是有益的。这种描述的目的是要通过概括出一些明确的原则——这些原则在判断句子是否符合语法时要能够做出和以该语言为母语的人同样的判断——从而描绘认出结构正确语句的能力的特征。③

值得注意的是,《正义论》第一章第 9 节基本是根据罗尔斯于 1951 年发表的"伦理学程序纲要"("Outline of a Decision Procedure for Ethics")一文修改而来的,但他明确指出了该节内容中"与语言的比较是新的",而产生这种与语言进行比较的想法正是受到了乔姆斯基于 1965 年出版的《句法理论的若干问题》(*Aspects of the Theory of Syntax*)一书的影响④。

罗尔斯本人在《正义论》中并没有详细展开道德哲学和语言学的类推研究,甚至在 1999 年版《正义论》中删去了 1971 年版中关于道德哲学和自然科学(比如物理学)进行对比的文字,即 1971 年版第一章第 9 节第 7 段文字⑤。但米哈伊尔认为罗尔斯在《正义论》第一章第 9 节内容中,还是可以提炼出道德哲学和语言学类推的证据的。⑥

虽然罗尔斯在哲学界享有极高的威望,不过他试图将道德哲学和语言学进行类推的

---

① 通常,我们会不加区分地使用"语言学转向"和"语言转向"这两个汉语语词,但其实细究的话,两个术语之间还是存在一定区别的。笔者认为,20 世纪开始,语言哲学的逐渐兴起是发生在哲学研究中的"语言转向",即哲学家们开始关注甚至专注于与语言相关的哲学问题,而对语言学学科的借鉴(不论研究方法还是研究内容)是有限的,因此,严格地说,这一哲学变革难以与"语言学转向"完全契合。类似的观点也可参见陈嘉映:《语言哲学》,北京:北京大学出版社,2003 年,第 13 页脚注②;[美]威廉·阿尔斯顿:《语言哲学》,牟博,刘鸿辉译,北京:生活·读书·新知三联书店,1988 年,译者前言第 1 页脚注①。

② 具体名单列表参见 John Mikhail, *Elements of Moral Cognition*, New York: Cambridge University Press, 2011, p.8。

③ [美]约翰·罗尔斯:《正义论》(修订版),何怀宏,何包钢,廖申白译,北京:中国社会科学出版社,2009 年,第 37 页。

④ 同上书,第 36 页脚注①,第 37 页脚注①。

⑤ 中译本可参见[美]约翰·罗尔斯:《正义论》,何怀宏,何包钢,廖申白译,北京:中国社会科学出版社,1988 年,第 48 - 49 页。

⑥ 具体内容可参见 John Mikhail, *Elements of Moral Cognition*, New York: Cambridge University Press, 2011, p.59。

观点受到了包括黑尔①、托马斯·内格尔（Thomas Nagel）、罗纳德·德沃金（Ronald Dworkin）、皮特·辛格（Peter Singer）、约瑟夫·拉兹（Joseph Raz）、伯纳德·威廉姆斯（Bernard Williams）在内的众多知名学者的反对。② 甚至像诺曼·丹尼尔斯（Norman Daniels）这样的罗尔斯拥趸也对这样的类推提出了质疑，他认为狭义的反思平衡（narrow reflective equilibrium）和句法学理论十分相似，而道德哲学家们关心的是广义反思平衡（wide reflective equilibrium），由于狭义反思平衡和广义反思平衡之间的差异，因此将道德哲学和语言学进行类推或类比研究并不恰当。③

这些批评当中最有代表性的还是威廉姆斯。威廉姆斯指出，"语言转向不曾为我们把问题梳理得更加清晰提供什么帮助……各种类型的道德哲学都有个普遍的毛病：它们都把某种极为简单的模式硬加到伦理生活之上——构成这种模式的也许是我们实际使用的概念，也许是应该用来指导我们的规则"④。威廉姆斯的批评确实代表了很大一群哲学家们的观点，他们认为对伦理学的任何技术化研究，都会造成人类伦理生活意义不同程度的流失。在威廉姆斯那里，伦理学和道德哲学是不同的，伦理学是能够概括人类伦理生活的全部意义的，而道德哲学不能，并且道德哲学始终肩负着走向道德科学的使命。

笔者同意威廉姆斯主张的我们的伦理生活是丰富且复杂的，也同意"道德哲学最终是要走向道德科学的"这一主张，但并不同意伦理学因此而不同于道德哲学。这种广义的批评，都试图表明我们的伦理生活应该拒斥科学化的企图。事实上，对伦理生活的讨论，应该拒斥的是"简单化"而不是"科学化"，"科学的"并不必然是"简单的"。如维特根斯坦所言，对不可言说的东西我们应该保持沉默，但对于可以言说的事物我们应当说清楚。我们并不能断言，努力让自己成为一种可能作为科学出现的道德哲学，将来一定能以道德科学的身份出现在世人面前，但任何对伦理生活做更为细致研究的努力都有其现实意义。

---

① 值得注意的是，虽然黑尔是在道德哲学研究领域践行"语言转向"的代表人物，但是他自己对于道德哲学中更为技术化的研究尝试，也是持反对态度的。

② John Mikhail, *Elements of Moral Cognition*, New York: Cambridge University Press, 2011, p.5.

③ Norman Daniels, "On Some Methods of Ethics and Linguistics", *Philosophical Studies*, 1980, Vol. 37, No. 1, p.21.笔者对丹尼尔斯观点的批评，思路大致如下：同意丹尼尔斯"狭义的反思平衡和句法学理论十分相似"的看法，也同意"道德哲学家们关心的是广义反思平衡"的看法，但是不同意"狭义反思平衡和广义反思平衡之间存在巨大差异"的看法。相反地，如果我们能证明狭义反思平衡和广义反思平衡之间并不存在不可填补的沟壑，那么我们恰恰可以说明将道德哲学和语言学进行类推研究是可行的。而针对"狭义反思平衡和广义反思平衡的关系"这个问题，笔者主张两者确实是不同的，但并非如丹尼尔斯所说的那样存在不可逾越的鸿沟。简言之，无论是狭义的反思平衡还是广义的反思平衡，从其形成的过程来看，都符合反思平衡的一般模式，两者的最大不同在于反思的对象，狭义反思平衡针对的是具体的事，广义反思平衡针对的是更为一般性的原则或理论。参见陈海：《新理性直觉主义作为道德形而上学的奠基》，北京：中国社会科学出版社，2020年，第58—63页。

④ ［英］B.威廉斯：《伦理学与哲学的限度》，陈嘉映译，北京：商务印书馆，2017年，第58页。

相反地,任何一种声称"釜底抽薪"的批判都无助于理论研究的发展。

二、米哈伊尔的道德语法理论

乔姆斯基提出了他的"普遍语法"理论构想,但他却明确地提醒人们,"不要把具体的技术手段同普遍语法混淆起来,因为普遍语法是一种'元理论'(metatheory)"①。那么在历史上,人们是如何理解"普遍语法"的呢?事实上,有研究者经过考证后认为,"普遍语法"的构想在古希腊罗马时期就已经出现,但当时的研究方法和讨论主题和当代研究者们的工作都大相径庭;发展到 20 世纪,出现了奥托·叶斯柏森(Otto Jespersen)、理查德·蒙太古(Richard Montague)这样与乔姆斯基齐名的"普遍语法"倡导者,但他们三人的关注点不尽相同②。比如,叶斯柏森关注普遍语法的语义层和意念范畴③,蒙太古试图将普遍语法打造成高度形式化的逻辑语法④,他们的工作都可以被理解为技术化的研究,而乔姆斯基的工作则聚焦于人的语言能力,是一种如他自己所说的"元理论"研究。

诚然,仅从上文的描述来看,米哈伊尔的普遍道德语法构想很大程度上是遵循了乔姆斯基普遍语法的构想的。但通过对米哈伊尔相关工作进行了较为详细的研究后,我们就可以发现,米哈伊尔的普遍道德语法构想不仅仅是一个元理论构想,更包含了技术层面⑤的内容。因此,接下来,笔者将试图从"元理论层面"和"技术层面"两方面展开对"普遍道德语法"的探讨。

(一) 元理论层面的探讨

根据米哈伊尔的提示,我们可以发现,早期乔姆斯基虽致力于语言学和语言哲学的研究,但也有零星谈论道德哲学的文字。他认为"人类小孩具有获得/习得那些对他/她而言并不能理解的语言的能力……是因为他/她的语言官能(language faculty)的构成要素远远

---

① 姚小平:《笛卡尔,乔姆斯基,福柯——〈普遍唯理语法〉校后》,《外国语》,2001 年第 3 期。

② 朱雷:《"普遍语法"概念的溯源与哲理变迁》,《外语与翻译》,2019 年第 2 期。

③ 叶斯帕森认为,"语法研究只有首先把观察活的语言作为基础,而书面或印刷文件的语言智能放在第二位,这样才能获得对语言本质的正确理解"。参见[丹麦]奥托·叶斯帕森:《语法哲学》,何勇等译,北京:商务印书馆,2010 年,第 1 页。

④ 蒙太古认为,"有可能以一个单一自然的和数学上精确的理论来理解两种语言的语形、语义"。参见[美]理查德·蒙太古:《普遍语法》,《形式哲学:理查德·蒙太古论文选》,朱水林译,上海:上海译文出版社,2012 年,第 251 页。

⑤ 这方面的尝试,和前面提到的蒙太古的理论抱负就非常类似了。徐英瑾也认为,"所谓的普遍道德语法的研究规划,其实是一个自觉的自然主义研究规划,因为米基哈尔(即米哈伊尔)非常清楚地将道德模块的运作视为纯机械化的,并认为它可以通过计算机程序加以模拟"。参见徐英瑾:《就连康德伦理学也可以被算法化》,《西南民族大学学报》(人文社会科学版),2017 年第 10 期。

超出了他/她(已有)的概念范畴……而这一点在人类的道德判断中也是一样的"①。因为乔姆斯基认为,在某一社会中成长起来的孩子获得的道德标准和原则是基于有限的证据的,但这些孩子仍然具有宽广和准确的道德判断的能力②。马克·豪瑟(Marc Hauser)③更为简洁明了地指出,"激发我们道德判断的是一种普遍的道德语法,一种经过成千上万年进化的、包含一系列能够用以构建道德系统的原则的心灵官能"④。

沿着乔姆斯基的策略,从元理论层面对普遍道德语法进行讨论,就需要从超越普遍道德语法本身的视角来展开,而这一视角的关注点,就必然要涉及道德官能(moral faculty)问题。豪瑟和杰弗里·华图莫尔(Jeffrey Watumull)在研究中曾力图证明,人类具有一种"普遍的生成官能"(Universal Generative Faculty),而这种普遍生成官能是人类具有语言、数学、道德和音乐上的表达能力的原因⑤。最早提出类似"官能"观念来解决哲学问题的大约是笛卡尔⑥,但随着科学的发展和进步,任何有关官能问题的讨论会走上两条完全不同的路径:要么被认为是一种虚无缥缈、不切实际的幻想,要么被划归到脑神经科学的研究范围内。

豪瑟、乔姆斯基和W. 特库姆塞·费奇(W. Tecumseh Fitch)对"语言官能"的理解走的就是更为科学化的一条路径,在他们看来,对语言官能的研究,是一项必须要综合进化生物学、人类学、心理学和神经科学等学科的跨学科研究⑦。他们将语言官能分为广义的和狭义的两类:其中,广义的语言官能包括一个感觉运动系统、一个概念意向系统,以及递归的计算机制,提供了从有限的元素集生成无限范围表达式的能力;而狭义的语言官能只包含递归机制,而且是语言官能中属于人类独有的部分,这部分可能是由于语言以外的原因进化而来的,因此可能需要在语言交流研究领域之外(例如:数字、导航和社会关系等领

① Noam Chomsky, *Language and Problems of Knowledge*, Cambridge, MA: The MIT Press, 1988, p.152.

② Ibid.

③ 豪瑟曾是任职于美国哈佛大学的著名进化心理学家,由于其在2010年被揭露在一项研究中存在学术不端行为,而备受批评,最后,哈佛大学确认豪瑟的研究存在八处学术不端,豪瑟也不得不从哈佛大学辞职。但豪瑟受指控的相关研究,尚未涉及与普遍道德语法有关的内容。

④ Marc D. Hauser, "Basic Instinct", Science & Spirit, 2006, Vol. 17, Issue 4, p.30.

⑤ Marc D. Hauser & Jeffrey Watumull, "The Universal Generative Faculty: The Source of Our Expressive Power in Language, Mathematics, Morality, and Music", *Journal of Neurolinguistics*, 2016, Vol. 43, pp.78–94.

⑥ 笛卡尔:《谈谈方法》,王太庆译,北京:商务印书馆,2007年,第3页。《谈谈方法》中,译者在此书第3页的脚注①中也有相应的解释:"良知,le bon sens,指一种良好的官能……是一种绝对正确的分辨能力。"

⑦ Marc D. Hauser, Noam Chomsky & W. Tecumseh Fitch, "The Faculty of Language: What Is It, Who Has It, and How Did It Evolve?", *Science*, Vol. 298, p.1569.

域)寻找此类计算机制的证据①。从乔姆斯基等人关于人类语言官能的理解,我们也不难看出,他们是用"语言官能"这一术语指代了一系列暂时无法被全然准确、清晰描述的人类使用语言的"套路",而这种"套路"既可以/可能被理解为一种(在乔姆斯基看来是先天的)能力,也可以/可能被理解为一种作业流程。为此,笔者认为合理的策略是悬置对"道德官能究竟是指什么"问题的讨论,先从我们能够看到的现象入手,表明我们假设或承认有这样一个被称为"道德官能"的事物的存在是有意义的。

米哈伊尔在说明元理论层面的普遍道德语法时采取的也是类似的策略。为此,他选择性地举出了四条能够说明普遍道德语法存在的初步证据:首先,发展心理学家已经发现孩子做出的直觉性法律裁定是复杂的,并且展现了完善的法律条文的许多特征;其次,任何自然语言都有表达道义概念的基本语词和短语;再次,对于谋杀、强奸等侵害行为的普遍禁止和法律上的区分是一致的,都是基于因果、意图和自愿行为的;最后,有研究者已经得出结论,认为大脑中一系列连续的网络构成是和道德认知相关的。②

(二) 技术层面的展开

正如米哈伊尔所认同的那样,笔者也赞成斯蒂芬·斯蒂奇(Stephen Stich)关于"道德哲学的未来将直接依赖于认知科学和脑科学"的论断③,尤其是当我们在谈论涉及元理论层面的普遍道德语法时又不得不涉及道德官能的话题,似乎诉诸科学研究的成果是最有可能获得成功的方法。那是否就意味着关于普遍道德语法的研究就此变成了百分之百的认知科学或脑科学研究了呢?笔者的回答是否定的。至少从技术层面来看,对普遍道德语法的研究依然可以在现有的研究框架下得以展开。

蒙太古曾断言,"在自然语言和逻辑学家的人工语言之间是不存在重要的理论差别

---

① Marc D. Hauser, Noam Chomsky & W. Tecumseh Fitch, "The Faculty of Language: What Is It, Who Has It, and How Did It Evolve?", *Science*, Vol. 298, p.1569.

② John Mikhail, "Universal Moral Grammar: Theory, Evidence, and the Future", *Trends in Cognitive Sciences*, 2007, Vol. 11, No. 4, p.143.蒋一之曾援引了许多道德心理学实验的结果,来支持普遍道德语法的存在,但实际上,这些例子并不足以成为捍卫普遍道德语法存在的证据。蒋文所引用的实验例子,从某种意义上说是用于支持"人们具有相似的道德直觉"这一观点的。事实上,笔者倾向于认为"道德直觉"和"道德语法"是两个完全不同层面的概念,"普遍道德语法"更像是解释"存在普遍的道德直觉"的二阶理论。(后来,笔者在迪普和雅各布的论文中发现了两位作者也引用了蒋文所援引的几个道德心理学实验,但目的却是为了批评普遍道德语法的,因此确定蒋文对引用的实验理解有误。)参见 Emmanuel Dupoux & Pierre Jacob, "Universal Moral Grammar: A Critical Appraisal", *Trends in Cognitive Sciences*, 2007, Vol. 11, No. 9, pp.373 – 374;蒋一之:《普遍道德语法述评》,《心理科学》,2009年第 2 期。

③ John Mikhail, *Elements of Moral Cognition*, New York: Cambridge University Press, 2011, p.11.

的"①。米哈伊尔在构建普遍道德语法理论时,显然是包含了将涉及道德判断的自然语言进行人工语言化转换的野心的,为此他的整个论证过程也是极其细致和复杂的。笔者在此争取用比较简洁的语言,概括出米哈伊尔在普遍道德语法构想中的技术化处理工作②,必要时会对米哈伊尔举的例子进行调整和整合。

首先,我们做出道德判断,大约是如图1所描述的一个过程:

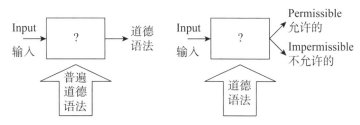

图1　我们做出道德判断的过程

其中,在我们暂时无法明确地描述我们究竟是怎么做出一个道德判断的时候,我们就把做出某一道德判断的具体过程视为一个"黑箱"(图中用"?"表示)。当某一情境输入之后,普遍道德语法就作用于这个黑箱,最后输出得到某些特定的道德语法,道德语法再作用于黑箱,就可以得到对某一情景中行为的道德判定或道义状态("允许的"或"不允许的")③。在此基础上,通过转换规则,普遍道德语法又可以被区分为至少五大类结构,即"时间结构""因果结构""道德结构""意向结构""道义结构",如图2所示:

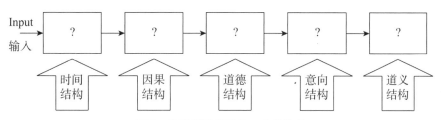

图2　普遍道德语法的五大类结构

其中,根据米哈伊尔的解释,这五大类结构中,如果"时间结构""因果结构""道德结构""意向结构"这前四类结构已经可以解释某一道德判断的做出过程,那么就不需要引入第五

---

① [美]理查德·蒙太古:《普遍语法》,《形式哲学:理查德·蒙太古论文选》,朱水林译,上海:上海译文出版社,2012年,第251页。

② 米哈伊尔自己也将这一技术化的过程称为"计算(化)结构"(Computing Structure)。参见 John Mikhail, *Elements of Moral Cognition*, New York:Cambridge University Press, 2011, p.167.

③ 虽然米哈伊尔将"普遍道德语法"和"道德语法"对黑箱起作用的过程分为两步(第一步被他称为"习得模式",第二步被称为"知觉模式",可参见 John Mikhail, *Elements of Moral Cognition*, New York:Cambridge University Press, 2011, pp.88-89),但实际上这两个步骤在实际情况中是有重叠的,暂时很难做出明确的区分,而且两者暂时不做明确地区分也不影响论证的展开,因此米哈伊尔也未将研究重点放在这两者的区别之上。但这一区分,对笔者的其他相关研究来说就非常重要,所以笔者将在涉及汉语言道德语法的相关研究中具体展开这一话题的讨论。

类结构即"道义结构",如果前四类结构未能实现完全解释,则需要"道义结构"介入①。

三、道德语法构想的限度

普遍道德语法的构想一经提出,就引发了许多相关领域研究者的讨论。对于普遍道德语法构想的支持之声和反对之声都此起彼伏。但将普遍语法引入道德哲学研究中来的工作也受到了许多挑战。比如,劳拉·卡门·库提塔卢(Laura Carmen Cutitaru)就认为构建普遍道德语法的努力终将失败②,艾曼努尔·迪普(Emmanuel Dupoux)和皮埃尔·雅克布(Pierre Jacob)也认为普遍语法和我们的道德判断之间的关联并不像想象的那么密切③,周濂则认为这样的尝试在哲学上的意义是颇为有限的④。为了进一步厘清普遍道德语法理论的意义、局限以及未来可能的发展方向,笔者首先将尝试对普遍道德语法理论的形成过程和具体内容进行相应的考察,并在其基础上表明在何种意义上讨论普遍道德语法是恰当的。作为普遍道德语法构想的支持者,笔者将先概括几类主要的对普遍道德语法的批评之声,再通过对批评之声的回应来为普遍道德语法找到合理的适用范围。

(一) 对道德语法构想的批评

对普遍语法的批评,大致可以分为两类。一类是前文已经提到的,对道德哲学与语言学进行比较研究的批评,我称为对普遍道德语法的广义批评。另一类则是针对米哈伊尔的普遍道德语法构想本身的批评,我称为对普遍道德语法的狭义批评,其中狭义的批评又可以分为元理论层面的批评和技术层面的批评。

元理论层面的批评主要集中在对道德官能的讨论。迪普和雅各布认为,即使我们承认有类似于"语言官能"的"道德官能"存在,两者也是很不一样的。两位作者列举了以下九条不同之处:第一,道德官能所涉及的直觉和判断之间是可以存在鸿沟的,但语言官能所涉及的直觉和判断之间没有;第二,道德官能是会自上而下受到具体的信念的影响的,语言官能则不会;第三,道德官能是会遇到代价巨大的两难困境的,而语言官能不会遇到;第四,语言官能所涉及的语法是复合性的,而道德官能所涉及的语法不是;第五,语言官能

① John Mikhail, *Elements of Moral Cognition*, New York: Cambridge University Press, 2011, p.173.
② Laura Carmen Cutitaru, "A Universal Moral Grammar?", *Human and Social Studies*, 2017, Vol. VI, No. 1, pp.65 – 76.
③ Emmanuel Dupoux & Pierre Jacob, "Universal Moral Grammar: A Critical Appraisal", *Trends in Cognitive Sciences*, 2007, Vol. 11, No. 9, pp.373 – 378.
④ 周濂:《反思的均衡与普遍道德语法》,陈嘉映主编:《教化:道德观念研究》,上海:华东师范大学出版社,2009 年,第 62 页。

所涉及的语法是双向性的(即语言和信息之间的映射是双向的),而道德官能不是(因为道德仅仅是一个评价系统而不是一个生成系统);第六,道德官能所涉及的语法是会根据道德情感而调整的,但语言官能所涉及的语法不会;第七,从跨文化多样性角度来看,不同文化下的人们的道德官能会共享一些基本的直觉,但语言官能不共享基本的直觉;第八,语言官能可以将不同语言做纯形式的参数化转换,但道德官能不能;第九,道德官能涉及的道德多样性背后有本体论多样性承诺,而语言官能所涉及的语言多样性则无此承诺①。

马克·费兰(Mark Phelan)则从技术层面指出了米哈伊尔工作的一些缺陷。首先,费兰认为米哈伊尔没有直接解决允许判定和语法判定之间的差异②。因为我们在使用某种语言时,我们进行语法判定的依据是我们的自然语言所普遍共享的东西,但在进行道德上的允许判定时,我们似乎找不到这样一个基础性的共享之物。米哈伊尔在展开对普遍道德语法技术化论证的时候,是有意或无意地忽略了这种差别的。其次,费兰认为,米哈伊尔在展开技术化讨论的时候预设了一系列通过道德语法得来的程序化的心智运作状态,但这种预设即使是暂时性的,在用于解释道德语法处理原始数据③能力时也是不可接受的④。当米哈伊尔假设普遍道德语法有效后,再通过道德语法解释道德心理学实验数据,来证明普遍道德语法具有如此这般能力,这确实是一个存在循环论证嫌疑的部分。最后,费兰指出,米哈伊尔虽然对普遍道德语法做了技术化处理,但依然没有回答"道德知识是如何获得的"这个问题⑤。

(二) 普遍道德语法在何种意义上有效

纵观当代道德哲学界对普遍道德语法的讨论,无论是米哈伊尔的阐释和捍卫,还是批评者们的挑战,都为我们展开未来的研究提供了十分有价值的视角和方法。就笔者而言,普遍道德语法理论似乎提供了一种解释人类道德现象起源和发展的可能性,即有可能很

---

① Emmanuel Dupoux & Pierre Jacob, "Universal Moral Grammar: A Critical Appraisal", *Trends in Cognitive Sciences*, 2007, Vol. 11, No. 9, pp.373 – 378.

② Mark Phelan, "Review of *Elements of Moral Cognition: Rawls' Linguistic Analogy and the Cognitive Science of Moral and Legal Judgment*", URL = < https://ndpr. nd. edu/news/elements-of-moral-cognition-rawls-linguistic-analogy-and-the-cognitive-science-of-moral-and-legal-judgment/>, 2020 – 08 – 22.

③ 费兰所指的原始数据就是米哈伊尔在《道德认知的要素》书中提到的关于12种不同类型的电车难题的允许评判的道德心理学实验所采集的数据。实验数据可详见 John Mikhail, *Elements of Moral Cognition*, New York: Cambridge University Press, 2011, pp.319 – 360。

④ Mark Phelan, "Review of *Elements of Moral Cognition: Rawls' Linguistic Analogy and the Cognitive Science of Moral and Legal Judgment*", URL = < https://ndpr. nd. edu/news/elements-of-moral-cognition-rawls-linguistic-analogy-and-the-cognitive-science-of-moral-and-legal-judgment/>, 2020 – 08 – 22.

⑤ Ibid.

好地解释道德观念的趋同性,又有可能很好地解释道德观念的多元性。但米哈伊尔的工作似乎也远远未能穷尽这种研究尝试。因此,笔者想总结一下普遍道德语法理论构想的价值所在,同时也尝试说明普遍道德语法在何种意义上是"普遍的"。

该理论构想的价值在于,首先,普遍道德语法这一构想从某些角度表明了"科学(化)地研究道德哲学"的可能性。在当代道德哲学研究领域,有越来越多的声音在质疑试图科学(化)地研究道德哲学的努力,普遍道德语法构想的出现是对质疑声音的一种重要回应。但笔者要强调的一点是,无论何种道德哲学的研究方法,都要敢于面对失败,因此对普遍道德语法构想的辩护也要以科学的态度来展开,这意味着需要对该理论构想进行不断的改进或修补。其次,普遍道德语法构想也能为道德哲学研究适应人工智能热潮提供可能性。在前文中,笔者已扼要地概括了米哈伊尔普遍道德语法构想中的技术化/计算化处理部分,虽有许多不够完善的地方,但这种尝试依然是让人振奋的,或许在将来的某一天能真正实现一个"道德的"人机互联世界。最后,普遍道德语法的构想也有可能在解决和帮助不同文化背景下的人群之间的矛盾和冲突时发挥作用,为构建和谐的人类命运共同体提供来自道德哲学研究视域的理论依据。

但现有的普遍道德语法理论显然是不够完善的。第一,普遍语法理论在元理论层面上的工作,过度依赖于认知科学和脑科学领域的研究成果,就容易导致这方面的研究滞后,就理论本身而言,有推卸责任的嫌疑。

第二,罗尔斯虽然在《正义论》1971 年版中提到了道德哲学和语言学的类推,但在1999 年版中删去了"道德理论和自然科学理论之间的方法论比较"的段落①,其中可能的原因是罗尔斯觉得此二者之间的类推似乎还是比较生硬。总体来说,用乔姆斯基提出的语言研究的三个主要问题直接映射出道德哲学研究的三个主要问题确实颇为简单粗暴,语言学和道德哲学所关注的话题本身是有一定区别的,所以要想让语言学研究的成果帮助到道德哲学的研究,是需要筛选出语言学研究中可以适用到道德哲学研究中的有效部分,而不是简单地类推,或者依照语言学研究的模型直接重塑道德哲学的研究范式。

第三,在技术层面,相比较罗尔斯对道德哲学和语言学类推的寥寥数语,米哈伊尔的研究不仅仅停留在简单的形式对比,他还花了大量的篇幅展开了这种对比研究,但是依然没有很好地解决道德哲学和语言学研究之间的融合问题。比如,语言学研究(这里主要是指语义学方面的研究)旨在分析和探讨语言符号和对象的关系,米哈伊尔引入这套方法后

---

① 周濂:《反思的均衡与普遍道德语法》,陈嘉映主编:《教化:道德观念研究》,上海:华东师范大学出版社,2009 年,第 79 页。

确实解决了道德哲学中的语义问题,但依然没有解决道德哲学问题本身。

第四,米哈伊尔的理论野心和实际的研究进程,存在因果倒置的嫌疑。如果我们在此承认语言学和道德哲学研究之间存在着坚实而紧密的联系,那么乔姆斯基普遍语法理论野心是建构性的,其理论抱负在于试图回答(1)(2)(3)这三个问题①,如果普遍道德语法的构想是追随乔姆斯基,试图解决(4)(5)(6)这三个问题的话②,那么显然米哈伊尔的工作是不完整的。从米哈伊尔的研究进程来看,他始终坚持的研究起点是大众在特定道德情境中做出的道德判断(米哈伊尔采用的是 12 个不同类型的"电车难题"情境展开的实验③),而普遍道德语法是对大众的直觉性道德判断进行的某种比较有效的解释而已④,并没有针对道德本身做出过更多的分析⑤。因此,从目前的理论形态来看,米哈伊尔的普遍道德语法构想是一种值得关注的道德心理学理论,但要是作为一种道德哲学理论,则还需要进一步的完善。这种完善有可能与重新构建一套理论的难度相当,但米哈伊尔普遍道德语法的构想确实为我们开启了一条崭新的研究道路,就像罗尔斯的寥寥数语为米哈伊尔指出了方向一样。

四、重构普遍道德语法的研究

虽然笔者认为米哈伊尔的普遍道德语法构想不够完善,但这并不能抹杀这一构想带给我们的启示,我们甚至可以通过重构米哈伊尔的普遍道德语法理论,来得到一种更为合理的普遍道德语法构想。正是怀抱着这样一种愿景,笔者将在接下来的讨论中首先明确研究普遍道德语法究竟是为了回答哪些问题,在此基础上重新审视道德哲学和语言学的关系,认为二者之间是一种超越类推的融合关系。

(一)普遍道德语法究竟要回答哪些问题

我们再来回顾一下米哈伊尔的普遍道德语法构想想要解决哪些问题。他首先引入了

---

① 前文也已提到,乔姆斯基曾认为普遍语法是用来回答(2)的,但事实上,他在很多著作中对"普遍语法"这一说辞的使用是不仅限于回答(2)的。

② 甚至还要回答问题(7)和(8)。

③ 12 类电车难题相关的具体内容可参见 John Mikhail, *Elements of Moral Cognition*, New York:Cambridge University Press, 2011, pp.106 – 111.

④ 当然,米哈伊尔自己也提到过,普遍道德语法理论的竞争理论是类似乔纳森·海特(Jonathan Haidt)的"道德判断双系统理论"或约书亚·格林(Joshua Greene)的"切身—非切身理论",而这两种理论自己就声称仅仅是解释性的理论。参见 John Mikhail, *Elements of Moral Cognition*, New York:Cambridge University Press, 2011, p.113.

⑤ 在前文笔者已经提到,米哈伊尔的普遍道德语法构想的野心是要回答(7)(8)(9)(10)(11)至少这五个问题的,而不仅仅是为了回答问题(5)。但即使米哈伊尔最后给出的普遍道德语法理论主要是针对问题(5)的回答,那么这样的工作依然做得不够完善。

乔姆斯基概括的语言研究的三个主要问题,并将这三个问题进行了改造:

（1） 是什么构成了语言知识？ →（4）是什么构成了道德知识？

（2） 语言知识是如何获得的？ →（5）道德知识是如何获得的？

（3） 语言知识是如何使用的？ →（6）道德知识是如何使用的？

但米哈伊尔认为这些问题还可以增加。经过不断的推进,他认为道德哲学研究(他称为"道德认知理论")实际上需要解决以下七个主要问题,即:

（4） 是什么构成了道德知识？

（5） 道德知识是如何获得的？

（6） 道德知识是如何使用的？

（7） 道德知识在大脑中是如何被物理地意识到的？

（8） 道德知识在这一物种中是如何进化的？

（9） 何种道德原则是可辩护的？

（10） 道德原则是如何得到辩护的？①

其中,米哈伊尔指出罗尔斯的语言学类推中其实不包括问题(7)和(8),取而代之的是问题(9)和(10)。② 但从(4)到(10)这七个问题来看,我们是否有可能对这些问题进行重新整合呢？ 笔者的回答是肯定的。笔者在前文已经提到,米哈伊尔认为罗尔斯类推的核心内容还是关于"是什么构成了道德知识""道德知识是如何获得的""道德知识是如何使用的"这三个问题的。③ 笔者同意米哈伊尔这个观点,但还是想给出笔者的区分和区分的理由。

首先,笔者也倾向于将普遍道德语法需要回答的问题范围缩小为三个,但从七个问题变成三个问题的过程不是一个简单的删除过程。笔者采用的是"降级"的方法,即通过将(7)(8)(9)(10)理解为比(4)(5)(6)更低一级的(或更为具体)问题,实现问题数量的缩减,具体的整合方案如下:

---

① John Mikhail, *Elements of Moral Cognition*, New York：Cambridge University Press, 2011, p.29.

② Ibid., p.8.

③ Ibid., p.67.

表1　普遍道德语法需要回答的问题(整合版)

一级问题	二级问题
(4) 是什么构成了道德知识？	(9) 何种道德原则是可辩护的？ (10) 道德原则是如何得到辩护的？
(5) 道德知识是如何获得的？	(7) 道德知识在大脑中是如何被物理地意识到的？ (8) 道德知识在这一物种中是如何进化的？
(6) 道德知识是如何使用的？	

其中,(4)(5)(6)是普遍道德语法理论需要回答的主要问题,而(9)和(10)是(4)的子问题,(7)和(8)是(5)的子问题,与米哈伊尔的观点实现了殊途同归。

笔者之所以做这样的整合,主要有以下几点理由。第一,从总体上看,笔者将给出为何要区分一级和二级问题的理由。将这七个问题做一级和二级的区分,主要考虑的是这些问题的提出,是否是建立在回答其他问题的基础之上的。比如(9)"何种道德原则是可辩护的?"和(10)"道德原则是如何得到辩护的?"这两个问题的提出,就蕴含了对"存不存在道德原则"这个问题的肯定性回答。同样,(7)"道德知识在大脑中是如何被物理地意识到的?"和(8)"道德知识在这一物种中是如何进化的?"都蕴含了对"道德知识和生物属性之间有没有密切的联系"这个问题的肯定性回答。当然,笔者也不否认,如果按照笔者的逻辑进行区分,二级问题并不直接是建立在对一级问题的确定性回答(针对一般疑问句,可以是肯定性的回答也可以是否定性的回答,针对特殊疑问句则是指有确定的答案)之上的,但这不是重点,笔者所做的工作的目的就是为了做出这样的区分,筛选出一级问题。另外一种质疑可能会认为,按照笔者的逻辑,笔者所说的一级问题可能也不是基本的问题,这些一级问题本身可能要是建立在对更基本的问题的确定性回答之上的(比如,对"存在道德知识"这个问题的肯定性回答)。对此,笔者的回应是,承认(4)(5)(6)都是建立在承认存在道德知识之上提出的,但是我们也可以清楚地看到回答这个更为基础的问题(即"存不存在道德知识",我们暂时把这个更基础的问题称为"零级问题")不是普遍道德语法理论所要做的工作(至少是不需要直接回答的)。并且,在普遍道德语法的研究过程当中,"存在道德知识"是研究展开的前提条件。因此,在本研究中没有必要将三个一级问题收敛到一个"零级问题"(当然,这并不意味着这个问题不重要)。

第二,为何(9)(10)从属于(4)的理由。如上所述,(9)(10)可以是也可以不是直接建立在对(4)的确定回答之上的,通过推演,我们会发现对(4)的确定性回答即使不是(9)和(10)问题的基础,也应该是(9)和(10)的深层基础。我们可以尝试挖掘一下(4)和

（9）（10）之间可能的推演关系（如图 3 所示）：

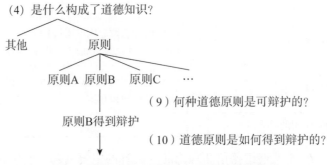

图 3　问题（4）和问题（9）（10）间的推演关系

第三，为何（7）（8）从属于（5）的理由。同样，笔者将用图来表示（5）和（7）（8）之间可能的推演关系（如图 4 所示）：

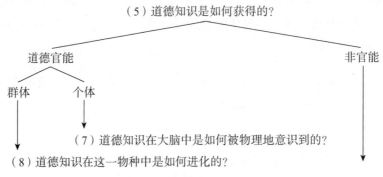

图 4　问题（5）和问题（7）（8）间的推演关系

第四，单列（6）的理由。很显然，问题（6）是一个涉及道德实践的问题，但这又不是一个纯粹的道德实践问题。严格地说，笔者认为（6）是一个桥梁问题，是连接纯粹道德哲学问题和道德实践问题之间的桥梁。从这个角度来看，将（6）放置在其他两个一级问题之下就显得不恰当了。如果我们从普遍道德语法的研究中抽身出来，也会发现，从道德教条或规范到道德行为之间是有着巨大的鸿沟的。① 我们认为这么做是合乎道德的并不能促使我们必然这么去做。道德知识的行为驱动力问题就成为另一个被热烈讨论的道德哲学问题。除此之外，单列（6）的另一个意图在于研究方法层面的考量，这一点笔者也将在下文中进一步展开。

综上，笔者将会把我所设想的普遍道德语法研究应当回答的问题限定在（4）（5）

---

① 笔者一直认为理论的研究必然会具有实践的意义（参见陈海：《新理性直觉主义作为道德形而上学的奠基》，北京：中国社会科学出版社，2020 年，前言第 3 页），但之前笔者倾向于认为理论对于行动的驱动力是天然的、不需要加以说明的，现在笔者对这个问题的看法已经做出了调整，即"理论依然必然具有实践意义，其对于行为也依然的驱动力，但这种驱动力是如何产生的、又是如何起作用的仍然值得深入探讨"。

（6）这三个一级问题上。而在这三个问题的展开过程中，是否会涉及（7）（8）（9）（10）等二级问题，则视具体论证的需要而定。

（二） 语言学和道德哲学：从类推到合取

因此，当我们确定了普遍道德语法需要回答（4）（5）（6）这三个问题之后，我们应当考虑的问题就变成了"如何回答"，也就是说应该采用怎样的研究方法。米哈伊尔所采用的方法就是前文多次提到的"类推"。但严格地说，类推不是一种具体的研究方法。相比较具体的研究方法，类推属于一种"二阶研究方法"，因此我们也可以把具体的研究方法称为"一阶研究方法"。在二阶研究方法——类推的指导下，米哈伊尔根据语言学研究的生成语法理论、（狭义）普遍语法理论、语言运用理论①"类推"出了生成道德语法理论、（狭义）普遍道德语法理论、道德运用理论这样的二阶研究方法②。

但这样的"类推"会遇到这样的问题，即我们已有的道德哲学研究方法或理论会被完全排除在外。这在当下的学术研究中是难以想象的。事实上，米哈伊尔在自己的研究中，也并非完全以语言学的研究方式展开（虽然语言学研究的方式占了很大的比重）。因此，笔者认为与其称之为"类推"，还不如将米哈伊尔采用的二阶研究方法称为"合取"，即合取道德哲学和语言学（有时也包含语言哲学）研究的方法，形成一套更为完善和有效的研究方法。

将"类推"表述为"合取"的一个重要意义就体现在对桥梁问题（6）的探讨上。如果我们遵循米哈伊尔的"类推"，那么针对（6）就需要构造出一套所谓的"道德运用理论"。但同时，我们也会发现，在传统的知识论研究框架下，道德知识的运用理论可以是被包含在一般（命题性）知识的运用理论之内的。也就是说，我们在讨论命题的行事能力问题时，已经包含了对道德命题的行事能力的问题的讨论。那么，根据"奥卡姆剃刀"原则，我们完全没有必要再去构建一套所谓的"道德运用理论"，我们"拿来"相关的"语言运用理论"即可。③

---

① 其实，据尼尔·史密斯（Neil Smith）研究，乔姆斯基对于"语言运用理论"或"语用能力"的讨论并不多。参见［英］尼尔·史密斯：《乔姆斯基：思想与理想》（第二版），田启林，马军军，蔡激浪译，北京：中国人民大学出版社，2015年，第38页。

② 至于这些的二阶研究方法最终能不能全部构建成功或有效，米哈伊尔在《道德认知的要素》一书中并没有全然展开。

③ 一方面，乔姆斯基对于"语言运用理论"或"语用能力"的讨论并不多，另一方面，在乔姆斯基关于"语言运用"的不多讨论中，更多的内容是属于语用学研究范围内的。此前，笔者已经将（6）理解为一个桥梁问题，所以对此问题的探讨会超出语言学研究的纯技术层面而进入语言哲学的讨论范围。因此，对于（6）的回答，需要相关的"语言运用理论"，而这所谓"相关的"理论也要将语言哲学的相关理论（比如言语行为理论）纳入其中。

比如,笔者认为哲学家们对于"言语行为"(Speech Acts)的研究就可以被视为对桥梁问题(6)的回应。米歇尔·格林(Mitchell Green)就指出,"对言语行为重要性的认识,说明了语言除了描述现实之外,还能做其他事情。在这个过程中,语言哲学、行动哲学、美学、心灵哲学、政治哲学和伦理之间的界限变得不那么尖锐。此外,对言语行为的赏析有助于揭示语言实践中隐含的规范结构,甚至包括这种实践中与描述现实有关的部分"。① 作为言语行为理论研究的标志性人物,J. L. 奥斯汀(J. L. Austin)认为,言语行为理论就是研究话语的施行方面,可分为"话语行为"(locutionary act)、"话语施事行为"(illocutionary act)和"话语施效行为"(perlocutionary act)。② "话语行为相当于说出某个具有意义(包括含义和所指)的语句;话语施事行为是指以一种话语施事的力量(illocutionary force)说出某个语句,如做陈述,提疑问,下命令、发警告,做许诺,等等;话语施效行为则是经由说些什么而达到某种效果的行为,如使相信,使惊讶,使误导,劝服,制止等。"③奥斯汀的言语行为理论又经由约翰·塞尔(John Searle)等人的发展,成为语言学和语言哲学研究领域的一个重要议题。

正是基于以上几方面的考量,笔者认为普遍道德语法的研究应该需要回答"(4)是什么构成了道德知识?(5)道德知识是如何获得的?(6)道德知识是如何使用的?"这三个问题。而在试图回答这三个问题的过程中,道德哲学和语言学(包括语言哲学)的相应研究方法和理论都应该被考虑在内。但由于针对(6)的研究将十分倚重纯语言学或语言哲学的研究(比如"言语行为"理论),研究的独立性很强,且相应的研究非常成熟,研究成果数量也非常多,因此,笔者更倾向于认为道德哲学的研究重点应当放置在对问题(4)和(5)的回答上。

五、结语

综上所述,我们可以看到普遍道德语法研究给未来道德哲学研究所带来的意义和价值。如果我们能进一步细化和厘清普遍道德语法理论,并与以往的理论文本和现实的道德现象做更为紧密的结合,那么将道德哲学研究和语言学研究相融合的理论抱负还是可能实现的。比如,笔者正在尝试将普遍道德语法改造成汉语言道德语法的工作,兴许是一

---

① Mitchell Green, "Speech Acts", The Stanford Encyclopedia of Philosophy (Winter 2020 Edition), URL = < https://plato.stanford.edu/archives/win2020/entries/speech-acts/>, 2020 - 11 - 14.

② 杨玉成:《奥斯汀:语言现象学与哲学》,北京:商务印书馆,2002 年,第 81 页。

③ 同上。

种对普遍道德语法构想的一种有效的发展。

Universal Moral Grammar and Its Limits:
Review of *Elements of Moral Cognition*

CHEN Hai

【Abstract】 Universal moral grammar is a theoretical conception based on universal grammar. Following Chomsky and Rawls, Mikhail put forward the idea of universal moral grammar which contains not only meta-theoretical content but also technical content. He believes that it is possible to study moral philosophy scientifically. Such linguistic analogy of moral philosophy incurs many criticisms. Some critics claim that such analogy is unreasonable, while some think that even though such analogy is feasible, Mikhail's work still fails to realize his theoretical ambition. However, it is undeniable that the idea of universal moral grammar is effective in clarifying the semantic issues in moral research. If the study of universal moral grammar is reconstructed, this idea can provide an appropriate perspective for the future study of moral philosophy.

【Keywords】 Universal Moral Grammar, Moral Cognition, Linguistic Analogy

人律和神律

——读莱布尼茨《关于正义概念的思考》①

倪　胜②

【摘要】莱布尼茨认为,神和人共享同一个正义,他们的正义仅有程度上的差别,神的正义是完美的,而人的正义则有缺陷。本文指出,这种说法跟《旧约》和希腊悲剧里神律和人律的冲突状况都不相符。而莱布尼茨神的正义对应于黑格尔理性的狡计,随后演变成恩格斯的历史的合力方向。本文指出,恩格斯的说法具有局限性。因此,莱布尼茨的正义理论也站不住脚。

【关键词】正义,理性的狡计,神律,历史的合力

什么是正义? 正义的依据在何处?

莱布尼茨分析:"于是就要找出形式上的根据,也就是说:要找出一种属性或概念,从它人们可以知道,正义存身于何处,并且当人们称某个行为是正义的或不正义的,他们的意思是什么。这个形式的根据必须为神和人共有。否则人们会是不正确的,当人们想将不具备双重含义的同一个属性分别用到神和人身上时。在思考和讨论任何问题时这都是一个基本规则。"③请注意他说的,这个正义必须为神和人所共有。莱布尼茨的这个观点更接近于柏拉图所设想的,即理想世界和世俗世界可以分享共同的理念。

接着,莱布尼茨指出,神的正义和人的正义有程度上的差别,神的正义是完美的,而人的正义则有缺陷。

---

① 在某种程度上,本文可视为《诗歌正义与永恒正义》(见湖北大学文学院编《中文论坛》第三辑,2016 年)的续篇,因此黑格尔论永恒正义部分写得相对简略一些。本文作于笔者 2020 年在柏林自由大学访学期间,感谢国际著名莱布尼茨专家李文潮教授的指导。

② 作者简介:倪胜,外国哲学博士,戏剧戏曲学博士后,上海戏剧学院副教授,研究方向为中西戏剧比较、美学和艺术理论、时尚哲学、印度戏剧、佛学等。

③ Gottfried Wilhelm Leibniz, Gedanken ueber den Begriff der Gerechtigkeit, Herausgegeben und mit einer Einfuehrung versehen von Wenchao Li, Uebersetzt von Pierre Castagnet, Nina Asmussen, Stefanie Ertz und Stefan Luckscheiter, Wehrhahn Verlag, 1. Auflage 2017, s.37.

我愿意承认，在方式上有一个大的区别，人是正义的，而神就是正义。但这种区别只是程度上的。因为神是完美并且完全正义的，而人的正义，由于人的本性的不完美，混杂着不正义、过错和罪行。神的完美是无穷无尽的，而我们的则是有限的。①

莱布尼茨反对认为神的正义和人的正义不是一回事的观点：

如果有人宣称，神的正义和善所遵循的规则与人所遵循的完全不同，他就必然要承认，或者是在处理两个不同概念，或者要么故意表达出两重含义，要么将其中一个归为粗略的错乱，但当人们挑选出这两个概念中的一个并解释为关于正义的真正的概念，人们必定会认为，要么是神的那个，要么是人的那个，或者也许两个都是错的，并且人们从根本上不会真正知道，当人说到正义时他到底在说什么。这就意味着，正义概念最终会被摧毁，只有其空名会留下来，那么，就像有人做的那样，将正义处理成任意的并且取决于个别法官或个别有权势者的个人感受，因为一件事在一个法官那里被看成正义的而同一件事在另一个法官那里会被看成是不正义的。②

正义落实到俗世之中，变成法律，成为俗世日常运行的规则。"人们做得很对，当他们从事于必然和证明的科学时，并不依赖于事实，而依赖于理性，像逻辑、形而上学、算术、几何学、运动学以及法学那样，它们并不基于经验和事实，而不如说是服务于给事实奠基和事先给予其规则的东西，这些东西对法自身来说是有效的，因为法一般来说在这个世界上并没有规律。"③

《旧约》里神的正义

以上莱布尼茨所言有几个问题。首先，神的正义和人间正义到底有没有区别？我们

① Gottfried Wilhelm Leibniz, Gedanken ueber den Begriff der Gerechtigkeit, Herausgegeben und mit einer Einfuehrung versehen von Wenchao Li, Uebersetzt von Pierre Castagnet, Nina Asmussen, Stefanie Ertz und Stefan Luckscheiter, Wehrhahn Verlag, 1. Auflage 2017, ss.37－38.

② Gottfried Wilhelm Leibniz, Gedanken ueber den Begriff der Gerechtigkeit, Herausgegeben und mit einer Einfuehrung versehen von Wenchao Li, Uebersetzt von Pierre Castagnet, Nina Asmussen, Stefanie Ertz und Stefan Luckscheiter, Wehrhahn Verlag, 1. Auflage 2017, s.38.

③ Gottfried Wilhelm Leibniz, Gedanken ueber den Begriff der Gerechtigkeit, Herausgegeben und mit einer Einfuehrung versehen von Wenchao Li, Uebersetzt von Pierre Castagnet, Nina Asmussen, Stefanie Ertz und Stefan Luckscheiter, Wehrhahn Verlag, 1. Auflage 2017, s.41.

先看看圣经。

《旧约》里描绘的上帝(神)是喜怒无常的,甚至还会和魔鬼做交易,人在上帝的眼里只是可以随意摆弄的工具或奴隶。《旧约·约伯记》记载上帝和撒旦的打赌,上帝说约伯"完全正直,敬畏上帝,远离恶事"。① 撒旦说,约伯敬畏上帝是因为从上帝那里得了很多好处,一旦这些好处利益被毁去,约伯就会当面诅咒上帝。撒旦要求允许自己考验约伯,上帝同意了。随后撒旦令约伯丧失财产和儿女,失去健康,约伯开始诅咒自己的出生,以利法回答他:"请你追想:无辜的人有谁灭亡? 正直的人在何处剪除? 按我所见,耕罪孽、种毒害的人都照样收割。上帝一出气,他们就灭亡;上帝一发怒,他们就消没。"②这段话明确指出,善和恶掌管在上帝手中,善是上帝对人类的要求,而行善得善,是上帝的恩惠,因此只有信靠上帝,才得善报。

接着约伯又说,不知道自己哪里做错而遭厄运。在他看来,行善就一定会有善报,一旦得恶报,就应该是他做错了什么。比勒达肯定说:"上帝必不丢弃完全人,也不扶助邪恶人。"③约伯认为自己就是完全人,但遭到厄运,他下结论说:"(上帝)善恶无分,都是一样;所以我说,完全人和恶人,他都灭绝。"④他还指出,恶人常常未受惩罚。⑤

约伯的话令他的朋友们哑口。随后以利户发言指责约伯的不义,因为上帝是人类无法揣测的。最后耶和华亲自发言,告诫约伯,这世界上的一切都是上帝的,约伯不可以用自己狭隘的心理恶意揣测上帝。有意思的是,上帝最后还责备了约伯的朋友们,说他们愚妄,和约伯的辩论处于下风。⑥ 这实际上是承认了约伯的控诉有理(即世界上常常善无善报,恶无恶报)。当然,上帝最后给了约伯丰厚的回报,用实际行动表示,善人终会有善报。

所以说,《旧约》里的神是捉摸不透的,生活在俗世的人不应该以狭隘的人心揣测上帝的意愿。

其实《启示录》已经提示我们,神的思想是人类捉摸不透的,不能以人的思想水平来妄议神。莱布尼茨自己在《神义论》里也说:"我怎么可能了解、描述和相互比较那些无限的东西呢? 人们必须从实效出发(ab effectu)与我一起对此进行推断,因为上帝选择的这个世界原本如此。"⑦他表示上帝为什么造这样的一个世界是人无法解释的。他还批评培

---

① 《圣经》和合本,中国基督教协会,南京,1995 年,第 758 页。
② 同上书,第 762 页。
③ 同上书,第 767 页。
④ 同上书,第 769 页。
⑤ 同上书,第 783 页。
⑥ 同上书,第 813 页。
⑦ 莱布尼茨:《神义论》,朱雁冰译,北京:生活·读书·新知三联书店,2007 年,第 109 页。

尔的一些观点是"纯然的神人同形论",也就是说,莱布尼茨认为神与人是不同的。

希腊悲剧里的人律和神律

在古希腊悲剧之中已经涉及神的正义与世俗正义的不同,甚至冲突。

一方面,人律与神律不同,当两者发生冲突的时候,人律要让位给神律。比如在《阿伽门农王》里,神就明显地占上风。谈到埃斯库罗斯的《阿伽门农王》时,美国学者纳斯鲍姆引用了其中厄忒俄克勒斯的一句话:"既然神明显控制着局势,那最好赶快行动。"[1]显然,在古希腊人心中(至少在古希腊悲剧里的古希腊人心中)神的意旨是高于其他的。阿伽门农最后决定杀死自己的女儿献祭,也是同样的以神意为最高权威的意识的表现。正如纳斯鲍姆自己也引用的,尽管安提戈涅本人试图与神意相对立,但她走向死亡时,歌队仍然告诉她,这是 deinon,是命运(Moiria)。[2] 因此,古希腊悲剧本身就已经显示了神的力量与其他伦理力量的不平等(尽管古希腊人信奉多神,但悲剧里能显示最终命运的力量,也正因此古希腊悲剧被总结为命运悲剧),以及神律的不可知。

另一方面,俗世的不同正义(人律)之间也存在着相互冲突的可能,甚至当两者都是善的时候也会相互冲突。

黑格尔最喜欢最重视的就是索福克勒斯的悲剧《安提戈涅》,朱光潜先生将这个剧名译为《安蒂贡》。在讨论这个剧时,黑格尔认为法律(刑法)是比永恒正义低级的正义。而悲剧应该描写最高的永恒正义而不是其他:"正规的法律形式有时与理想的概念和形状处于对抗地位,有时正规权力的内容可能是本身不正义的,尽管它具有法律的形式……在索福克勒斯的《安蒂贡》里,就是这种旨趣和目的在互相斗争着。国王克里安,作为国家的首领,下令严禁成了祖国敌人进攻忒拜的俄狄普的儿子受到安葬的典礼。这个禁令在本质上是有道理的,它要照顾到全国的幸福。但是安蒂贡也同样地受到一种伦理力量的鼓舞,她对弟兄的爱也是神圣的,她不能让他裸尸不葬,任鸷鸟去吞食。她如果不完成安葬他的职责,那就违反了骨肉至亲的情谊,所以她悍然抗拒克里安的禁令。"[3]

从这个道理推论,神的正义也应该是世俗的人无法揣测的,人的正义和神的正义不应该是一回事。这个观点毫无疑问会走向对神的不可知论。

可是莱布尼茨又认为神是可知的。他坚持神的全知全能等性质。他说:"在上帝方面

① Martha C. Nussbaum, The Fragility of Goodness, Cambridge University Press, 2001, pp.38–39.
② Ibid., p.76.
③ 黑格尔:《美学:第一卷》,朱光潜译,北京:商务印书馆,1979 年,第 280 页。

却没有这种情况。他无求于任何人,他不会犯错误,他所做者总是最好者。"①

莱布尼茨是泛神论者吗?

以上讲从《旧约》和希腊悲剧看,人律和神律是矛盾的,因此,莱布尼茨认为神的正义和人的正义是一个东西,仅有程度上的差别,似乎站不住脚。但还有一个可能的解释,那就是莱布尼茨心目中的神既不是《旧约》中的也不是希腊悲剧里的,他似乎相信泛神论。

罗素在其著作的第二版序言里谈到莱布尼茨对存在(Existens)的定义,"存在可以定义为,能与很多事物兼容,而不是跟它自己都不能相容的东西"。据此,罗素认为莱布尼茨并不需要创造主,"存在物之间的关系已经在于永恒真理中,而建立起包含着最大数量的共存的存在物的世界只是一个纯逻辑问题。根据其定义可以推想,这个世界,可以不需要任何神的法令而存在;再者,既然存在物存在于神的心里,那么它就是神的一部分。此处跟其他地方一样,一旦莱布尼茨循着逻辑来,他就落入了斯宾诺莎主义之中;而在他已出版的著作中,他小心地不去循逻辑"②。根据罗素的这个判断,则莱布尼茨的神可以理解为斯宾诺莎的泛神论意义上的神。这里还有一个旁证,莱布尼茨说:"上帝本身不能改变世界上的任何东西吗?——有人会问。可以肯定,他现在当然不可能对世界做任何改变,除非他损害他的智慧,因为正是他预见了这个世界的此在和内容,因为他甚至作出决断使它变成此在;他既不可自欺,也不能后悔,他没有权利作出只顾及一部分而不着眼整体的完美的决断。也可以说,既然所有一切之秩序从一开始便被排定,那么,各方都一致承认的那个假定的必然性自身,便可独自使一切根据上帝的预见或者他的决断不再发生任何改变,而事件本身仍然是偶然的。"③从这一段可以推论,莱布尼茨的观点比较接近泛神论。

上帝给予人类以理性:由此作为伴生情况产生了恶。他的纯粹的先行性意志要求理性作为巨大的善阻止相关的恶;但是,如果这是与上帝借理性赐予我们的礼物伴生的恶,那么,这种由理性与这种恶的联系所构成的复合体,将成为上帝之中间意志的对象,中间意志将视善与恶何者在其中占优势而决定是创造还是阻止这种复合。不过,即便证明理性带给人的恶多于善(我不承认会如此),因而在这种情况下上帝

---

① 莱布尼茨:《神义论》,朱雁冰译,北京:生活·读书·新知三联书店,2007 年,第 202 页。
② Bertrand Russel, *A Critical Exposition of the Philosophy of Leibniz*, Routledge, 1992, pp.xv – xvi.
③ 莱布尼茨:《神义论》,朱雁冰译,北京:生活·读书·新知三联书店,2007 年,第 140 页。

之中间意志会在这种联系中拒绝复合,但是,给予人理性却可能更加复合宇宙的完美性,不论这种给予对于人可能产生什么恶果;所以,上帝的终极意志或者决定——作为他可能进行的全部权衡的结果——是决定给予人理性。人们不可因此而对他进行指责,相反,他假如不这么做,倒是应该受到指责的……理性自身始终是一种善;但是,这种善与由于对这种善的滥用而产生的恶的结合——从那些因此而遭受不幸的人们方面看,却并非善。不过,这只是作为伴生的情况出现的,因为从宇宙方面看这会促成更大的善;这种情况无疑推动上帝将理性赐予那些使理性成为铸成他们不幸的工具的人,或者根据我的体系表达得更精确一些;上帝既然在可能的生命中发现了一些具有理性而滥用其理性的创造物,便给予这些创造物以生存,因为它们已经包含于最好的宇宙计划之中了。①

所以,我们不妨认为,上帝创造着善,这善由于人的罪过而成为恶,这往往使他们为他们藉他的恩宠滥用善而遭到正义的惩罚。②

同时,莱布尼茨很清楚自己的主张与古希腊哲学家的思想相悖,"亚里士多德实际上也认识到了这种普遍的正义,虽然他并没有将其联系到神那里。我清楚地发现,他对此仍然有一个高级观念。他只是用一个政府或一个良好组织的俗世国家代替了神,这个政府是按照强迫人依道德而存的方式运作的"③。也就是说,莱布尼茨认为亚里士多德是认识水平不够,所以待莱布尼茨来将普遍正义提升到神的正义的高度上去。

一旦正义建立在神或对神的模仿的基础上,它就会变成普遍的正义,并将所有的德性都包含在自身之中。因为如果我们是堕落的,就不仅会伤害我们自己,而且会减少——就其依赖于我们而言——神在其中是统治者的那个伟大王国的完美,尽管恶在这里通过至高天主的智慧而又得到了补救,并且也部分地通过我们对恶的惩罚而得到了补救。而且这个普遍的正义通过这一最高的诫命——要正直地,也就是正义地和虔诚地生活——而表明其特征;正如每个人得到其应得(suum cuique tribuere)这一诫命对应于实践的正义一样——无论在考虑到了单个人的差异的分配正义的该词

---

① 莱布尼茨:《神义论》,朱雁冰译,北京:生活·读书·新知三联书店,2007 年,第 189 页。

② 同上书,第 189 - 190 页。

③ Gottfried Wilhelm Leibniz, Gedanken ueber den Begriff der Gerechtigkeit, Herausgegeben und mit einer Einfuehrung versehen von Wenchao Li, Uebersetzt von Pierre Castagnet, Nina Asmussen, Stefanie Ertz und Stefan Luckscheiter, Wehrhahn Verlag, 1. Auflage 2017, s.67.

的广义还是狭义上都如此;在此意义上,"不要害人"(neminem laedere)这一诫命也就被视为交换正义或严格法权的公式,并且与公道相对立,这取决于人们如何使用这个表达。①

如此,莱布尼茨所谓的神就不是圣经里的那个喜怒无常的上帝(神)了,而是可以寻出规律来的大自然,尽管他表述比较模糊,但我们还是可以将他的观点归为泛神论。那么,他所谓的神的正义就可以理解为黑格尔、叔本华所说的永恒正义。

我们知道,从康德、黑格尔到叔本华,都对希腊悲剧里的神话做了近代资本主义的解释,取消神,而用理性来取代。康德提出来的是实践理性的先天原则,主要以"己不所欲,勿施于人"为基础。这一点应该是受到莱布尼茨的影响。

黑格尔认为,古希腊悲剧明确展现了永恒正义(神律),而这个永恒正义具体体现的就是黑格尔所谓的"理性的狡计"。在《小逻辑》的附释里他解释说:"理性是有威力的,同样也是有狡计的。理性的狡计一般在于有中介的活动,这种活动在它让各个客体按照它们固有的本性相互影响和相互磨损,而它自己并不直接介入这个过程时,却仍然完全实现着它自己的目的。我们可以在这个意义上说,神圣的天意对于世界及其过程是绝对的狡计。上帝让人们放纵其特殊情欲,谋求其特殊利益,但由此产生的结果却是上帝的目的的达成,这个目的不同于那些受上帝利用的人们原初所要达到的目的。"②

于是,"真正的实体性的因素的实现并不能靠一些片面的特殊目的之间的斗争(尽管这种斗争在世界现实生活和人类行动中可以找到重要的理由),而是要靠和解,在这种和解中,不同的具体目的和人物在没有破坏和对立的情况中和谐地发挥作用"。③ 理性的狡计就在这和解中完成它的目的。

在古代悲剧里,悲剧性的和解是永恒正义,作为命运的绝对威力,在主宰伦理的实体与本身独立化的因而相互冲突的特殊的伦理力量这二者之间的协调。由于永恒正义的权力的合理性,我们在看到有关人物的毁灭时仍然感到安慰(庆贺永恒正义的胜利)。近代悲剧里如果也出现类似的正义,这种正义就时而由于人物性格和目的的

---

① Gottfried Wilhelm Leibniz, Gedanken ueber den Begriff der Gerechtigkeit, Herausgegeben und mit einer Einfuehrung versehen von Wenchao Li, Uebersetzt von Pierre Castagnet, Nina Asmussen, Stefanie Ertz und Stefan Luckscheiter, Wehrhahn Verlag, 1. Auflage 2017, s.67.

② 黑格尔:《逻辑学·哲学全书·第一部分》,梁志学译,北京:人民出版社,2002年,第350–351页。

③ 黑格尔:《美学:第三卷下册》,朱光潜译,北京:商务印书馆,1981年,第287页。

具体分化而显得比较抽象,时而由于人物坚持要贯彻自己的目的,就不免违反正义和犯罪,这种正义就具有刑法的性质。①

上面我们提到过,黑格尔认为法律正义比永恒正义低级。在两者的冲突中,黑格尔认为永恒正义的实现远比法律正义的实现要重要,近代悲剧由于只注意法律正义,就显得不如古希腊悲剧纯正了。

恩格斯论历史的合力方向

神律是否真正存在呢？这是个问题。

莱布尼茨神的正义(表现为神律),黑格尔称之为永恒正义,黑格尔认为这种正义在现实世界里体现为理性的狡计,但黑格尔只是指出了这种正义在现实世界里的表现,算是举例说明(用实例指明),却并未从逻辑上进行证明。由前所述,理性的狡计现象从古希腊时期就已经被发现,这个狡计,被恩格斯解释为历史的方向。也就是说,恩格斯在黑格尔的理论基础上完成了逻辑证明。

以下摘录恩格斯关于这个问题的论述。

> 无论历史的结局如何,人们总是通过每一个人追求他自己的、自觉预期的目的来创造他们的历史,而这许多按不同方向活动的愿望及其对外部世界的各种各样作用的合力,就是历史。因此,问题也在于,这许多单个的人所预期的是什么。愿望是由激情或思虑来决定的。而直接决定激情或思虑的杠杆是各式各样的。有的可能是外界的事物,有的可能是精神方面的动机,如功名心、"对真理和正义的热忱"、个人的憎恶,或者甚至是各种纯粹个人的怪想。②

恩格斯致约瑟夫·布洛赫(1890年9月21—22日):

> 历史是这样创造的:最终的结果总是从许多单个的意志的相互冲突中产生出来的,而其中每一个意志,又是由于许多特殊的生活条件,才成为它所成为的那样。这

---

① 黑格尔:《美学:第三卷下册》,朱光潜译,北京:商务印书馆,1981年,第327页。
② 恩格斯:《路德维希·费尔巴哈和德国古典哲学的终结》,中共中央马克思恩格斯列宁斯大林著作编译局译,北京:人民出版社,1997年,第40页。

样就有无数互相交错的力量,有无数个力的平行四边形,由此就产生出一个合力,即历史结果,而这个结果又可以看作一个作为整体的、不自觉地和不自主地起着作用的力量的产物。因为任何一个人的愿望都会受到任何另一个人的妨碍,而最后出现的结果就是谁都没有希望过的事物。所以到目前为止的历史总是像一种自然过程一样地进行,而且实质上也是服从于同一运动规律的。但是,各个人的意志——其中的每一个都希望得到他的体质和外部的、归根到底是经济的情况(或是他个人的,或是一般社会性的)使他向往的东西——虽然都达不到自己的愿望,而是融合为一个总的平均数,一个总的合力,然而从这一事实中决不应作出结论说,这些意志等于零。相反,每个意志都对合力有所贡献,因而是包括在这个合力里面的。①

这就是从力的平行四边形法则比喻历史,认为历史的结果是历史里每个人力量的合成结果。但这个比喻存在一个前提,那就是,所有人的活动都被捆绑在一起,结果是每个人的力都对最终的合力起到了作用。

从这个观点出发,斯大林在《论辩证唯物主义和历史唯物主义》一文中提出五大社会形态说,他说:"历史上有五种基本类型的生产关系:原始公社制的、奴隶占有制的、封建制的、资本主义的、社会主义的。"这随后在苏联中央文件《联共(布)历史简明教程》中加以明确。② 苏联认为这种社会发展史模式适用于全世界。后来,这个模式被引进中国,用来解说中国历史。冯天瑜教授发表《封建考论》,通过详细的研究证明这个模式并不适用于中国。

松散的合力

恩格斯这一观点的直接来源是黑格尔的内在关系说。罗素对内在关系说有一个评论:"'关系'不会是实在的。因为关系涉及的不是一件而是两件事物。'舅舅'是一个关系,一个人可以当了舅舅而不知道这回事。在这种场合,从经验观点看来,这人没有由于当了舅舅而受到任何影响;如果我们把'质'字理解为撇开他与其他人和物的关系,为描述他本身而必需的某种东西,那么这人毫不具有以前所没有的质。"③

如罗素所言,很多事情都是外在联系,爱情可以只在甲乙两人之间产生,但是有些关

---

① 《马克思恩格斯选集(第四卷)》,北京:人民出版社,2012年,第605-606页。
② 冯天瑜:《封建考论》(第二版),武汉:武汉大学出版社,2007年,第350页。
③ [英]罗素:《西方哲学史(下卷)》,马元德译,北京:商务印书馆,1982年,第279页。

系却不能。一个正坐在伦敦某俱乐部喝咖啡的绅士在印度的妻子死亡当天并不会有任何特别感觉，尽管他已经成了鳏夫，对他个人来讲，在英国的生活是照常的。可是按照内因说的讲法却说他已经有了变化，他怎么能产生什么样的内在变化来关联到他妻子的死亡？

另外，对紧密联系的一个集体而言，任何人都在对这个集体作贡献，不管是好还是坏，都在出力，这种集体内部各种力量斗争出一个结果，从而对外显示出一种合力来，似乎能符合恩格斯的判断。可是，我们看到历史上很多政府很多党派内部似乎都是团结的，会一致对外，但即便在战争时期，即便是在军队，也有人不听从管理，自行对外发言，导致集体无法对外显示出一个纯粹的合力来。比如美国政府是两党轮流执政，作为一个国家经常对外发出不同的声音，自相矛盾。尤其前总统特朗普 2017 年当政后，不和谐的声音不断，他先后解除过首席顾问班农（2017 年）、政府道德办公室主任肖布（2017 年）、内政部长津克（2017 年）、国防部长马蒂斯（2018 年）、首席经济顾问科恩（2018 年）、白宫幕僚长凯利（2018 年）、司法部长塞申斯（2018 年）、国务卿蒂勒森（2018）和副国务卿戈德斯坦（2018 年），美国国家安全顾问博尔顿（2019 年）等人的职务，可见分歧之大。

对松散的集体而言，历史的合力几乎不起作用。比如汉代的中国和欧洲之间就基本是隔绝的，相互之间没有处于相互影响的紧密关联之中，因此两方面都是自行发展，而没有形成合力。有时两地有文化交流，但相互影响不大，比如马可波罗时代，意大利和元代政府之间存在文化交流，但影响不足以改变双方的历史进程。有时影响的确产生了，但有时间差。比如英国光荣革命君主立宪制度对欧洲各国的影响，比如欧洲资产阶级革命对日本明治维新和中国戊戌变法的影响等。

而欧洲人进入新大陆之前，美洲历史的发展更是独立的，比如玛雅文化、印第安文化等。今天的世界里，仍然有一些主动放弃与世界交流的行为，比如著名的阿米什人（Amish），原为瑞士基督教的一个分支派别，移居到北美，目前主要分布在加拿大和美国，有相对独立的社区。他们拒绝现代科技，基本不使用汽车、收音机、电视等，更不用说网络了，不参加美国医疗保险，不服兵役，对战争采取非暴力不合作态度，教育上也不用心，他们基本上不会读到高中以上，认为初中知识已经足够应付农场生活。世界历史的发展进程似乎对他们没有影响。

因此，无法使用同一历史模式套用在这些基本相互独立发展的地区之上。

小结

莱布尼茨神的正义和人的正义的定义及其关系，只是一种假说，印之于《旧约》，这种假说难以成立。如果用泛神论来解释莱布尼茨的神,那么这个假说就影响欧洲哲学一直到近代,变成永恒正义思想。我们已经指出,作为这个假说的唯物主义史观的恩格斯历史合力假说,其实也存在着不少问题。因此,莱布尼茨的这个假说并不一定能成立。

God's Law and Human's Law:
On Leibniz' Gedanken ueber den Begriff der Gerechtigkeit

NI Sheng

【Abstract】According to Leibniz, God and Human being share the same justice, the difference between them is the degree, God's is perfect, and human's is under perfect. But we can see, this view is quite difference to Bible and Greek tragedies. Leibniz's God's justice is correspondent to Hegel's List der Vernunft, and Engel's Historical resultant direction. This essay said that, the viewpoint of these philosophers is quite limited. So, the same is Leibniz's theory of justice.

【Keywords】Justice, List der Vernuft, God's Law, Historical Resultant Theory

图书在版编目（CIP）数据

美德伦理的重新定位 / 邓安庆主编. — 上海：
上海教育出版社，2021.12
ISBN 978-7-5720-1295-2

Ⅰ.①美… Ⅱ.①邓… Ⅲ.①伦理学 – 研究
Ⅳ.①B82

中国版本图书馆CIP数据核字(2021)第272910号

策　　划　王泓赓
封面题词　陈社旻
责任编辑　戴燕玲
助理编辑　张　娅
封面设计　周　亚

美德伦理的重新定位
邓安庆　主编

出版发行　上海教育出版社有限公司
官　　网　www.seph.com.cn
地　　址　上海市闵行区号景路159弄C座
邮　　编　201101
印　　刷　上海叶大印务发展有限公司
开　　本　787×1092　1/16　印张 16.5　插页 1
字　　数　315 千字
版　　次　2021年12月第1版
印　　次　2021年12月第1次印刷
书　　号　ISBN 978-7-5720-1295-2/B·0034
定　　价　68.00 元

如发现质量问题，读者可向本社调换　电话：021-64373213

图书在版编目（CIP）数据

美德伦理的重新定位 / 邓安庆主编. — 上海：
上海教育出版社，2021.12
ISBN 978-7-5720-1295-2

Ⅰ.①美… Ⅱ.①邓… Ⅲ.①伦理学－研究
Ⅳ.①B82

中国版本图书馆CIP数据核字(2021)第272910号

策　　划	王泓赓
封面题词	陈社旻
责任编辑	戴燕玲
助理编辑	张　娅
封面设计	周　亚

美德伦理的重新定位
邓安庆　主编

出版发行	上海教育出版社有限公司
官　　网	www.seph.com.cn
地　　址	上海市闵行区号景路159弄C座
邮　　编	201101
印　　刷	上海叶大印务发展有限公司
开　　本	787×1092　1/16　印张 16.5　插页 1
字　　数	315 千字
版　　次	2021年12月第1版
印　　次	2021年12月第1次印刷
书　　号	ISBN 978-7-5720-1295-2/B·0034
定　　价	68.00 元

如发现质量问题，读者可向本社调换　电话：021-64373213